Einführung in das Internationale Kulturmanagement

Raphaela Henze

Einführung in das Internationale Kulturmanagement

Raphaela Henze
Hochschule Heilbronn
Künzelsau, Deutschland

ISBN 978-3-658-14772-3   ISBN 978-3-658-14773-0   (eBook)
DOI 10.1007/978-3-658-14773-0

Die Deutsche Nationalbibliothek verzeichnet diese Publikation in der Deutschen National-
bibliografie; detaillierte bibliografische Daten sind im Internet über http://dnb.d-nb.de abrufbar.

Springer VS
© Springer Fachmedien Wiesbaden 2017
Das Werk einschließlich aller seiner Teile ist urheberrechtlich geschützt. Jede Verwertung, die
nicht ausdrücklich vom Urheberrechtsgesetz zugelassen ist, bedarf der vorherigen Zustimmung
des Verlags. Das gilt insbesondere für Vervielfältigungen, Bearbeitungen, Übersetzungen,
Mikroverfilmungen und die Einspeicherung und Verarbeitung in elektronischen Systemen.
Die Wiedergabe von Gebrauchsnamen, Handelsnamen, Warenbezeichnungen usw. in diesem
Werk berechtigt auch ohne besondere Kennzeichnung nicht zu der Annahme, dass solche
Namen im Sinne der Warenzeichen- und Markenschutz-Gesetzgebung als frei zu betrachten
wären und daher von jedermann benutzt werden dürften.
Der Verlag, die Autoren und die Herausgeber gehen davon aus, dass die Angaben und Informa-
tionen in diesem Werk zum Zeitpunkt der Veröffentlichung vollständig und korrekt sind.
Weder der Verlag noch die Autoren oder die Herausgeber übernehmen, ausdrücklich oder
implizit, Gewähr für den Inhalt des Werkes, etwaige Fehler oder Äußerungen.

Lektorat: Cori A. Mackrodt, Stefanie Loyal

Gedruckt auf säurefreiem und chlorfrei gebleichtem Papier

Springer VS ist Teil von Springer Nature
Die eingetragene Gesellschaft ist Springer Fachmedien Wiesbaden GmbH
Die Anschrift der Gesellschaft ist: Abraham-Lincoln-Strasse 46, 65189 Wiesbaden, Germany

Inhalt

Vorwort 1

**I Globalisierung und Internationalisierung
im Kulturmanagement** 5

1 Globalisierung und Internationalisierung 5
   a) Globalisierung in der Kultur 9
   b) Globalisierung aus studentischer Sicht 10

2 Begriffsbestimmung 11
   a) Internationales Kulturmanagement 11
   b) Interkulturelles Kulturmanagement 12
   c) Transkulturelles Kulturmanagement 14

3 Wo findet internationales Kulturmanagement statt? 17
   a) Kulturpolitik 17
   b) Kulturvermittlung 19
   c) Herstellung, Distribution und Finanzierung 21
   d) Grenzüberschreitende Projekte/
      Internationale Organisationen 25
      aa) Unterschiedliche Kulturbegriffe 26
      bb) Zugang/Netzwerke 28
      cc) Kunst als ›symbolic battleground‹ 29

4 Internationales Kulturmanagement in der Lehre 30

II Internationale Praxis 39

1 Fragebogendesign 40
   a) Sample 40
   b) Sprache 42
   c) Formulierung/Wortwahl 43

2 Ergebnisse der Studie 44
   a) Befragungsteilnehmer 44
      aa) Sparten 44
      bb) Geschlecht und Alter 45
      cc) Herkunftsländer 45
      dd) Bildung 45
   b) Kulturmanagement im institutionellen Rahmen/
      Der »abhängige« Kulturmanager 47
   c) Internationale Praxis 49
      aa) Sprachkenntnisse 49
      bb) Auslandserfahrung 49
      cc) Zusammenarbeit mit Menschen anderer Nationalität 54
      dd) Mobilität 56
      ee) Geografische und kulturelle Nähe 58
   d) Kooperationen 61
      aa) Europa als kulturelles Zentrum 65
      bb) EU-Kontaktstelle für Kultur 66
      cc) Finanzierung der Kooperationen 69
   e) Anziehungspunkt Europa 73
   f) Eurozentrismus 75
   g) Referenzmodelle/Best Practice 76
   h) Netzwerke 77
   i) Zusammenfassung 80
   j) Selbsteinschätzung der Praxis 81
      aa) Bedeutung von Globalisierung und Internationalisierung . . 82
      bb) Bemühungen um neue Publikumsgruppen 83
      cc) Herausforderungen der Globalisierung 87
      dd) Herausforderungen der Globalisierung
          auf das Kulturmanagement insgesamt 101
      ee) Fähigkeiten und Kompetenzen
          für das Kulturmanagement 108
      ff) Relevante Themen für die Ausbildung
          von Kulturmanagern 113

Inhalt

3 Bewertung und Ausblick ... 134
   a) Discourse of Practice ... 136
   b) Eurozentrismus versus globale Herausforderungen ... 145
   c) Auf- und Ausbau von Netzwerken ... 149

III Fallstudien- und Erfahrungsberichte ... 155

1 Arbeiten im Ausland ... 157
   a) Unternehmenskultur ... 157
   b) Stellenwert der Arbeit ... 160
   c) Gesicht wahren ... 161
   d) Bedeutung des Lokalen und Regionalen ... 164
   e) Zensur/politische Einflussnahme ... 164
   f) Übertragbarkeit von Konzepten ... 165
   g) Politische Implikationen der kulturmanagerialen Tätigkeit ... 166
   h) Sprache und Übersetzung ... 170
   i) Schnelle Entscheidungsfindung und klare Kommunikation ... 172
   j) Das ambivalente Verhältnis zu Mittlerorganisationen und solchen der Entwicklungszusammenarbeit vor Ort ... 173
   k) Lehren und Lernen in internationalen Kontexten ... 175

2 Internationales Kulturmanagement als (trans-)kulturelle Übersetzungsleistung ... 177

3 Erfahrungen aus Afrika ... 179
   a) Zugang zu Internet und Elektrizität ... 180
   b) Gesundheitsrisiken ... 181
   c) Politische Implikationen ... 182
   d) Sicherheit ... 185

4 Juristische und logistische Herausforderungen ... 185
   a) Projektabwicklung und Zahlungsmodalitäten ... 186
   b) Zölle und Steuern ... 188
   c) Steuern und Abgaben in der Veranstaltungsbranche ... 190
   d) Urheberrechte ... 193

5 Autoren der Fallstudien und Erfahrungsberichte ... 195

IV Kommentierter Serviceteil	199
1 Fort- und Weiterbildung	199
2 Stipendien	202
3 Residenzen	203
4 Praxis	204
5 Lehre	211
6 Netzwerke	211
7 Projektpartner/Beratungen	214
8 Stiftungen und Organisationen mit eher kulturpolitischem Fokus	215
Bibliographie	217

Vorwort

Zu Globalisierung und Internationalisierung ist viel geschrieben worden. Zu Globalisierung und Internationalisierung im Kulturmanagement jedoch noch erstaunlich wenig. Welchen Einfluss die Globalisierung auf das Kulturmanagement hat und wie das Kulturmanagement sich internationalisiert, soll in diesem Buch beleuchtet werden.

Dieses Buch stellt keine Handreichung für Tätigkeiten in internationalen Organisationen dar. Es ist auch kein Handwerkskasten, der für etwaige Herausforderungen in internationalen Kontexten die richtige Antwort beziehungsweise Empfehlungen für ein erfolgsversprechendes Vorgehen parat hält. Ein solcher Ansatz wäre nicht nur unrealistisch, sondern entspricht auch nicht den komplexen Anforderungen des Kulturmanagements und der damit einhergehenden, gewandelten Rolle des Kulturmanagers[1], der mehr sein muss als ein Helfer bei administrativen Fragen. Es will vielmehr vermitteln, wie Kulturmanager in über 40 Ländern der Welt auf die Globalisierung reagieren und wie sich Kulturinstitutionen teils mehr, teils weniger freiwillig internationalisieren. Im Fokus stehen das Lernen von den Erfahrungen zahlreicher Praktiker und der internationale Vergleich wie aber auch die kritische Würdigung geübter Verhaltensweisen und Prozesse aus wissenschaftlicher Sicht.

Die größte Schwierigkeit besteht in den vielen Perspektiven, aus denen man sich der Thematik nähern kann. Das Thema kann beispielsweise aus anthropologischer, ethnologischer, soziologischer, (entwicklungs-)geografischer, historischer oder wirtschaftlicher Perspektive angegangen werden. Ein einziges Buch kann diesen verschiedenen Ansätzen kaum gerecht werden und läuft damit immer Ge-

---

1 Anmerkung: Aus Gründen der erleichterten Lesbarkeit wird in diesem Buch auf die Nennung der jeweiligen weiblichen Form verzichtet. Personen weiblichen Geschlechts sind ausdrücklich ebenfalls gemeint.

fahr, spezifische Wissensbestände oder Methoden nicht angemessen zu berücksichtigen. Die in dieser Publikation umfangreich ausgewertete Literatur gibt dem Leser aber die Möglichkeit, sich in einzelne Teilgebiete weiter einzuarbeiten.

Das Buch versteht sich nicht nur als Sensibilisierung für ein zunehmend wichtiges und bis dato in der Kulturmanagementforschung unterrepräsentiertes Thema, sondern auch als Aufruf und Auftakt zu weiterer interdisziplinärer und internationaler Forschung sowie zu einem verstetigten Austausch mit Experten aus der Praxis. Es ist geschrieben worden für Studierende, die als Kulturmanager in Deutschland oder in anderen Ländern der Welt arbeiten wollen und für diejenigen, die sie an Hochschulen und Universitäten auf diese Aufgaben vorbereiten. Aber auch Praktiker, die sich zunehmend mit einem erweiterten und internationaler werdenden Aufgabenspektrum und einem sich wandelnden Kulturbegriff konfrontiert sehen, werden Anregungen finden.

Es geht in diesem Buch insbesondere darum, wichtige Begrifflichkeiten des internationalen Kulturmanagements zu erläutern und für Achtsamkeit im Umgang mit Sprache gerade in internationalen Kontexten zu werben. Dem Leser wird in Teilen ein Wechsel zwischen deutscher und englischer Sprache zugemutet. In den letzten Jahren hat sich für den schnellen Wechsel zwischen den Sprachen die Bezeichnung ›Code-Switching‹ etabliert. Eine Fähigkeit, die junge Leute gut beherrschen, die aber auch der älteren Generation mit Interesse an internationalen Zusammenhängen abverlangt werden kann. Dieses ›Code-Switching‹ ist notwendig, weil Aussagen von befragten Experten in dieser Publikation in der Originalsprache stehen bleiben und nicht durch Übersetzungen verfälscht werden sollen.

Darüber hinaus soll Bewusstsein dafür geschaffen werden, dass Globalisierung und Internationalisierung nicht nur für diejenigen relevant sind, die sich bewusst für Tätigkeiten in internationalen Zusammenhängen entscheiden, sondern dass beispielsweise auch eine Tätigkeit an einem deutschen Stadttheater, Museum oder Orchester von Globalisierung nicht unberührt bleiben kann.

Dieses Buch ist insofern kein ganz klassisches Lehrbuch, als es nicht in einzelne, separate Themenblöcke untergliedert ist. Es besteht aus vier Teilen, die aufeinander aufbauen. Im ersten Teil werden wichtige Begriffe definiert und Tätigkeitsfelder vorgestellt. Dieser Teil befasst sich auch mit der Genesis des internationalen Kulturmanagements, das als ein relativ neuer Teilbereich in der per se noch recht jungen Disziplin des Kulturmanagements gesehen werden kann. Im Anschluss an das Kapitel finden sich Wiederholungs- und Vertiefungsfragen, die es erlauben, das Gelesene zu rekapitulieren und weiter zu vertiefen. Im zweiten Teil werden die Ergebnisse einer Online Befragung von 350 Kulturmanagern aus 46 Ländern vorgestellt, erläutert und interpretiert. Aufgrund der Umfrage können internationale Vergleiche hinsichtlich des Umgangs mit den Herausforderungen der Globalisierung, die je nach Standort unterschiedlich ausfallen, gezogen und Trends verdeutlicht werden. Auch hier finden sich am Ende wieder Wiederholungs- und Vertiefungsfragen, die das Lernen und den Diskurs fördern sollen. Im dritten Teil präsentieren zwölf Experten mit umfangreicher Erfahrung in verschiedenen Kultursparten Fallstudien. Es handelt sich hierbei nicht um sogenannte ›Best Practice Beispiele‹, wie man sie häufig in rein wirtschaftlich ausgerichteten Büchern findet, sondern um Erfahrungsberichte, die die große Bandbreite an Themen und Herausforderungen, die Tätigkeiten mit internationalen Bezügen oder gar im Ausland bieten, darstellen. Der vierte und letzte Teil ist ein kommentierter Serviceteil, der es dem Leser erleichtern soll, gezielt nach Informationen zu verschiedenen Ländern, potentiellen Partnern und Förderern, zu Stipendien- oder Austauschprogrammen und Residenzen sowie zur (Außen-)Kulturpolitik online zu suchen.

Eine anregende Lektüre wünscht

Raphaela Henze   Künzelsau im Juli 2016

Globalisierung und Internationalisierung im Kulturmanagement

I

»Die gefährlichste Weltanschauung, ist die Weltanschauung derer, die die Welt nicht angeschaut haben.«

Alexander von Humboldt

1 Globalisierung und Internationalisierung

Globalisierung und Internationalisierung sind keine Synonyme, auch wenn sie in zahlreichen Publikationen, Vorträgen oder politischen Statements so verwendet werden.[1] Eine anerkannte Standarddefinition gibt es jedoch weder für den einen noch für den anderen Begriff. Eine detaillierte Auseinandersetzung mit den Termini oder eigene Definitionsversuche würden die Grenzen dieses Vorhabens sprengen. Dennoch muss in einem Buch, das Kulturmanager auf Aufgaben in einer globalen Welt vorbereiten[2] und für den sensiblen Umgang mit Sprache werben möchte, der Rahmen entsprechend gesteckt werden, denn die Diskussion der Begrifflichkeiten ist mitnichten eine rein akademische.

Vereinfacht kann man sagen, dass

> **Definition**
>
> **Internationalisierung** ein mehr oder weniger selbstbestimmtes Streben nach außen beziehungsweise ein sich Öffnen beinhaltet. Dass dieser Gang von Firmen ins Ausland, wo sie günstigere Produktionsbedingungen vorfinden oder

---

1 S. Marginson/E. Sawir (2011), S. 68.
2 Und das eine solche Vorbereitung notwendig ist, hat die amerikanische ›Association of Arts Administration Educators (AAAE)‹ bereits bei ihrem Treffen im Frühjahr 2006 festgestellt.

von Kultureinrichtungen, die sich Partner im Ausland suchen, um so für Förderprogramme in Betracht zu kommen oder Ausstellungen realisieren zu können, auf externe Einflüsse zurückzuführen ist und häufig als unumgänglich angesehen wird, ist nicht wegzudiskutieren. Nichtsdestotrotz ist es eine Bewegung von innen, wohingegen die **Globalisierung** eher als eine Bewegung von außen, als ein fortwährender Einfluss, dem Institutionen wie auch Personen unter anderem aufgrund von zunehmenden wirtschaftlichen und politischen Verflechtungen, der Digitalisierung und wachsender internationaler Mobilität ausgesetzt sind, gesehen werden kann.

Wie bei so Vielem im Kontext der Globalisierung ist sogar der Zeitpunkt ihres Einsetzens umstritten und auch davon abhängig, ob man sich dem Phänomen aus historischer, anthropologischer, geografischer, soziologischer oder wirtschaftlicher Perspektive nähert.[3] Robertson-von Trotha[4] spricht von einer ersten Ära der Globalisierung, die im 19. Jahrhundert begann und bis zum Ausbruch des ersten Weltkrieges andauerte. Allein die sogenannte ›belle époque‹[5] von 1870 bis 1914 war von einem territorialen Imperialismus geprägt, der dazu führte, dass westliche Länder weit über 80 % der Erdoberfläche kontrollierten.[6]

Assmann[7] geht zurück bis zur Antike, als die ersten Kolonialisierungsprozesse die Globalisierung einläuteten. Und tatsächlich haben Kolonialisierung und Globalisierung Ähnlichkeiten. »There is a resemblance between globalization and colonialism. Both are motivated by the wish to export to the colonial/globalized market; to make use of its work force, where wages are less than those in the home country; and to exploit the colonized country's resources, material as well as humans.«[8]

Das Erbe des Kolonialismus sowie der sogenannte ›Postkolonialismus‹[9] spielen eine wichtige Rolle im internationalen Kulturmanagement insbesondere dann, wenn es um Außen(kultur)politik, Kultur in der Rolle der ›soft power‹, Cultural

---

3   J. Nederveen Pieterse (2004), S. 16.
4   C. Robertson-von Trotha (2009), S. 10–18.
5   Deren Bezeichnung viele Menschen in den (ehemaligen) Kolonien zu Recht als zynisch empfinden werden.
6   J. Nederveen Pieterse (2004), S. 18; A. Loomba (2015), S. 8; D. Chakrabarty (2010), S. 11 f.
7   J. Assmann (2010).
8   W. Pfaff, International Herald Tribune 26. Juli 2001 zitiert nach J. Smiers (2003), S. 17.
9   Ein Feld, das sich vielen außerhalb der Kulturwissenschaft relativ schwer erschließt. Eine hilfreiche Hinführung gibt A. Loomba (2015). Wichtig zu wissen ist, dass postkoloniale Theorie sich nicht ausschließlich mit den Auswirkungen des Kolonialismus befasst, sondern sich zu einer Vielzahl von Fragen wie Identität, Subjektivität, Migration, Gender, Feminismus und Kulturproduktion sowie zu deren Zusammenhängen äußert. In postkolonialer Kritik steht die Frage zum Erbe der kolonialen Epoche, also welche gesellschaftlichen, ökono-

Globalisierung und Internationalisierung

Abbildung I.1 Coronation Park*. Arbeit des 1991 in Neu-Delhi gegründeten RAQS Media Collective – gezeigt auf der 56. Biennale in Venedig. Neun Skulpturen aus Glasfaser auf mit Bitumen beschichteten Sockeln mit Acryl-Plaketten © Frith Street Gallery (London) and Project 88 (Mumbai)

* Die vielschichtige Arbeit der drei indischen Künstler Jeebesh Bagchi, Monica Narula und Shuddhabarta Sengupta des RAQS Media Collective bezieht sich auf den Ort in Neu-Delhi, an dem 1911 die Krönung von König Georg und Königin Mary als Kaiser und Kaiserin von Indien stattfand. Die neun Skulpturen, die sich in den Giardini auf dem Biennale Gelände nicht rein zufällig bis zum britischen Pavillon hinziehen, repräsentieren jeweils eine historische Figur aus der Kolonialzeit. Alle dargestellten Figuren sind jedoch auf drastische Weise ihrer Möglichkeiten beraubt, noch irgendeine Funktion auszuüben. Auf allen Sockeln finden sich Zitate aus dem Essay »Shooting an Elephant« von Georg Orwell, der in jungen Jahren in Indien und Burma diente. Als Metapher für den britischen Imperialismus schildert der Essay Orwells Annahme »when the white man turns tyrant it is his own freedom that he destroys«.

Diplomacy, Culture & Development und um die Arbeit von Mittlerorganisationen und solchen in der Entwicklungszusammenarbeit geht. Dass der Kolonialismus das kulturelle Selbst- und Fremdverständnis in vielen Ländern nachhaltig geprägt wie auch erschüttert hat, ist eine Tatsache, der sich gerade europäische Kulturmanager in internationalen Kontexten ebenso bewusst sein müssen, wie der daraus erwachsenen Verantwortung (Abbildung I.1).

---

mischen und kulturellen Implikationen daraus erwachsen und noch heute sichtbar sind, im Zentrum der Betrachtung. B. Korf/E. Rothfuß (2015), S. 168.

> **Definition**
>
> Der Terminus ›soft power‹ ist auf den Harvard Professor Joseph S. Nye zurückzuführen, der damit eine politische Zielerreichung durch indirekte Beeinflussung (beispielsweise über Werte und Vorbildfunktion) und nicht durch militärische oder wirtschaftliche Intervention beziehungsweise Bedrohungen (hard power) beschreibt.[10]

Der Globalisierungsprozess, wie er heute überwiegend verstanden wird, setzte nach Ende des zweiten Weltkrieges ein. Erstmals wurde das Wort »global« im Zusammenhang mit europäischen Quoten Ende der 50er Jahre im Wirtschaftskontext genutzt[11] und kurz darauf schufen McLuhan und Carpenter das weltbekannte »global village«[12]. Theodore Levitt war wohl der erste, der den Terminus Globalisierung mit seinem Essay »Globalization of the Markets« im Jahr 1983 publik machte. Globalisierung wurde und wird primär als ein weltwirtschaftliches Phänomen gesehen, wie auch die Definition von Colin Hines belegt »the ever-increasing integration of national economies into the global economy through trade and investment rules and privatization, aided by technological advances.«[13]

Levitts zentrale These, »Preferences are constantly shaped and reshaped.«[14], gilt jedoch nicht nur ausschließlich für die Wirtschaft, auch für das Kulturmanagement hat sie nichts an Aktualität eingebüßt. Im europäischen Kulturmanagement waren die sich ändernden Präferenzen eines sich ebenfalls zunehmend ändernden Publikums jedoch lange Jahre nicht im Fokus der Aufmerksamkeit. Waren viele Kultureinrichtungen auf die Gunst des Publikums dank ausreichender, überwiegend öffentlicher Förderung doch kaum angewiesen.

Ist der Begriff Internationalisierung noch weitgehend wertneutral konnotiert, ruft der Begriff Globalisierung nach wie vor eher diffuse Vorstellungen vom Zusammenwachsen der (westlichen) Welt, von Abhängigkeiten, vom Verschwimmen von Grenzen und durchaus auch Ängste insbesondere vor einer Vereinheitlichung und dem Verlust des Lokalen hervor. Diese Ängste sind so verständlich wie menschlich und alles andere als neu. Schon zu Beginn der Industrialisierung gesellte sich zur Technikbegeisterung auch die Angst vor ihrer Monstrosität.[15] Globalisierung gilt zum einen häufig als ein unvermeidbarer Wandel von Gewohn- und Gepflogenheiten, zum anderen als ein durch die Digitalisierung her-

---

10 J.S. Nye (2004), kritisch dazu R. Robertson (2016), S. 10.
11 C. DeVereaux/M. Griffin (2006), S. 2.
12 E. Carpenter/M. McLuhan (1960).
13 C. Hines (2000), S. 4
14 T. Levitt (1983), S. 18.
15 J.P. Singh (2010), S. XXII.

vorgerufener Informationszuwachs von enormem Ausmaß und hoher Komplexität. Neben Vorteilen wie etwa der Ermöglichung vielfältiger Kulturkontakte und gehobenen Standards in den Bereichen der Bildung oder der Gesundheit, die allerdings vor dem Hintergrund gestiegener Kosten für den Lebensunterhalt und zunehmender Korruption durchaus wieder in Frage gestellt werden können[16], bringt die Globalisierung auch zahlreiche Nachteile beziehungsweise Gefahren, wie die potentielle Zerstörung lokaler kultureller Infrastruktur.

a) Globalisierung in der Kultur

Für den Kultursektor haben Dewey und Wyszomirski die Globalisierung als »… a force that evokes a tension between homogeneity and hetrogeneity in the dialectic of the global and the local« beschrieben.[17] Von Crane wird die kulturelle Globalisierung, die häufig als ein Teilaspekt sozialer Globalisierung gesehen wird, in zwei Phänomene gegliedert: »1) the transmission or diffusion across national borders of various forms of media and the arts and 2) a complex and diverse phenomenon consisting of global cultures, originating from many different nations and regions.«[18]

Womit deutlich wird, dass die Globalisierung in der Kultur zum einen den grenzüberschreitenden Transfer von Kulturgütern und Kulturschaffenden sowie zum anderen neue Formen von Kultur beinhaltet, die sich aus unterschiedlichen nationalen oder regionalen Besonderheiten zusammensetzen und die durch die Globalisierung mehr Sichtbarkeit erlangen. Crane spricht bewusst von ›global cultures‹ und nicht von einer ›global culture‹ etwa nach US-amerikanischen Vorbild – häufig als McDonaldization oder Coca-Colonization bezeichnet, wobei McDonald's und Coca-Cola als Sinnbilder für kapitalistische Hegemonie, Neokolonialismus und Kulturimperialismus stehen sollen.[19] Die Dominanz einer einzi-

---

16 C. DeVereaux/M. Griffin (2013), S. 24.
17 P. Dewey/M. J. Wyszomirski (2007), S. 274.
18 D. Crane (2002), S. 1.
19 Eine Studie aus dem Jahr 1995 von S. Peters Talbott (zitiert nach J. Nederveen Pieterse (2004)), die sich mit der Moskauer Filiale der Fastfood Kette, die für Effizienz und Vorhersehbarkeit stehen soll, genauer befasst, kommt zu der Erkenntnis, dass McDonald's in diesem Kontext überhaupt nicht für Homogenisierung, sondern eher für »global localization« steht. McDonald's – wie viele andere erfolgreiche Unternehmen – richtet nicht nur sein Marketing, sondern auch seine Filialen und seine Beschäftigungsverhältnisse nach den Gegebenheiten des jeweiligen Landes aus. Die Wichtigkeit des Lokalen und der entsprechenden Gepflogenheiten musste der Disney Konzern mit seinem Ableger »Disneyland Paris« in Frankreich lernen. Wie auch der Park in Hong Kong bleibt er hinter den finanziellen Erwartungen des Konzerns zurück.

gen Kultur, die damit eine universelle würde, ist und wird in einer multipolaren Welt, die nicht mehr von ein oder zwei Supermächten gesteuert wird, zunehmend unwahrscheinlich.[20]

Die aber nach wie vor bestehende Angst vor einer Hegemonie, die mittlerweile weniger auf einer Dominanz einer einzigen Nation als vielmehr auf der Macht von Wirtschaft und Unternehmen gründet[21], geht mit der Sorge um lokale Kulturen und nationale Besonderheiten, die Diversität ausmachen, einher.[22] Bonet und Négrier formulieren im Gegensatz zu Crane diesbezüglich: »Thus, far from enriching the range of cultural goods and services available, internationalization impoverishes cultural diversity by reducing the means for several creators to access these markets, whether they be international or domestic. Local cultures (their authors and their content) seem to be excluded, despite the significance of their identities, from the logic of globalization. The dominant paths of exchange create new barriers that the system of financial assistance[23] does not always surpass.«[24]

b) Globalisierung aus studentischer Sicht

Hier einige Auszüge aus den Antworten von Studierenden des Bachelorstudiengangs Kulturmanagement an der Hochschule Heilbronn, die im Oktober 2015 in der Vorlesung gebeten wurden, ihre Definition von Globalisierung zu Papier zu bringen:

- Andere Seiten der Welt kennenlernen, ohne diese bereisen zu müssen
- Weltweite Kommunikation
- Vereinheitlichung der Welt
- Grenzen verschwinden
- Immer stärkere Vernetzung der Welt durch die Digitalisierung

---

20 J. S. Nye (2008), S. 172.
21 Noch bevor neue Technologien und diverse Medien einen globalen Markt mit einigen besonders mächtigen Konzernen ermöglichten, setzte sich T. Adorno (2003), S. 32 ff. bereits kritisch mit der Kulturindustrie auseinander, die den Geschmack des Publikums vereinheitliche und verflache.
22 Von D. Kellner (1999), S. 246 mit Bezug auf die Macht der Medien aus bestimmten Ländern als »techno-capitalism« bezeichnet.
23 Diese Art der Kulturförderung, die Bonet und Négrier ansprechen, existiert in dieser Form nur in Europa und ist insbesondere in den Verhandlungen um Freihandelsabkommen mit den USA seit Jahrzenten heiß diskutiertes Thema, da diese Subventionierung einen Markt entweder gar nicht zulässt oder verzerrt.
24 L. Bonet/E. Négrier (2011), S. 585 f.

- Kultureller Austausch sowohl real als auch digital
- Griechenlandrettung
- Verschiedene Kulturen mischen sich und dadurch entsteht neue Kultur
- Vermischung verschiedener Nationen, Religionen und Kulturen
- Die Länder werden immer mehr vernetzt und die Probleme eines Landes werden oft automatisch auch zum Problem anderer Länder oder der ganzen Welt

Wie zahlreiche andere Menschen sehen auch die befragten Studierenden die geschilderten Entwicklungen, die Ausfluss der Globalisierung sind, ambivalent und als einen fortwährenden Prozess.

2 Begriffsbestimmung

Zwar schaute das Kulturmanagement im deutschsprachigen Raum schon immer in die USA oder nach Großbritannien und exportierte von dort Ideen, die sich mehr oder weniger gut auf deutsche Kultureinrichtungen übertragen ließen. Nicht anders ist es auch beim Thema der Internationalisierung. Eine intensive Auseinandersetzung mit Fragen der Internationalisierung oder Globalisierung steht aber im deutschen Sprachraum noch relativ am Anfang. Ein solcher Anfang bedingt einmal mehr eine Auseinandersetzung über Grundlagen und über die nicht immer konsistent und konsequent genutzte Terminologie der noch jungen Disziplin. Gerade die Begrifflichkeiten differieren von Land zu Land erheblich und erschweren den Austausch sowohl in der Praxis wie auch in der Wissenschaft.

a) Internationales Kulturmanagement

Um eine Tätigkeit als »international« zu bezeichnen, war lange Zeit das Überschreiten einer physischen Grenze vonnöten. Für das Kulturmanagement bedeutete dies, dass internationales Kulturmanagement primär ein solches war, das in mehreren Ländern oder in einem Land, das nicht das Heimatland ist, ausgeübt wird. Der Kulturmanager begibt sich in andere Länder, um dort Projekte zu realisieren oder längerfristig in einer Organisation zu arbeiten.

Aufgrund der Digitalisierung hat sich in allen Bereichen des Lebens eine Möglichkeit aufgetan, Grenzen zu überschreiten, ohne tatsächlich das jeweilige Land verlassen zu müssen. Eine Tätigkeit kann heute mithin als international bezeichnet werden, wenn sie nur vor dem Computer stattfindet, der sich wiederum im Büro im Heimatland befindet. Das Internet ist das Tor zur Welt und überwindet sekundenschnell Grenzen.

Ein internationales Kulturmanagement bedeutet aber nach wie vor ein Kulturmanagement in Zusammenarbeit mit Partnern aus unterschiedlichen Ländern. Die Partner sind weiterhin überwiegend in ihren jeweiligen Ländern beheimatet aber zunehmend und für längere Phasen mobil. Das Zusammenarbeiten geschieht in dem Bewusstsein der Unterschiede der jeweiligen Partner, die, vereinfacht gesagt, auch im besten Fall nicht nivelliert werden, sondern für das gemeinsame Vorhaben sinnbringend eingebracht und sinnstiftend genutzt werden sollen.

Klassische Aufgaben des internationalen Kulturmanagements finden sich in internationalen Organisationen etwa der Entwicklungszusammenarbeit, aber auch in den Kulturabteilungen von Botschaften sowie in Mittlerorganisationen, Stiftungen oder in den Veranstaltungs- und Kulturabteilungen großer Konzerne. Aber auch in den florierenden Branchen der Kreativwirtschaft wie etwa in der Musikbranche oder im Kunstmarkt sind die Tätigkeiten für Kulturmanager zunehmend international geworden. Kulturmanager, die projektbezogen tätig sind, arbeiten meist zwangsläufig international, um an einer möglichst großen Breite von Vorhaben und Produktionen beteiligt sein zu können. Durch die diversen Förderprogramme, die insbesondere die Vernetzung der europäischen Kulturinstitutionen vorantreiben sollen, sowie der zunehmende Migration hat aber auch die Tätigkeit von Kulturmanagern, die in städtischen oder staatlichen Kulturinstitutionen arbeiten, zunehmend internationale Bezüge.

Abzugrenzen ist das internationale Kulturmanagement von einem globalen Kulturmanagement, das seltener anzutreffen sein dürfte, meint global doch weltumspannend. Kulturmanager, die sich für Tätigkeiten in internationalen Zusammenhängen interessieren, sind zumeist global einsetzbar, da viele der Organisationen, die derartige Tätigkeiten anbieten, tatsächlich global vernetzt und in vielen Ländern der Welt vertreten sind. Dass ein Kulturmanager dahingehend global arbeitet, dass er nicht nur mit Partnern in verschiedenen Ländern, sondern tatsächlich überall auf der Welt, wenn auch überwiegend virtuell, tätig ist, dürfte wenigen Personen in bestimmten Branchen, wie etwa der Musikindustrie, vorbehalten sein. Zumeist wird es im internationalen Kontext sinnvoll sein, sich für bestimmte Regionen oder Länder eine Expertise zu erarbeiten.

b) Interkulturelles Kulturmanagement

Der Begriff des interkulturellen Kulturmanagements scheint sich im deutschsprachigen Raum für ein Kulturmanagement, das sich mit verschiedenen Kulturen und Ethnien innerhalb eines Landes befasst, durchgesetzt zu haben. Dies ist vor dem Hintergrund verwunderlich, dass der Begriff »interkulturell« durchaus Defizite aufweist, auf die bereits in den 1990er Jahren Welsch aufmerksam machte.²⁵ Der in Deutschland insbesondere im Zusammenhang mit Besucherentwicklung und Besucherbindung häufig benutzte Begriff krankt an der tradierten Vorstellung, dass Kulturen sich nach wie vor als geschlossene Sphären – oder wie Welsch es formuliert, als Inseln – gegenüberstehen.²⁶

Das als interkulturell bezeichnete Kulturmanagement befasst sich überwiegend mit der Einbindung von Menschen unterschiedlicher Herkunft. Die Einbindung erfolgt allerdings weniger in die künstlerischen Prozesse, sondern mehr im Sinne von Teilhabe an Angeboten und Programmen, die überwiegend ein wie auch immer geartetes Lernen zum Gegenstand haben und damit nach Möglichkeit eine gesellschaftlichen Aufwärts-Mobilität²⁷ bedingen sollen. Schon die Termini »einbinden« und »teilhaben« oder »ermöglichen« offenbaren bei genauerem Hinsehen ein schwieriges Selbstverständnis oder besser -bewusstsein und eine klare Rollenzuweisung, die von einem Miteinander im Sinne eines Community-Engagements noch relativ weit entfernt ist.²⁸

Welsch hält diese Art des Vorgehens von vornherein für fruchtlos und rein kosmetisch, da die innere Komplexität moderner Kulturen, die sich eben nicht mehr als geschlossene Systeme gegenüberstehen, nur unzulänglich widergespiegelt wird.²⁹

Die über lange Jahre in vielen Publikationen zum Audience-Development ventilierte Frage: »Was müssen wir tun, um Migranten als Publikum zu gewinnen?« ist schon im Ansatz aus einer Vielzahl von Gründen problematisch. Migranten, die aus unterschiedlichen Ländern, mit sehr unterschiedlichem Bildungshintergrund und in allen Altersgruppen nach Deutschland kommen, unter einen solchen Container-Begriff subsumieren zu wollen, ist per se unzulässig. Darüber hinaus impliziert diese Frage, dass es etwas Spezifisches gibt, was genau diese Zielgruppe ansprechen müsste, das offensichtlich von dem abweicht, was man dem bisherigen Publikum zugemutet hat. In Gesellschaften, die zunehmend hybride werden, wird es diese Abgrenzungen aber kaum mehr geben. Für Kulturmanager wird die Aufgabe damit nicht zwingend einfacher. Möglicherweise wird aber der Erfolg, der sich bei den vielen Aktionen zur Einbindung von den sogenannten Migranten und Menschen mit Migrationsgeschichte derzeit nur eher verein-

---

25 W. Welsch (1999), S. 195 ff.
26 W. Welsch (1999), S. 197.
27 Kritisch zu dieser verbreiteten Vorstellung von gesellschaftlicher Aufwärtsmobilität beispielsweise durch Bildung D. FitzGerald (2005), S. 116 ff., der sie als »ethnoracial Olympic Games« bezeichnet.
28 Aufschlussreich in diesem Zusammenhang die Studie von B. Lynch (2012), die sich unter anderem die ›mission statements‹ von zwölf Museen in Großbritannien angeschaut und dort diesen paternalistischen Sprachgebrauch festgestellt hat.
29 W. Welsch (1999), S. 197.

zelt langfristig eingestellt hat, größer sein, wenn die Frage lautet: Was interessiert diese, sich stetig verändernde Gesellschaft in ihrer Gesamtheit?

> **Definition**
>
> Der Terminus ›Audience Development‹ wurde Ende der 1990er Jahre in den USA und Großbritannien populär. Auch in Deutschland setzte sich der englische Begriff in der Literatur durch. Das Arts Council England definiert Audience Development wie folgt: »Activity which is undertaken specifically to meet the needs of existing and potential audiences and to help arts organisations to develop ongoing relationships with audiences. It can include aspects of marketing, commissioning, programming, education, customer care and distribution. Audience includes attendees, visitors, readers, listeners, viewers, participants, learners and people who purchase works of art.«

c) Transkulturelles Kulturmanagement

Die Bezeichnung »transkulturell« ist nicht so neu, wie es scheint. Welsch stellte dieses, im anglo-amerikanischen Sprachraum verbreitetere Konzept schon vor über 20 Jahren vor. Aufgegriffen wurde es in der deutschen Diskussion allerdings erst relativ spät und im Zusammenhang mit der Zunahme von Migration nach Deutschland. Die wesentliche Herausforderung in einem als ›transkulturell‹[30] beschriebenem Kulturmanagement wird anders als beim interkulturellen Kulturmanagement nicht nur darin bestehen, die Fähigkeit auszubilden, fremdkulturelle Kunstformen zu kennen und in ihrer Tradition und Historie zu verstehen, sondern es wird auch darum gehen, sie zu adaptieren und ihnen eine Form der Repräsentation zu geben.[31]

Transkulturelles Kulturmanagement erkennt an, dass die klassischen Grenzen zwischen Kulturen verschwimmen und die heutigen Gesellschaften eine Mischung und Variation verschiedener Kultur- und Lebensformen sind, die nicht mehr parallel, sondern möglichst miteinander agieren. Dieses Miteinander ist der entscheidende Unterschied zum häufig in diesem Kontext genutzten, in Deutschland in den 1970er Jahren in Kirchenkreisen aufgekommenen und von den politi-

---

30 Wobei das »trans« auf eine noch größere Durchlässigkeit und Flexibilität hindeuten soll. Zum Terminus »transnational« der in der englischsprachigen Literatur häufig ähnlich verwandt wird wie »global« – allerdings in der Hoffnung, die negativen Konnotationen, die mit global häufig verbunden sind, zu vermeiden. Siehe C. DeVereaux/M. Griffin (2013), S. 21 ff.
31 G. Wolfram (2015), S. 24.

schen Parteien aufgegriffenen[32], aber mittlerweile weniger populären »multikulturell«.

Multikulturalität, wie sie, anders als in den USA, in Europa häufig verstanden wurde,[33] blieb einem Kulturbegriff verhaftet, der, historisch fragwürdig, davon ausging, dass Kulturen weitgehend autonom und friedlich aber ohne wirklichen Dialog nebeneinander in einem Land existieren. Lange bevor die deutsche Bundeskanzlerin Angela Merkel in einer – besonders im Ausland viel kritisierten – Rede im Jahr 2010 »Multikulti als absolut gescheitert« bezeichnete[34], war vor einer damit oft einhergehenden Ghettoisierung, wie sie insbesondere in Frankreich aber auch in Großbritannien stattgefunden hat und sich in deutschen Großstädten durchaus auch abzeichnete, gewarnt worden.[35] Dem Begriff selbst wurde damit allerdings Unrecht getan. Deutschland ist und war schon immer multikulturell. Der Schriftsteller Ilija Trojanow schreibt: »Ohne multikulti gebe es keine deutsche Kultur. Die Minnesänger waren Multikulti, Goethe war es, wie auch Franz Kafka und Paul Celan, ebenso wie Dürer und Baselitz oder Mozart und Roberto Blanco«.[36] Die Kritik an Multikulturalität verschließt vor diesem Umstand mitnichten die Augen, vielmehr ist in Europa, anders als in den USA, Multikulti leider ein Sinnbild für fehlenden Dialog und Parallelgesellschaft geworden. Das in durchaus weiten Teilen fehlende Miteinander wurde bedauerlicherweise erst wirklich deutlich, als Gewalt und Straftaten eskalierten. Die Zurückhaltung dem Terminus gegenüber hat daher nichts mit dem fehlenden Glauben an eine plurale demokratische Gesellschaft zu tun, sondern im Gegenteil mit dem Wunsch eben diese im Sinne von Diversität[37] zu verwirklichen.

Bis dato haben die durchaus zahlreichen Programme und Vorschläge zur Förderung von Diversität, Interkultur und Inklusion im Kultursektor oft einen ›Mangel-Ansatz‹ vertreten.[38] Sie haben versucht, ein in vielerlei Hinsicht hybrides Publikum für Kunst und Kultur zu gewinnen, indem vermeintlich bestehende Defizite, die an der Teilhabe hindern, insbesondere durch (kulturelle) Bildung ausgeglichen werden sollten, anstatt sich den systemimmanenten Ungleichheiten des

---

32 B. Wagner (2012).
33 R. Robertson (2016), S. 11 macht daruf aufmerksam, dass sogar innerhalb Europas sehr unterschiedliche Vorstellungen von Multikulturalität bestehen.
34 Eine These, die durchaus schon vor ihr beispielsweise von S. Ates in ihrem Buch »Der Multikulti-Irrtum« (2008), vertreten wurde.
35 W. Welsch (1999), S. 197.
36 I. Trojanow (2009), S. 10.
37 Der Begriff Diversität begann sich in Deutschland nach der im Oktober 2005 verabschiedeten und am 18. März 2007 in Kraft getretenen »UNESCO Konvention über den Schutz und die Förderung der Vielfalt kultureller Ausdrucksformen«, bei der es im englischen Text »Diversity« heißt, durchzusetzen.
38 V. Durrer/R. Henze/I. Ross (2016).

Sektors etwa hinsichtlich der homogenen, da mono-ethnischen Gruppe in Führungspositionen, der Praxis und der Konzeptualisierung zu stellen.[39] Auch darf Kulturmanagement in diesem Kontext nicht nur »reagieren«[40], sondern muss seiner gesellschaftlichen Rolle – mit der Verantwortung einhergeht – durch Konzepte und Moderation von Prozessen gerecht werden.

Im Folgenden wird die Bezeichnung »internationales Kulturmanagement« als ein Überbegriff verstanden, der nicht allein auf die geografische Ausweitung der Tätigkeit des Kulturmanagers reduziert werden soll. Kulturmanager in internationalen Organisationen und damit auch in internationalen Zusammenhängen können international aber gleichzeitig auch interkulturell arbeiten – wie etwa diejenigen in den sogenannten Mittlerorganisationen, die, wie der Name schon sagt, zwischen Kulturen vermitteln und für die die Bezeichnung interkulturell zumindest für Teile ihrer Arbeit korrekt gewählt sein dürfte.

Kulturmanager in internationalen Kontexten können aber auch transkulturell arbeiten. Nachdem etwa Grenzen überschritten wurden, beginnt die eigentliche Arbeit im jeweiligen Land. Der internationale Verein MitOst e. V.[41] in Berlin fördert beispielsweise den Austausch und die Kooperation zwischen Kulturschaffenden in Europa und stärkt zivilgesellschaftliche Akteure und gesellschaftliches Engagement. Beide Bereiche entwickeln praxisnahe Methoden und Trainingskonzepte. Dem Verein ist es ein besonderes Anliegen, dass das gemeinsame Lernen und Erarbeiten von Prozessen gleichberechtigt neben der Projektrealisierung steht. Während in internationalen Kontexten nach der Realisierung des Vorhabens die Partner häufig auseinander gehen, soll bei MitOst e. V. im Sinne von Kollaboration, die über reine Kooperation hinausgeht[42], eine Veränderung auch der beteiligten Personen und ihrer jeweiligen Wahrnehmung der Situation und auch der eigenen wie der fremden Kultur im Vordergrund stehen.

Aber auch eine Tätigkeit, die nicht in einer Organisationen ausgeübt wird, die international vernetzt ist oder ihre Mitarbeiter entsprechend entsendet, kann unter anderem aufgrund der zunehmenden Mobilität von Kunst- und Kulturschaffenden und der digitalen Möglichkeiten international sein und wird es aufgrund der diversen Vernetzungen, internationalen Angebote und Fördermöglichkeiten auch zunehmend werden.

---

39 D. O'Brien/K. Oakley (2015); J. J. Hernández-Acosta (2013); M. Terkessidis (2015).
40 C. DeVereaux (2009), S. 155.
41 www.mitost.org (29.03.2016).
42 S. Herke (2015), S. 40 ff.

3 Wo findet internationales Kulturmanagement statt?

a) Kulturpolitik

Kulturmanagement muss sich wechselnden und komplexen Herausforderungen stellen, die auf von der internationalen Politik und Wirtschaft geschaffene Umstände zurückzuführen sind. Auch und gerade in lokalen, regionalen oder nationalen Kontexten zeigt die Globalisierung mannigfache Auswirkungen. An Fragen der kulturellen Identität und des Werteverständnisses oder aber am Freihandelsabkommen ›Transatlantic Trade and Investment Partnership‹ (TTIP), welches das Potential hat, zahlreiche Kultureinrichtungen zu Umstrukturierungen zu zwingen und Errungenschaften – wie etwa die Künstlersozialkasse oder die Buchpreisbindung – in Frage stellt, werden Kulturmanager, wo und in welchen Zusammenhängen auch immer sie tätig sind, nicht vorbeikommen.

Kulturmanager konnten sich politisches Desinteresse noch nie leisten – schon weil Kunst und Kultur oftmals überaus politisch sind. Durch die bereits mehrfach angesprochenen, internationalen Verknüpfungen und ihre Auswirkungen auf die Kunst und Kultur wird der ›Kulturpolitiker‹ oder Lobbyist in Sachen Kunst und Kultur als zentraler Bestanteil des pluralen Rollenbildes des Kulturmanagers neben dem Kulturvermittler, dem Entrepreneur, dem Fundraiser oder dem Kurator zunehmend an Bedeutung gewinnen. Mithin ist das »Internationale« dem Kulturmanagement, auch wenn es »nur« in Deutschland ausgeübt wird, inhärent. Kulturmanagement kann nicht abgekoppelt von internationalen Entscheidungen und Entwicklungen existieren.

Dass die Gegebenheiten in anderen Teilen der Welt, zu großen Teilen durch die Politik des Westens beeinflusst und mitgestaltet, Menschen auch in Europa nicht mehr unberührt lassen können, wurde im Jahr 2015 mit dem Attentat auf die Redakteure der Satirezeitschrift Charlie Hebdo am 7. Januar und den Anschlägen auf die Besucher des Konzerts der Band »Eagles of Death Metal« im Bataclan am 13. November in Paris drastisch deutlich. Auf dem Spiel stehen fundamentale Werte wie etwa die Meinungsfreiheit als zentraler Bestanteil des Demokratieverständnisses. Zahlreiche Länder stehen vor komplexen Herausforderungen, die das Potential haben, ganze Gesellschaften zu bedrohen und zu destabilisieren. Wie damit umgegangen wird, darf allerdings nicht denen überlassen werden, die meinen, schnelle Antworten zu haben. Faroutan schreibt: »Die Herausforderung für Deutschland liegt nun darin, bei der Suche nach einem Leitbild nicht nur Migranten und Geflüchtete einzubeziehen, sondern auch jene Menschen, die sich vom ›neuen Deutschland‹ überfordert fühlen. Menschenwürde, Verfassung, Demokratie müssen nicht gegen muslimische Flüchtlinge aus Syrien verteidigt werden, sondern gegen Pegida-Anhänger, westdeutsche Rechtsextremisten und rassistische Migranten«.[43]

Der vielzitierte und vom amerikanischen Schauspieler George Clooney bei der Verleihung der Academy Awards im Frühjahr 2015 medienwirksam als Button am Reverse platzierte Slogan »Je suis Charlie« (Abbildung I.2) ist auch dann berechtigt, wenn man sich über den Wert der Mohammed-Satire[44] streiten mag und in verantwortlicher Position auf einen Abdruck verzichtet hätte.[45]

Es geht um die Freiheit, andere Menschen auch Meinungen äußern zu lassen, die man selbst ablehnt. Demokratie muss und kann einen solchen Pluralismus, der sicher keine Idylle ist, aushalten. Salman Rushdie[46], Autor der ›Satanischen Verse‹ und selbst jahrelang aufgrund einer Fatwa mit dem Tode bedroht, schreibt auf seiner Webseite nach dem Attentat auf Charlie Hebdo: »I stand with Charlie Hebdo, as we all must, to defend the art of satire, which has always been a force for liberty and against tyranny, dishonesty and stupidity. ›Respect for religion‹ has become a code phrase meaning ›fear of religion.‹ Religions, like all other ideas, deserve criticism, satire, and, yes, our fearless disrespect.«

Kulturmanager, wo auch immer sie tätig sind, werden und dürfen nicht umhinkommen, entsprechend Stellung zu beziehen. Wenn Kunst und Kultur angegriffen werden, darf Toleranz nicht zum Deckmantel für Relativismus werden. Respekt etwa für Traditionen, die Menschenrechte verletzen, ist gleichbedeutend mit Missachtung der Opfer.[47] Symonides schreibt: »The acceptance of the very idea that persons belonging to one culture should not judge the policies and values of other cultures, that any system of common values cannot and does not exist, indeed undermines the very basis of the international community and the ›human family.‹«[48]

---

43 N. Faroutan (2015).
44 Streit um Mohammed Karikaturen entfachte bereits 2005 als die dänischen Tageszeitung Jyllands-Posten zwölf Karikaturen veröffentlichte, die den Religionsstifter Mohammed unter anderem mit einer Bombe im Turban zeigten. In der Folge kam es zu gewalttätigen Auseinandersetzungen, bei denen zahlreiche Menschen starben und viele verletzt wurden.
45 Ein iranisches Gericht hat nach Angaben des »Independant« der noch jungen iranischen Zeitschrift Mardon-eEmrooz die Lizenz entzogen, nachdem sie das oben gezeigte Cover veröffentlicht hatte, das ein Foto des Schauspielers mit diesem Button am Revers zeigte.
46 www.salamrushdie.org (23.10.2015).
47 U. Beck (2008), S. 65.
48 J. Symonides (1998).

Wo findet internationales Kulturmanagement statt? 19

Abbildung I.2 Iran bans newspaper for reporting George Clooney's support of Charlie Hebdo. Quelle: Twitter/The Independent (http://www.independent.co.uk/news/world/iran-bans-newspaper-for-reporting-george-clooneys-support-of-charlie-hebdo-9985965.html (21.06.2016))

b) Kulturvermittlung

Nach Schätzungen der Internationalen Organisation für Migration gibt es derzeit 150 Millionen Migranten. Mehr als 60 Millionen Menschen sind auf der Flucht – über die Hälfte davon sind Kinder. Diese weltweite Migrationsbewegung trägt erheblich zur kulturellen Globalisierung bei.[49] Auch im hintersten Winkel der Republik werden zunehmend Menschen leben, die mit anderem kulturellen Rüstzeug und Bildungsgepäck beladen sind als der jeweilige Kulturmanager selbst. Mithin gilt es, Menschen mit sehr verschiedenen Hintergründen Zugang zu Kunst und Kultur zu ermöglichen, sie aber auch als Kunst- und Kulturschaffende sichtbar zu machen und ihrer Kreativität Ausdruck zu verschaffen. Die Herausforderung von zunehmender kultureller Hybridisierung, die große Chancen wie aber auch das

---

49 B. Hoppe/T. Heinze (2016), S. 225.

Risiko zunehmender kultureller Intoleranz in sich birgt, wird an zukünftige Kulturmanager herangetragen werden.

Eine Fragebogenstudie, an der sich über 220 Kulturmanager aus Deutschland, Österreich und der Schweiz und 120 Kulturmanager aus 43 weiteren Ländern beteiligt haben und auf die im Folgenden noch eingegangen wird, hat ergeben, dass viele Kulturmanager im deutschsprachigen Raum ihre Tätigkeit gar nicht zwingend als international wahrnehmen, obwohl die soeben geschilderten Herausforderungen, die auch unter den Begriff des Transkulturellen subsumiert werden, tagtäglich an sie herangetragen werden und sie sich diesen, wie die Studie ebenfalls ergab, durchaus engagiert stellen. Dies kann als positiver Hinweis gelesen werden, dass Deutschland sich, anders als etwa noch vor zehn Jahren, als eine Mehrheitsgesellschaft versteht. Die genannten Themen gehören mithin zur DNA dieser Gesellschaft und werden gar nicht mehr als singuläre Effekte oder von temporärer Bedeutung gesehen.[50]

Kunst und Kultur zu vermitteln, wird mithin zunehmend komplex. Kulturmanager müssen auf diese Komplexität vorbereitet sein und dies betrifft nicht nur die Themen Globalisierung und Migration. Seit Jahren trägt die Kulturpolitik das Thema »Kulturelle Bildung« wie ein Mantra vor sich her. Dieser wichtigen wie schwierigen Aufgabe, möglichst viele Menschen im Lauf ihres Lebens nicht nur an Bildung und Kultur partizipieren zu lassen, worauf »Kulturelle Bildung« bedauerlicherweise viel zu oft reduziert wird, sondern sie auch in kulturelle Prozesse einzubeziehen, werden sich Kulturinstitutionen allerdings nicht allein stellen können. Die enge, von der Politik zu fördernde Zusammenarbeit, etwa mit Kindergärten und Schulen sowie aber auch mit Seniorenheimen, Stadtteilzentren, lokalen Verbänden und Vereinen, ist bei diesem Thema bedeutsam. Auch neue Formate und neue Inhalte gilt es zu diskutieren, wenn man mit kultureller Teilhabe und der schon seit Jahrzehnten bestehenden Forderung der »Kultur für alle«[51] ernst machen möchte.

Dem hier geschilderten Kulturmanagement mag das grenzüberschreitende Element fehlen, weshalb es möglicherweise nicht als international wahrgenommen wird. Dies wäre allerdings dahingehend verkürzt, als dass viele der Entwicklungen, auf die Kulturmanager zunehmend reagieren müssen, international sind und ein internationaler Austausch zu diesen Themen ebenso wie länderspezifische Wissensbestände bedeutsam sind.

---

50 R. Henze (2015 a), S. 14.
51 So lautete Ende der 1970er Jahre die berühmt gewordene Forderung des Frankfurter Kulturdezernenten Hilmar Hoffmann.

c) Herstellung, Distribution und Finanzierung

Nicht nur diejenigen, die sich an Kunst und Kultur erfreuen (sollen), ändern sich. Auch die Art und Weise, wie Kunst und Kultur produziert wird und ganz besonders wie sie Verbreitung findet, hat sich und wird sich aufgrund zunehmender Digitalisierung noch weiter verändern. Die Grenzen zwischen Konsumieren und Produzieren verschwimmen, weshalb häufig der von Alvin Toffler[52] schon 1984 eingeführte Begriff des Prosumenten für Personen, die sowohl konsumieren als auch selbst Inhalte generieren, gebraucht wird. Mithin wird auch die bisher hohe Schwelle zum Eintritt in das Künstlerdasein herabgesetzt. Das künstlerische und kreative Schaffen wird demokratisiert und nicht mehr an Gatekeepern wie beispielweise Galeristen, Kuratoren oder Lektoren festgemacht. Neben dem durchaus positiven Effekt des erleichterten Zugangs wird der »Markt« aber auch unübersichtlicher sowie internationaler und die – wie auch immer zu definierende – Qualität weniger Erfolgskriterium als möglicherweise das Beherrschen der Klaviatur des Social Media Marketings oder der Aufbau eines Netzwerks mit einflussreichen Partnern.

Das Auftreten neuer Akteure, die Medien unter anderem auch geschickt für Propagandazwecke nutzen[53], ist eine Seite der Medaille, die der Informationszuwachs mit sich bringt. Neben der Fähigkeit, das Internet und die sozialen Medien für die eigenen Projekte möglichst vielfältig und gewinnbringend einzusetzen, wird von Kulturmanagern daher zunehmend auch eine erhöhte Sensibilität hinsichtlich der Inhalte verlangt.

Das Auftreten neuer, nicht oder nur semi-professioneller Akteure bringt aber auch Chancen und neue Betätigungsfelder für Kulturmanager mit sich.[54] Amateure waren seit jeher von großer Bedeutung für die Vielfalt des Kulturlebens. Kulturmanager darauf vorzubereiten, die Aktivitäten von Amateuren, die sich zunehmend professionalisieren, dahingehend zu fördern, dass sie gesellschaftlich relevant sein können, sollte in den Lehrplänen des Kulturmanagements verankert werden. Dies gilt auch für eine Sensibilisierung im Hinblick auf die Wissenszirkulation, an der sich besonders junge Menschen über das Internet zahlreich beteiligen. Dieses international geteilte Wissen und das Verschwimmen von Produzieren

---

52 A. Toffler (1984).
53 A. Borchard schreibt in der Süddeutschen Zeitung »Das Internet erlaubt mehr Freiheit als der Demokratie guttut« und bezieht sich auf die hohe Zahl der Propagandavideos etwa von Pegida und dem Islamischen Staat (SZ vom 15.01.2015). C. Robertson-von Trotha spricht hier vom Phänomen der »Intransparenz der Transparenz« und bezieht sich auf mehrere Studien, die belegen, dass die vermeintliche Anonymität des Internets vielen Menschen Anreiz gibt, sich intolerant bis rassistisch zu äußern.
54 M. Peromingo (2016), S. 107.

und Konsumieren können möglicherweise ganz neue, spannende Kunstformen hervorbringen.

Auch wird sich das Kulturmanagement und insbesondere die Kulturmanagementlehre von der Trennung zwischen Hoch- und Populärkultur verabschieden müssen und zwar nicht, weil alles eines Tags gleich und Mainstream nach US-amerikanischem Vorbild sein wird, sondern weil die Realitäten sich gewandelt haben und Kunst und Kultur noch viel stärker als zuvor jenseits der staatlichen, etablierten Strukturen, auf die sich das Kulturmanagement insbesondere im deutschsprachigen Raum lange Jahre fast ausschließlich kapriziert hat, erfolgreich stattfinden.[55]

Wahrscheinlich müssen wir neben den oben erwähnten Amateuren auch häufiger über zeitgenössische Künstler wie Damian Hirst, Jeff Koons oder Takashi Murakami sprechen. Künstler, denen es auf oft unorthodoxe Weise gelingt, bisherige Strukturen aber auch Gewohnheiten aufzubrechen und die sich den teilweise überkommenen Vorstellungen vom Künstlersein widersetzen. Noch seltener sprechen wir über in vielerlei Hinsicht erfolgreiche Phänomene wie etwa Joanne K. Rowling, Helene Fischer oder über Castingstars wie beispielsweise die britische Boygroup »One Direction«. Möglicherweise ist dies ein Versäumnis. Joanne K. Rowling hat geschafft, wovon viele Künstler Zeit ihres Lebens träumen. Ihre Bücher kennt die ganze Welt.[56] Ihre eigene Geschichte ist fast so bekannt wie die ihres berühmten Zauberlehrlings. Mehrere Verlage haben das Harry Potter Manuskript abgelehnt, einer hat das Potential erkannt und Hollywood hat das Buch gewinnbringend verfilmt. Dies ist existentieller Bestandteil von Kulturmanagement und nicht nur von internationalem und zukünftigem: Kreatives erkennen, erkennen was die Menschen und insbesondere junge Menschen weltweit interessiert, anspricht, emotionalisiert. Oft werden Werke, denen dies gelingt (und überwiegend kommen sie tatsächlich noch aus den sogenannten Traumfabriken Hollywoods) als Mainstream[57] bezeichnet. Mainstream ist in Deutschland negativ konnotiert. Zu Unrecht. Hat Bill Kaulitz von Tokio Hotel, der vor Jahren Mädchen rund um den Globus zum Deutschlernen in die Goethe-Institute trieb[58], vielleicht mehr für den Weltfrieden und die deutsche Sprache getan, als eine hervorragend kuratier-

---

55 Die Kulturpolitischen Mitteilungen widmeten diesem Thema im Frühjahr 2015 ihr Heft 148/I »Kulturpolitik für die Popkultur«. Siehe dazu auch T. Renner (2016).
56 und sie machten sie als erste Autorin überhaupt zur Milliardärin.
57 Siehe hierzu das Buch Mainstream von F. Martel (2010).
58 Weil sie die, zugegebenermaßen nicht wirklich tiefschürfenden, deutschen Texte verstehen wollten.

te, international gezeigte und aus Steuergeldern finanzierte Schau der Werke Gerhard Richters[59]?

Tatsächlich ist es so, dass die meisten in Europa produzierten Inhalte in Europa bleiben. Wir sind der größte Abnehmer unserer Kulturprodukte.[60] Fakt ist auch, dass es tatsächlich vergleichsweise wenig zeitgenössische kulturelle Güter gibt, die es schaffen, auch außerhalb Europas wahrgenommen zu werden[61] – aber es gibt sie, insbesondere in der Musik und in der Literatur und – allerdings etwas weniger – im Film.[62] Diesen Mainstream werden wir aus mehreren Gründen stärker in unsere Diskussionen einbeziehen müssen.[63] Gerade jüngeren Migranten in der Mehrheitsgesellschaft kann eine globale Popkultur tatsächlich Orientierung in einer ansonsten (zu) komplexen Welt bieten.[64] Kulturelle Identitäten sind für junge Menschen heute durchaus ein zentrales Thema. Eine Definition derselben durch Abgrenzung und geografische Grenzen, die Zugehörigkeit wie aber auch Ausgrenzung vermittelt, funktioniert zunehmend weniger.[65] Wie viele Autoren bereits angemerkt haben, brauchen junge Menschen in der ›liquiden Gesellschaft‹[66] des 21. Jahrhunderts vielleicht aber gar keine Wurzeln mehr, sondern

---

59 Obwohl man hier argumentieren könnte, dass der teuerste lebende Künstler Gerhard Richter, über den sogar die Bild-Zeitung regelmäßig berichtet, schon zum Mainstream gehört.
60 R. Henze (2014), S. 43.
61 Mit Ausnahme des Kunstmarktes, auf dem sich deutsche Künstler international bestens behaupten, der aber wiederum völlig eigenen Gesetzmäßigkeiten unterliegt.
62 Tatsächlich scheint es einen Zusammenhang zu geben zwischen den Produktionskosten eines Films und dem eingespielten Gewinn. Je teurer, desto wahrscheinlicher der Profit. Blockbuster lassen sich international am besten vermarkten. Sie sind voll von Spezialeffekten und Stunts und aufgrund der eher nebensächlichen Handlung weltweit verständlich. Vor diesem Hintergrund wird die noch existierende Dominanz amerikanischer Filme (und der entsprechenden Inhalte), die von großen Filmgesellschaften produziert und aufwendig beworben werden, verständlicher. D. Crane (2002), S. 5. Ähnlich ist die Situation auf dem Musikmarkt, wo britische und US-amerikanische Künstler dominieren. Jedoch gibt es seit Jahren deutliche Tendenzen, dass andere Länder gerade in den Bereichen Film, Fernsehen und Musik aufholen, F. Martel (2010); D. Crane (2002); J. D. Straubhaar (1991) und J. Wasko (2008), S. 192 ff., die auf die Herausforderungen für Hollywood aufmerksam macht, die neben der Piraterie, der zunehmenden Konkurrenz durch das Internet, dem verschärften Kartellrecht und den gestiegenen Produktionskosten insbesondere auch in einer anti-amerikanischen Stimmung in vielen Ländern bestehen.
63 Und nicht zwingend in Diskussionen mit Titeln wie »Kunst versus Kommerz« wie im November 2015 bei der Mitgliederversammlung der Kulturpolitischen Gesellschaft e. V. in Dortmund, wo »aus aktuellem Anlass über die Verortung von Kunst und Kultur in unserer Gesellschaft unter den Vorzeichen von Privatisierung, Digitalisierung und Ökonomisierung« debattiert wurde. Dieser hier aufgemachte Widerspruch sollte ein überkommener sein.
64 B. Hoppe/T. Heinze (2016), S. 221.
65 C. Suteu (2006), S. 133.
66 Z. Baumann (2000).

Anker.⁶⁷ Möglicherweise eignet sich Popkultur, ohne negative Konnotation und Abwertung, durchaus als ein solcher Anker im Leben von Menschen, für die, wie Carbo Ribugent formuliert, interkulturelle Beziehungen existentieller Daseinsbestandteil und multikulturelle Situationen und kulturelle Diversität Teil ihrer eigenen sowie kollektiven DNA sind.⁶⁸ Moderne Medien formen Identitäten, wenn sie sie nicht sogar produzieren.⁶⁹ Mit den Auswirkungen insbesondere auch auf nationale Identitäten, deren Relevanz möglicherweise zunehmend geringer wird, werden Gesellschaften zwangsläufig umgehen müssen.

Wichtig ist hierbei zu betonen, dass das Kulturmanagement der berechtigten und auch in der Befragung, auf die im Anschluss noch näher eingegangen wird, immer wieder angeführten Sorge um den Erhalt des Individuellen, des einzigartig Lokalen weiterhin Rechnung tragen muss und dies auch tun wird, da Kunst und Kultur – und zwar auch die, die vielen gefällt – eben ohne solche Einflüsse nicht denkbar sind. Eine stärkere Zuwendung zu dem, was viele Menschen auf der Welt teilen und mögen, muss mitnichten mit einer Aufgabe des Individuellen einhergehen. Der internationale Kulturtourismus lebt zunehmend gut davon, dass Menschen eben dieses, wie auch immer geartete »Andere« erleben wollen. Bei den durchaus existierenden und ernstzunehmenden Gefahren⁷⁰ durch diese Form des Tourismus darf das darin liegende Potential gerade für den Erhalt von Lokalem und Regionalem in der Kunst und Kultur nicht unterschätzt werden. Die OECD unterstreicht die wechselseitige Beeinflussung von Tourismus und Kultur: »Culture is an increasingly important element of the tourism product, which also creates distinctiveness in a crowded global marketplace. At the same time, tourism provides an important means of enhancing culture and creating income which can support and strengthen cultural heritage, cultural production and creativity«.⁷¹

Ohne ins Detail gehen zu wollen, sei auch erwähnt, dass in der Musik viele der zahlreichen Stilrichtungen, die sich als kommerziell überaus erfolgreich erweisen (Jazz, HipHop, Blues, R & B und Soul in den USA oder aber der Tango in Argentinien und die Samba in Brasilien), tief verwurzelt sind in Traditionen, Regionen oder aber auch religiösen Gemeinschaften.⁷²

---

67 G. Carbo Ribugent (2016), S. 127.
68 G. Carbo Ribugent (2016, S. 127.
69 E. Shohat/R. Stam (2014), S. 7.
70 etwa die Vermarktung lokaler Kulturen, die in dubiosen Stereotypen und Vereinfachungen von ethnischen Gruppen in Gestalt von für die Zuschauer leicht verdaulicher Folklore daherkommt und wenig bis gar nichts mehr mit ethnischen Besonderheiten oder lokalen Traditionen gemein hat. Gefahren für die Umwelt und das Ökosystem mancher Länder kommen hinzu.
71 OECD (2009).
72 Die überaus wichtige Thematik, dass die Minoritäten, die diese Musik, die dann mit fragwürdiger Authentizität zum nationalem Kulturgut wurde, schufen, unter anderem wenig bis

Der Schutz von Kunst und Kultur durch Protektionismus, und nichts anderes ist die Art der Kulturfinanzierung, die heute insbesondere in Deutschland praktiziert wird, wird auf lange Sicht so nicht mehr funktionieren (können) – schon allein weil sie im Widerspruch steht zur Entwicklung von Kultur, deren Existenz ja auf den unterschiedlichsten Einflüssen und der konstanten Bewegung gründet.[73] Manche Autoren halten Kunst und Kultur sogar für immun gegen Protektionismus, da sie von Natur aus hybrid sind.[74]

Die Entwicklung ganzer Zivilisationen[75] ist eng an den konstanten Austausch von Kunst und Künstlern über Grenzen hinweg geknüpft und wird durch die Mobilität des Publikums und die Digitalisierung, die Zugänge über Grenzen wie auch finanzielle Ressourcen hinweg schafft, weiter vorangetrieben[76], politisch erwünscht oder nicht.

Kulturmanager brauchen zukünftig mehr Mut und weniger Emotionen, wenn es um das Thema internationale Popkultur geht. Und Kulturmanager brauchen weniger Ideologie und mehr Sachverstand, wenn es um das Thema Kulturfinanzierung geht.

d) Grenzüberschreitende Projekte/ Internationale Organisationen

Als originäres Betätigungsfeld für Kulturmanager mit Fokus auf internationalem Kulturmanagement wird landläufig eine Tätigkeit im Ausland bei internationalen (Mittler-)Organisationen gesehen, wie beispielsweise beim Goethe-Institut, bei Stiftungen und anderen Non-Governmental-Organisations (NGOs), Non-Profit-Organisations (NPOs), Lobbyorganisationen oder bei Einrichtungen der Entwicklungszusammenarbeit wie der Gesellschaft für Internationale Zusammenarbeit (GIZ), aber auch bei Institutionen, die häufig an internationalen Projekten wie etwa Koproduktionen beteiligt sind oder diese initiieren. Diese Kulturmanager müssen eine große Bereitschaft zu Einschränkungen im Privatleben mitbringen. Die Vereinbarkeit eines »geregelten« oder »normalen« Familienlebens mit

---

gar nicht am kommerziellen Erfolg derselben partizipierten, ist insbesondere in der postkolonialen Theorie ebenso intensiv thematisiert worden wie die Rolle von Ideologie in der Produktion von Popmusik. Wie Afro-Amerikanische Künstler in der Kultur- und Kreativwirtschaft der USA behandelt wurden und nach wie vor werden, ist bei N. George (2005), nachzulesen.
73 L. Bonet/E. Négrier (2011), S. 574; B. Wagner (2012).
74 J. P. Singh (2010), S. 154; T. Cowen (2002).
75 Lesenswert dazu das Buch »A History of the World in 100 Objects« von N. MacGregor.
76 C. DeVereaux/M. Griffin (2006), S. 3.

häufigen Wohnortwechseln, wie etwa nach dem Rotationsprinzip des Goethe-Instituts alle vier Jahre, oder mit reger Reisetätigkeit, ist schwierig zu bewerkstelligen und setzt unter anderem tolerante Partner und die Fähigkeit zur raschen Netzwerkbildung voraus.[77] Ein Beruf im wichtigen Zusammenhang von Kultur und Entwicklung als sogenannter »Change Agent« gerade in Kriegs- und Krisenregionen kann durchaus riskant sein, auch wenn sich die Organisationen immer um den größtmöglichen Schutz ihrer Mitarbeiter bemühen.[78]

Für derart internationale Kulturmanager gilt darüber hinaus eine besondere Achtsamkeit und die Erkenntnis, dass es situatives, lokales, regionales Wissen gibt, das ein Außenstehender nicht haben kann, das aber für die erfolgreiche Tätigkeit von Bedeutung ist und mithin in Eigenregie und mit stetem Willem zum lebenslangen Lernen erworben werden muss. Es geht um interkulturelle Kompetenzen, nicht ausschließlich erworben durch die durchaus wichtige Lektüre Hofstedes oder Trompenaars, als vielmehr durch eigene Erfahrungen im Ausland[79] oder bei der Planung, Vorbereitung und Durchführung von internationalen Projekten, wenn möglich bereits während des Studiums. Es geht um ein Verständnis der eigenen, wie auch der fremden Identität[80], ihrer Besonderheit und insbesondere ihrer Berechtigung und um das Wissen, um die Bedeutung von kulturellem Erbe und Tradition.

aa) Unterschiedliche Kulturbegriffe

Mehrmals habe ich Unternehmensberater, die ihren Foliensatz von einem Wirtschaftsunternehmen mit ein paar Federstrichen auf eine öffentliche Einrichtung übertragen wollten, scheitern sehen. So wenig wie ›tools‹, die in einem Unternehmen greifen, auf ein Museum übertragbar sind, so wenig wird das Handwerkszeug eines deutschen Kulturmanagers in einem internationalen Kontext verfangen. Der Gebrauch der oftmals gleichen, da überwiegend der Managementlehre entliehen

---

77 D. Hillesheim (2015), S. 44 ff. beschreibt die Schwierigkeiten, eine Aufgabe im Ausland, die darüber hinaus noch häufiges Reisen erfordert, mit der Erziehung eines kleinen Kindes zu vereinbaren.
78 Im März 2016 starb die Leiterin des Goethe-Instituts in Abudjan in der Elfenbeinküste bei einem Anschlag islamistischer Terroristen.
79 J. Rowntree/L. Neal/R. Fenton (2010), S. 4. Diese Studie zeigt, wie positiv sich internationale Erfahrungen auf die Übernahme von Führungsaufgaben in den unterschiedlichsten nationalen oder internationalen Kontexten auswirken.
80 Das schwierige Thema Identität spielt in mehreren europäischen Ländern eine durchaus große Rolle und drückt sich unter anderem aus in separatistischen Bestrebungen (Katalonien/Baskenland/Korsika), einem zunehmendem Rechtsruck (Polen, Ungarn) und einer anti-europäischen Stimmung (Großbritannien, Frankreich).

Terminologie, täuscht häufig darüber hinweg, dass von verschiedenen Dingen gesprochen wird beziehungsweise darüber, dass unterschiedliche Vorstellungen von vermeintlich ein und derselben Sache bestehen. Aber nicht nur Sprache[81], Terminologie[82] und Handwerkszeug müssen entsprechend angepasst werden, auch die Vorstellungen von einem gelungenen Projekt können völlig verschieden sein. Schindhelm beschreibt in seinem Buch ›Dubai Speed‹[83], wie wenig die europäische Vorstellung von einem Museum mit der Vorstellung der Emirati in Einklang zu bringen war und auch wie lange es gedauert hat, bis dieser, auf unterschiedlichen Kulturbegriffen basierende, kaum zu überwindende Widerspruch beiden Seiten bewusst wurde.

Wir finden es weitgehend selbstverständlich, dass es Menschen gibt, die mit einer Kunstform, einem bestimmten Werk oder einer besonderen Inszenierung mehr anfangen können als andere, dass es die gibt, die etwas ganz fantastisch finden, was andere gänzlich ablehnenden. Im Theater etwa schreit eine Fraktion bei der Premiere beherzt Buh, während andere frenetisch klatschen. Ein ähnliches Selbstverständnis benötigen Kulturmanager im internationalen Kontext. Nicht alles, was in der Heimat mehrheitlich als gut, wahr und schön beschrieben würde, wird im Ausland ebenso wahrgenommen. Vieles wird, oftmals auch aus religiösen Gründen, abgelehnt. Hier ist nicht nur die häufig beschworene Empathie[84] nötig, sondern auch eine fundierte und schwierig zu erwerbende Kenntnis eben der politischen und religiösen Gegebenheiten in den jeweiligen Ländern sowie eine kritische Reflektion des eigenen Wertekanons und eine realistische Einschätzung dessen, was in anderen kulturellen Kontexten funktionieren und was aus einer Vielzahl von Gründen eben nicht funktionieren kann.[85]

---

81 Die Wichtigkeit von Fremdsprachenkenntnissen noch über das Beherrschen der englischen Sprache hinaus wird von der Mehrheit der befragten Kulturmanager immer wieder hervorgehoben. Siehe hierzu auch S. 49, 88 f.

82 Gerade Künstler reagieren oftmals mit Unverständnis wenn Kulturmanager, insbesondere solche, die frisch von der Hochschule kommen, mit von Anglizismen dominierten Managementvokabular versuchen, Themen wie Besucherbindung und -gewinnung oder Finanzierungsmodelle durch private Förderer oder durch Firmen zu erläutern. Siehe hierzu auch R. Henze (2014a).

83 M. Schindhelm (2009).

84 J. Rifkin (2010), geht davon aus, dass eine zunehmende globale Empathie dazu führen wird, dass die Menschen gemeinschaftlich gesellschaftliche Probleme lösen.

85 A. Chua (2003), schreibt wie der Export von Marktwirtschaft nach US-amerikanischen Vorbild ethnischen Hass in vielen Ländern der Welt schürt. Die Weltbank und der Internationale Währungsfonds müssen sich immer wieder der berechtigten Kritik stellen, dass ihre Anforderungen an die geförderten Länder zur Zerstörung auch kultureller Infrastruktur und damit einhergehend von Identität und Tradition führen. Der Nobelpreisträger J. Stiglitz (2003), S. 40 f. stellt in diesem Zusammenhang die Frage, ob sich seit Ende des »offiziellen« Kolonialismus tatsächlich etwas geändert hat.

Das Verständnis, der Kanon dessen, was man aufgrund der eigenen Sozialisation überhaupt als Kunst und Kultur betrachtet, wird im internationalen und interkulturellen Kontext immer wieder herausgefordert werden. In vielen Ländern wie beispielsweise in Indien wird das, was in Deutschland gemeinhin unter (Kunst-)Handwerk verstanden wird, ganz selbstverständlich auch als Kunst betrachtet. In vielen afrikanischen Ländern kommt noch der Aspekt der Spiritualität hinzu sowie der fundamentale Zusammenhang von Funktion und Bedeutung eines Werkes. Die Bedeutung der traditionellen Kunst für heutige Kunstströmungen ist ein wesentlicher Faktor im Verständnis von Kunst und Kultur in vielen Ländern der Welt und die Auseinandersetzung mit den jeweiligen Traditionen so existentiell wie aufwendig. Vor diesem Hintergrund ist etwa ein Gang durch die Pavillons der verschiedenen Länder auf der Biennale in Venedig[86] aufschlussreich. Im Jahr 2015 stand die von Okwui Enwezor kuratierte 56. Biennale unter dem bemerkenswerten Titel »All the world's futures«. Der Kontrast zwischen den Präsentationen etwa von Mosambik, den arabischen Emiraten, dem Irak und Großbritannien war deutlich und stark.

bb) Zugang/Netzwerke

Auch Zugang zu Informationen und zu Personen ist im internationalen Zusammenhang ein wichtiges Thema. Eine Heerschar von Beratern aus der westlichen Welt fällt derzeit beispielsweise in Indien oder in den Vereinigten Arabischen Emiraten ein, um den dortigen Kultureinrichtungen ihre Dienste anzubieten. Mittlerweile hat sich herumgesprochen, dass in den sogenannten Transformationsländern durchaus Geld vorhanden ist und sich selbiges gut verdienen lässt. Vor Ort stellen viele dieser eifrig angereisten »Helfer« dann fest, dass ihnen möglicherweise nicht nur das richtige Handwerkszeug, sondern bereits der Zugang zu den Entscheidern vor Ort fehlt. Dieser Zugang wird nach für Außenstehende eher undurchsichtigen Regeln, durch Netzwerke und aufgrund von Vertrauen erteilt. Der Aufbau von Vertrauen und von Netzwerken erfordert Zeit, die viele nicht haben oder haben wollen. Auch erfordert es das Aushalten von Widersprüchen. Groß ist die Gefahr, zwar vor Ort zu sein, aber sich dort in einem Umfeld zu etablieren, das dem heimischen möglichst ähnlich ist und reibungslose Abläufe nach gelerntem Vorbild ermöglicht.

---

86 Die erste Kunstbiennale fand 1895 in Venedig statt und seither ist die im zwei Jahres Turnus stattfindende Leistungsshow standardsetzend für zeitgenössische Kunst in der ganzen Welt.

cc) Kunst als ›symbolic battleground‹

In den Ländern der westlichen Welt werden Kunst und Kultur noch zu häufig auf einen Zeitvertreib des gebildeten und betuchten Establishments reduziert[87] und auch von der Politik noch zu oft marginalisiert.[88] Häufig wird vergessen, was hinter Kunst und Kultur steht. Kunst ist ein »symbolic battleground«[89]. Es geht, wie bereits betont, um Emotionen und Leidenschaft aber auch um Macht und Deutungshoheit. Kunst und Kultur sind nämlich niemals neutral. Dies lässt etwa der Umgang mit kulturellem Erbe durch den Islamischen Staat (IS) deutlich werden. Mit der Zerstörung der antiken Stadt Palmyra, wie im Jahr 2015 geschehen, sollen Botschaften an die westliche, christliche Welt gesendet werden, soll auf unsinnige und brutale Art und Weise Tradition und Geschichte negiert werden. Die Zerstörungen von Ninive und der Buddha-Statuen von Bamian sind ebenfalls bewusste Angriffe auf kulturelle Identitäten. Das Schlachtfeld ist mithin kein symbolisches mehr, sondern tragisch real.

Die Journalistin und Dokumentarfilmerin Katrin Sandmann hat mit ihrer ZDF-Reihe ›Kulturkrieger‹ aufgezeigt, dass in vielen Ländern Künstler ihr Leben riskieren, um sich künstlerisch auszudrücken, insbesondere wenn es sich dabei um vermeintlich westliche Formen der Kunst handelt.[90] Aber, und dies ist wichtig in einem Buch, das sich mit den Auswirkungen der Globalisierung auf das Kulturmanagement auseinandersetzt, diese Bedrohungen finden nicht mehr nur im geografisch fernen Ausland statt. Im Jahr 2015 wurde der seit zehn Jahren im Kölner Exil lebende, aus dem Iran stammende Rapper Shahin Najafi mit einer Fatwa belegt. Seither lebt er, wie Jahrzehnte vor ihm der Autor Salman Rushdie, unter Polizeischutz. Das Internet macht die Verbreitung solcher Todesdrohungen, aber auch von Propaganda und die Suche nach Freiwilligen für die Sache des IS oder

---

87 In Großbritannien wundert man sich über den jährlichen Besuch der deutschen Bundeskanzlerin Angela Merkel bei den Bayreuther Wagner Festspielen. Politiker mit Ambitionen halten sich in Großbritannien von solch offensichtlich hochkulturellen Veranstaltungen bewusst fern, um nicht als elitär zu gelten. J. Tusa (2014), S. 9.
88 J. Tusa (2014), beschreibt, wie Positionen im britischen Kulturministerium (DCMS) als Sackgasse für ambitionierte Politiker wahrgenommen werden. Mit Kultur lässt sich keine Politik und schon gar keine Karriere machen.
89 E. Shohat/R. Stam (1994), S. 183.
90 K. Sandmann (2014), S. 125 ff. Kunstformen, die menschlichen Ausdruck und Aktion beinhalten, wie Musik und Tanz, werden von den Taliban verboten, was etwa zu einer Zerstörung von Musikinstrumenten in Afghanistan geführt hat. Weitere Beispiele dafür, wie brutal die Schlachten auf diesem »symbolic battleground« geführt werden, finden sich bei J. Smiers (2004), S. 3. Aufschlussreich wie beklemmend auch der Film »Wüstentänzer« von Richard Raymond aus dem Jahr 2014, der die auf wahren Begebenheiten beruhende Geschichte und Unterdrückung einer Tanz-Kompagnie im Iran zeigt.

von Al-Qaida weltweit möglich. Als Begründung für die Wahl des Bataclan in Paris, wo 89 Menschen, die dort im November 2015 tanzten, ihr Leben verloren, gaben die Bekenner des IS an, dass dort eine »perverse Feier« stattgefunden habe.

Robertson-von Trotha sagte in ihrem Vortrag am 16. Januar 2015 bei der Tagung »Cultural Management without Borders« an der Hochschule Heilbronn: »certainly borders[91] remain, they are elusive and they are complex and in developing yet unknown states of the global we may see ourselves confronted with the necessity to create new borders and demarcation lines. So perhaps we can accordingly rephrase: ›Cultural Management to overcome Borders‹.«

Sie spricht die wohl vornehmste Aufgabe von Kulturmanagerinnen und Kulturmanagern an. Sie müssen den Dialog suchen, willens sein, von anderen und in neuen Kontexten ein Leben lang zu lernen, den eigenen Kulturbegriff immer wieder zu hinterfragen, aber tatsächlich auch Grenzen zu ziehen – immer dann, wenn es etwa um Angriffe auf Menschenrechte und Demokratie geht. Werte wie individuelle Freiheit, persönliche Entfaltung und demokratische Selbstbestimmung dürfen nicht relativiert werden und einem möglicherweise auch falschverstandenem Verständnis von interkultureller Kompetenz oder Toleranz anheimfallen. Zu entscheiden, wie und wo diese Linie zu ziehen ist und wo aber auch Brücken gebaut werden müssen, um einander begegnen zu können, ist diplomatisch so schwierig wie wichtig, wenn wir weiterhin in Gesellschaften leben wollen, die das Berufsbild des Kulturmanagers überhaupt brauchen können.

4 Internationales Kulturmanagement in der Lehre

Das Berufsbild des Kulturmanagers ist ein relativ junges. In Deutschland etablierten sich die ersten Studiengänge in den 80er Jahren als Antwort auf Sparzwänge im überwiegend öffentlich finanzierten Kultursektor, der sich einer immer stärkeren Konkurrenz durch den kommerziellen Freizeitsektor ausgesetzt sah. Im Rahmen des sogenannten ›New Public Management‹ erhoffte man sich durch Impulse aus der Privatwirtschaft und fundiertes betriebswirtschaftliches Wissen eine Effizienz- und Effektivitätssteigerung, wenn nicht der Kunst, so doch der (Kunst-) Verwaltung. Geschaut wurde in die USA, wo bereits in den 60er Jahren die ersten Studiengänge gegründet wurden. Dieser zeitliche Vorsprung verwundert nicht vor

---

91 Die Schwierigkeiten von borders oder boundaries, deren Bedeutung je nach Kontext ebenfalls variieren kann, beschreibt J. Nederveen Pieterse (2004), S. 109 ff. In Zeiten, in denen man die starke Betonung des Nationalstaates durchaus schon als überkommen betrachten konnte, werden physische Grenzen, die C. Robertson-von Trotha in ihrem Statement nicht meint, auf einmal wieder politisch relevant. Einige europäische Länder haben sich dazu entschlossen, ihre Grenzen vor dem Flüchtlingszustrom zu schließen.

dem Hintergrund einer viel stärkeren privatwirtschaftlichen Ausrichtung des gesamten Sektors, die wiederum der Historie sowie marktliberalen Traditionen geschuldet ist.[92]

Und hier beginnt möglicherweise die erste Schwierigkeit des Kulturmanagements in Europa, das sich lange in der Dichotomie von Europa und Nordamerika befand und in der Abgrenzung zu einem System, das vordergründig insbesondere Massentaugliches vorzubringen im Stande war. Die Professionalisierung der Disziplin war mithin geopolitisch geformt. Narrative außerhalb Europas oder Nordamerikas kamen kaum vor.[93]

Länder im Süden, wie etwa in Lateinamerika, hatten es aufgrund der Kolonialisierung, die über Jahrhunderte andauerte, besonders schwer, sich einen wissenschaftlichen Überbau für die Disziplin aufzubauen, der auf eigenen Erfahrungen und nicht nur auf westlichem Einfluss basiert.[94] Das Kulturmanagement in Lateinamerika hat bis heute einen weniger wirtschaftlichen als eher geisteswissenschaftlichen Fokus und entwickelte im Gegensatz zum Kulturmanager das Modell des Kultur-Agenten. Der mittlerweile auch in Deutschland populäre Kultur-Agent[95] setzt sich stärker als der Kulturmanager mit sozialen Interventionen basierend auf kreativen Prozessen auseinander, die dazu beitragen sollen, soziale Herausforderungen wie beispielsweise Gewalt in Kolumbien und Guatemala, Korruption in Argentinien und Peru, ethnische Diversität in Chile und Mexiko oder Ungleichheit in Brasilien sowie zahlreichen anderen Ländern der Südhalbkugel zu meistern.[96]

Dieser epistemologischen Dominanz von Kulturen und Ethnien im Kulturmanagement ist eine Ungleichheit inhärent, die zwingend zu vielen der in diesem Buch beschriebenen Herausforderungen in unseren sich wandelnden Gesellschaf-

---

92 Die ersten Publikationen zum Internationalen Kulturmanagement kommen ebenfalls aus den USA, wo bereits vor über zehn Jahren P. Dewey und M. Wyszomirski diverse Aufsätze zu diesem Thema veröffentlicht haben. Siehe u. a.: »International Issues in Cultural Policy and Administration: A Conceptual Framework for Higher Education« (2004). In Europa haben insbesondere C. Suteu (seit Mai 2016 rumänische Kulturministerin) und M. Dragicevic Sesic mit Fokus auf den Unterschieden in West- und Osteuropa zu diesem Thema publiziert. Zahlreiche Konferenzen in den vergangenen Jahren belegen die Bedeutungszunahme des Themas auch im deutschsprachigen Raum.
93 E. Shohat/R. Stam (2014), S. 6. S. Tchouikina (2010), S. 76 ff., beschreibt den Einfluss den »westliche Kulturmanagementlehre« auf das Kulturmanagement in Russland hat.
94 J. J. Hernández-Acosta (2013), S. 126.
95 www.kulturagenten-programm.de (29. 03. 2016). Im Rahmen des im Jahr 2011 in Thüringen, Nordrhein-Westfalen, Berlin und Hamburg gestarteten Programms »Kulturagenten für kreative Schulen« soll bei Kindern und Jugendlichen Neugier für künstlerische Aktivitäten geweckt und sollen Kenntnisse über Kunst und Kultur vermittelt werden. Anforderungen an den Kulturagenten finden sich in einem fünfseitigen Papier auf der genannten Webseite.
96 J. J. Hernández-Acosta (2013), S. 134.

ten führt und die noch durch die zunehmende Mobilität von Studierenden aus Transformationsländern perpetuiert wird.[97] Eine erstklassige Ausbildung erhoffen sich die Eliten für ihre Kinder noch immer überwiegend in den USA oder Europa. Mithin sind es genau diese kulturmanagerialen Ansätze, die in die Welt getragen werden, dort aber nicht überall zwingend passen.

Aber auch das Konstrukt Europa, für das gemeinsame Tradition und Geschichte beschworen werden, kommt im wahren Sinne des Wortes zunehmend an seine Grenzen. Es wird immer deutlicher, dass man sich zwecks Reduktion von Komplexität nicht darauf verlassen kann, dass zumindest in Europa ein ähnliches Kulturverständnis besteht und mithin ähnliche Herangehensweisen greifen. Die Verhandlungen mit Griechenland zum Verbleib in der Europäischen Union, der Ausstieg Großbritanniens sowie der unterschiedliche Umgang mit Flüchtlingen – ein Riss, der auch vor der Kulturszene nicht Halt macht, wie der Fall des lettischen Theaterregisseurs Alvis Hermanis am Thalia Theater in Hamburg zeigte[98] – sind nur drei der aktuellsten Beispiele, die berechtigte Fragen nach dem Gemeinsamen, das Europa außer einer Währung und Sicherheitsinteressen zusammenhält, aufwerfen.[99] Inwieweit greifen eine gemeinsame Geschichte, die durchaus eine konfliktreiche war[100], und die beschworenen gemeinsamen Traditionen, wenn nicht gar Werte heute noch?

Bitte ich Studierende, fünf Schauspieler aus dem Nachbarland Polen zu nennen, bekomme ich selten eine Antwort. Frage ich nach US-amerikanischen, sprudeln die Namen. Viele wissen mit Sicherheit mehr über japanische Mangas[101] als über den französischen ›Film Noir‹. Dies mag man vordergründig mit Marktmacht, exzellentem aber ebenso kostspieligem Marketing und der Fähigkeit das

---

97 R. Bhandrai/P. Blumenthal (2011).
98 Am 5. November 2015 berichtete die ›Frankfurter Allgemeine Zeitung‹ darüber, dass der lettische Theaterregisseur Alvis Hermanis aus politischen Gründen eine für April 2016 verabredete Inszenierung am Thalia Theater in Hamburg abgesagt und darum gebeten hat, aus seinem Vertrag entlassen zu werden. Er kritisiert das humanitäre Engagement vieler deutscher Theater für Flüchtlinge sowie die deutsche Bereitschaft, die Grenzen für Flüchtlinge zu öffnen. Man befände sich im Krieg. Er und das Thalia Theater ständen auf entgegengesetzten Seiten. Der Intendant Joachim Lux wird zitiert: »Dass der tiefe Riss, der Europa derzeit spaltet, auch den Kulturbereich betrifft, ist bedrückend und schockierend.«
99 Der Politikwissenschaftler Bassam Tibi begann bereits 1989 in seiner Publikation »Europa ohne Identität? Die Krise der multikulturellen Gesellschaft« diese Fragen zu adressieren. Die darauf folgende, vom CDU-Politiker Friedrich Merz forcierte Diskussion zur deutschen Leitkultur war der Sache nicht dienlich und Tibi distanzierte sich deutlich davon.
100 Wie in jüngerer Vergangenheit beispielsweise der Krieg zwischen Nachbarstaaten auf dem Balkan zeigte.
101 Zur Verbreitung dieser Kunstform seit den 1990er Jahrenim deutschsprachigen Raum, die zunächst auf Ebene der Verlage und Künstler betrieben wurde, Siehe G. Wolfram (2012), S. 24 und L. Treese (2006).

Internationales Kulturmanagement in der Lehre

zu produzieren, was offensichtlich vielen Menschen auf der gesamten Welt gefällt, erklären oder kulturpessimistischer damit, dass uns die europäischen Nachbarn kulturell doch nicht so nahe stehen, wie die Geografie vermuten lässt. Wenig vermag derart Identität zu stiften wie Sprache. Aber eine gemeinsame hat Europa nicht, weshalb auch das vielbeschworene ›Sprechen mit einer Stimme‹ schwieriger ist, als sich die gutmeinenden Architekten Europas das vorgestellt haben. Die EU ist als eine Wirtschaftsgemeinschaft gestartet. Vielleicht ist es Zeit, sich mit dem Gedanken anzufreunden, dass die angestrebte Wertegemeinschaft damit nicht zwingend einhergeht?

Ist es mithin eine nicht zu stemmende Herkulesaufgabe, ein internationales Kulturmanagement zu unterrichten, wenn sich bereits ein Curriculum für ein europäisches Kulturmanagement als derart schwierig erweist, wie es Suteu und Drajicevic Sesic in zahlreichen Publikationen aufgeführt haben?[102] Sie beschreiben, dass die Verwaltungsstrukturen in den europäischen Ländern unterschiedlich sind und auf verschiedenen, etablierten Traditionen beruhen, weshalb die Vergleichbarkeit insbesondere zwischen Ländern in West- und Osteuropa schwierig ist. Dass es bereits europaintern problematisch ist, Konsens zu erzielen, zeigt auch ein durch das Programm Leonardo mit 400 000 € gefördertes zweijähriges EU Projekt mit Partnern aus England, Frankreich, Italien, Finnland, Litauen, Polen, Bulgarien und Deutschland. Gemeinsam sollte ein Curriculum für Kulturmanagementstudiengänge entwickelt werden. Das Vorhaben scheiterte.[103] Würde man sich nun aber auf so Naheliegendes wie auch Beliebiges wie Fundraising, Marketing oder Team-Building geeinigt haben, so mag dies noch lange nicht bedeuten, dass beispielsweise Fundraising in Großbritannien genauso funktionieren würde wie etwa in Polen und sich daher ähnlich unterrichten ließe.

Auch die über lange Jahre im Fachverband Kulturmanagement für Deutschland, Österreich und die Schweiz geführte Diskussion, was eigentlich einen Kulturmanager auszeichnen sollte, zeigt deutlich, dass die Konsensfindung schwierig ist. Die Schwerpunkte der zahlreichen Kulturmanagementstudiengänge sind daher bereits im deutschsprachigen Raum verschieden.[104] Was Europa aber nach Suteu zu einen scheint, ist der Wunsch nach akademischen Weihen für Kulturmanager. Akademische Abschlüsse erhöhen insbesondere in Europa das Vertrauen in die Fähigkeiten des Kandidaten.

Im Kulturmanagement in Deutschland ist interessanterweise derzeit noch eine Generation in führenden Positionen anzutreffen und dort durchaus erfolgreich, deren Formalqualifikation zumeist zwar tatsächlich eine akademische aber kei-

---

102 C. Suteu (2003; 2006); M. Dragicevic Sesic/S. Dragojevic (2005).
103 B. Mandel (2016), S. 97f., (2012), S. 65.
104 U. Blumenreich (2011); B. Mandel (2011).

ne kulturmanageriale ist. Viele dieser Führungspersonen lehnen die Bezeichnung Kulturmanager wegen einer Überbetonung des Managements für sich sogar ab.[105] Dieser vermeintliche Widerspruch mag ein Grund dafür sein, warum die Diskussion um die akademische Verortung des Kulturmanagements gerade im Fachverband so lange und teilweise erbittert geführt wurde. Etwas mehr Pragmatik wäre wünschenswert, insbesondere vor dem Hintergrund, dass akademisches Wissen aus einer Vielzahl von Gründen, darunter unter anderem seine Halbwertszeit, für eine erfolgreiche Karriere sowieso nie genug sein kann, sondern viele andere Faktoren und der Wille zum lebenslangen Lernen, den zu entfachen sich Lehrende auf die Fahnen schreiben sollen, dazukommen müssen.

Ziel dieses Buches ist es, das Internationale im Kulturmanagement greifbarer zu machen und zwar aus der Überzeugung der Notwendigkeit heraus.[106] Der Kultur, den Kulturmanagern und den Kulturorganisationen wird seit den 1970er Jahren, insbesondere befeuert durch die (Kultur-)Politik, eine zunehmend wichtige, wie auch komplexe Rolle zuteil. Sie sollen ihren Part spielen unter anderem in der (Kreativ-)Wirtschaft, in der (Kultur-)Entwicklung von Regionen, als Vermittler für Frieden und Aussöhnung, beim Erhalt des kulturellen Erbes und einer diversifizierten Kulturlandschaft.[107] In Anbetracht dieser gesteigerten Bedeutung und Wichtigkeit muss es verwundern, dass in der Wissenschaft und Forschung der Ausbildung des Kulturmanagementnachwuchses noch relativ wenig Beachtung geschenkt wird.

---

105 Etwa Amelie Deuflhard von der Kulturfabrik Kampnagel Hamburg, Deutschlands größter freien Spiel- und Produktionsstätte für die Darstellenden Künste im Interview im ARTikel Heft 2/2013, S. 4: »Natürlich bin ich auch Kulturmanagerin, aber ich bin ebenso auch Kuratorin und Programm-Macherin. Die Bezeichnung Kulturmanagerin würde ich normalerweise nicht wählen.«

106 Diese Einsicht in die Notwendigkeit, das Internationale stärker in den Curricula der Kulturmanagementstudiengänge zu verankern, wird von der Mehrzahl der Lehrenden in den deutschsprachigen Kulturmanagementstudiengängen geteilt. Aus den Selbstdarstellungen der Studiengänge in den letzten Jahren kann eine deutliche Hinwendung zur Internationalisierung herausgelesen werden, die es so zu Beginn der Disziplin noch nicht gab. Damals waren Themen wie beispielsweise Organisationentwicklung stärker im Fokus. B. Mandel (2015). Im Mai 2000 fand bereits das Barnett Arts and Public Policy Symposium in Columbus, Ohio mit dem Titel »Going Global: Negotiating the Maze of Cultural Interactions« statt. Im Zusammenhang mit diesem haben P. Dewey und M. Wyszomirski 2001 Lehrende in aller Welt befragt und die Einschätzung aller Teilnehmer erhalten, dass Fragen des internationalen Kulturmanagements für die Studierenden entscheidend, sehr wichtig oder auch wichtig sind. Neben der einen Ausweitung und Intensivierung von internationalen Kooperationen werden Lehrmaterialien, die sich mit Globalisierung und Internationalisierung im Kulturmanagement befassen, für wichtig erachtet. Umso erstaunlicher ist es mithin, das sich gerade bei den Publikationen in den seither vergangenen Jahren relativ wenig getan hat.

107 F. Bianchini/M. Parkinson (1993); P. Boylan (2000); UNESCO (2014; 2013; 2005).

Dieses Buch will Best Practice Beispiele finden, ohne auf Stereotype zu verfallen, sowie die hohen Anforderungen an die Kulturmanager der Zukunft und die großen Herausforderungen der Disziplin aufzuzeigen. Wichtig ist hierbei zu betonen, dass es sich nicht ausschließlich um Kontexte handelt, die eine grenzüberschreitende Mobilität des jeweiligen Kulturmanagers verlangen. Vielmehr wird auch das Kulturmanagement in der jeweiligen Heimat aufgrund der beschriebenen Phänomene globaler und erfordert neues Handwerkzeug sowie Einsichten, Kenntnisse und Fähigkeiten. Für dieses Buch wurden Fallstudien von erfahrenen Experten ausgewählt, die willens sind, ihre teilweise jahrelangen Erfahrungen in internationalen Kontexten zu teilen.[108] Internationales Kulturmanagement lässt sich, wie das Kulturmanagement im Allgemeinen, nicht ohne Bezug zur Praxis und die Einbindung von Praktikern lehren und lernen. Zukünftige Kulturmanager werden weder ohne eigene Erfahrungen in internationalen und interkulturellen Kontexten, noch ohne wissenschaftlich generiertes Wissen auskommen, das sie in die Lage versetzt, verschiedene kulturelle Kontexte zu deuten, Unterschiede zu verstehen und gemeinsame Projekte von Akteuren unterschiedlicher kultureller Herkunft im In- und Ausland zu managen.[109]

Dieses Buch will Vorschläge dazu unterbreiten, welche Kompetenzen in Kulturmanagementstudiengängen unterrichtet werden und welche Themen in das Curriculum aufgenommen werden sollen. Es will kein einheitliches Curriculum – schon gar kein international gültiges – vorschlagen. Wie und welche Schwerpunkte unterrichtet werden, ist einmal mehr von nationalen, regionalen wie auch lokalen Gegebenheiten abhängig. Der Versuch einer Vereinheitlichung muss mithin denknotwendig scheitern.

Auch findet sich nicht für jede Herausforderung des Berufslebens eine vorgefertigte Antwort. Es geht darum, Anregungen zu schaffen, Ideen zu generieren und die Weite des Themas aufzuzeigen. Viel ist noch zu ergänzen und weiterzuentwickeln. Netzwerke müssen geschaffen werden.[110] Der wichtige Austausch von Lehrenden und Lernenden über Ländergrenzen hinweg ist hierbei wünschens-

---

108 Ein interessantes, wenn auch nicht auf den Kultursektor zugeschnittenes Buch, ist »Cross-Cultural Management in Practice« herausgegeben von H. Primecz/L. Romani/S. Sackmann, das anhand von Fallstudien Herausforderungen in internationalen und insbesondere interkulturellen Kontexten für Wirtschaftsunternehmen beschreibt. M. Dragicevic Sesic/S. Dragojevic (2005), stellen in ihrer Publikation »Arts management in turbulent times. Adaptable Quality Management« acht kurze Fallstudien überwiegend aus der Organisationsentwicklung von Kulturinstitutionen in Osteuropa samt Problemlösung vor.
109 B. Mandel (2016), S. 101.
110 Für Kulturmanagement-Lehrende in Europa gibt es das ›European Network of Cultural Administration Training Centers‹ (ENCATC) mit Sitz in Brüssel, dem zwar nicht alle, aber doch einige Studiengänge aus Deutschland beigetreten sind.

wert, aber, wie so vieles, neben der finanziellen Ausstattung der Lehrstühle[111] durchaus auch vom Engagement des jeweils Einzelnen abhängig.

Internationales Kulturmanagement braucht Pluralismus mehr als ein einheitliches Curriculum. Die Kulturmanagementlehre im deutschsprachigen Raum muss sich nicht nur dringend stärker als bisher der (internationalen) Praxis öffnen, sondern auch andere, noch wenig zur Rate gezogene Disziplinen einbinden.

Ein weiterer Aspekt, den kein Lehrender vernachlässigen sollte, der allerdings in Deutschland in der Literatur des Kulturmanagements noch keine Erwähnung findet, ist die Diversifizierung der Studierenden. In den nächsten Jahren werden wir einer zunehmend inhomogenen Gruppe von jungen Menschen gegenübertreten[112]. Diese Diversität ist Herausforderung und Chance. Herausforderung, weil wir unsere Lehr- und Lernmethoden überdenken müssen, wenn wir alle Studierenden erreichen wollen und weil wir möglicherweise tagtäglich unsere eigene Perspektive neuausrichten müssen und vor allem, weil wir willens sein müssen, von den Studierenden über ihre jeweiligen Hintergründe und Kontexte zu lernen. Möglicherweise können wir von den Studierenden mehr über Pluralität lernen als wir ihnen zu vermitteln im Stande sind, denn sie haben diese eher ge- und erlebt als die Generation der Lehrenden. Die große Chance besteht in eben diesem Lernen. Der Vorlesungssaal kann ein Abbild der Gesellschaft sein[113], und wenn wir es gut machen, das »level playingfield« von dem so häufig geredet, das aber so selten realisiert wird. Guter interkultureller Unterricht kann eine wichtige Erfahrung

---

111 Auch wenn es für die Mobilität von Studierenden und Dozenten innerhalb Europas zahlreiche von der EU geförderte Programme gibt. Insbesondere das 1987 gestartete Erasmus Programm ist eine Erfolgsgeschichte. Mehr als 3 000 Hochschulen aus 32 Ländern haben sich an dem Programm beteiligt. Der DAAD und die Studienstiftung des deutschen Volkes setzen sich neben weiteren Fördergebern für den weltweiten Austausch ein.

112 In Deutschland wollen im Jahr 2016 schätzungsweise 50 000 Flüchtlinge ein Studium aufnehmen, J.-M. Wiarda (2016).

113 Dies ist, wenn man sich diverse Bildungsstatistiken anschaut, leider noch eher Ideal als Wirklichkeit. Die Chancen von Kinder aus den sogenannten bildungsfernen Schichten einen Hochschulzugang zu erlangen, sind massiv geringer als die von Kindern aus Akademikerhaushalten. Zwar hält sich Deutschland immer wieder die Durchlässigkeit seines Bildungssystems zu Gute und im Vergleich zu Großbritannien und Frankreich mag dieses tatsächlich auch durchlässiger sein, doch von einer Chancengleichheit auf Bildung ist Deutschland noch viele bildungspolitische Grundsatzentscheidungen und möglicherweise auch stattliche finanzielle Summen entfernt. Aber auch auf der Seite der Lehrenden findet man die Homogenität, die auch die Machtzentren von Kulturinstitutionen auszeichnet. Noch nicht einmal jede Vierte Professur ist mit einer Frau besetzt. Professoren sind in Deutschland im Schnitt über 50 Jahre alt. Auch ausländische Professoren oder solche mit Migrationshintergrund gibt es noch immer zu selten. Wenn ihre Anzahl zwischen 2006 und 2013 jedoch um 46 % gestiegen ist, spricht dies allerdings für die Attraktivität der deutschen Forschungslandschaft. Über den institutionellen Rassismus in Wissenschaftsinstitutionen schreiben S. Ahmed (2012) und G. Kilomba (2013), S. 116 ff.

sein, die alle Beteiligten nicht nur auf internationale und/oder transkulturelle Aufgaben vorbereitet, sondern auf die globale Gesellschaft der ganz nahen Zukunft.[114]

Wiederholungs- und Vertiefungsfragen

1) Was beschreibt Globalisierung?
2) Was bedeutet Internationalisierung und wie unterscheidet sie sich von Globalisierung?
3) Was ist transkulturelles Kulturmanagement und worin unterscheidet es sich von interkulturellem Kulturmanagement?
4) Nennen Sie Beispiele für transkulturelles Kulturmanagement.
5) In welchen Zusammenhängen findet internationales Kulturmanagement statt?
6) Welches sind die Forschungsgegenstände der ›postcolonial studies‹?
7) Nennen Sie Organisationen, die im internationalen Kulturmanagement tätig sind.
8) Definieren Sie Ihren Kulturbegriff. Worin könnte er sich von dem anderer Menschen unterscheiden? Worin sehen Sie die Unterschiede begründet?
9) Warum wird die Trennung von Hoch- und Populärkultur zunehmend obsolet?
10) Warum ist die (internationale) Kulturpolitik für Kulturmanager bedeutsam?
11) Was beschreibt kulturelle Homogenisierung?
12) Ist kulturelle Homogenisierung aus Ihrer Sicht eine realistische Bedrohung?
13) Wann und mit welchen Zielen wurden die ersten Kulturmanagementstudiengänge in Deutschland gegründet?
14) Brauchen wir ein einheitliches, europäisches Curriculum für das Kulturmanagement?
15) Wie muss Ihrer Auffassung nach ein Unterricht aussehen, der die verschiedenen Hintergründe der Studierenden und deren Potentiale besser als bisher zur Geltung bringt?

---

114 S. Marginson/E. Sawir (2011), unterbreiten in ihrem Buch Ideen für einen solchen interkulturellen Unterricht an Universitäten und Hochschulen.

Internationale Praxis

> Are all nations communing? Is there going to be put one heart to the globe?
>
> Walt Whitman

Um herauszufinden, ob Kulturmanager in ihrer täglichen Arbeit tatsächlich von Globalisierung und Internationalisierung betroffen sind, oder ob es sich hierbei um eine akademische Diskussion handelt, die einen solchen Effekt auf den Sektor und die dort Tätigen herbeiredet, wurde im Oktober und November 2015 eine Fragebogenstudie durchgeführt.[1] Mittels eines Online-Bogens in deutscher und englischer Sprache wurden 352 Kulturmanager aus 46 Ländern befragt.

Wichtig ist, dass die Fokusgruppe dieser Studie Praktiker aus verschiedenen Kultursparten sind. Anders als etwa die Studie von Rowntree, Neal und Fenton[2] aus dem Jahr 2010, die sich im Auftrag des British Council mit Interviews gezielt an 25 Experten aus dem Bereich des »Internationalen Kulturmanagements« wandte, will diese Studie erkunden, ob sich auch diejenigen, die vornehmlich – wenn auch nicht ausschließlich – in ihrem jeweiligen Heimatland tätig sind, und die nicht umgehend als Experten für Globalisierung und Internationalisierung in der Kultur ins Auge springen, mit diesen Themen befassen und welchen Einfluss die Globalisierung auf ihre Arbeit hat.

---

1 Die Befragung soll in fünf Jahren mit zusätzlichen Bögen in französischer und spanischer Sprache wiederholt werden. Diese Langzeitstudie soll dann prüfen, ob die Effekte der Globalisierung zunehmen und die Internationalisierung des Kulturmanagements voranschreitet.
2 J. Rowntree/L. Neal/R. Fenton (2010).

1 Fragebogendesign

a) Sample

Eine bereits angesprochene Problematik ist, dass die Kulturmanagementlehre sich bis dato fast ausschließlich mit der Hochkultur und den in den dazugehörigen Einrichtungen Beschäftigten befasst. »Kultur umfasst in einem engen Begriffsverständnis Institutionen (Oper, Theater, Museen, Bibliotheken etc.) sowie Personen (Künstler und kreativ Schaffende), die im so genannten Kulturbetrieb ihre kreative und künstlerische Arbeit vollziehen, vermitteln und verwerten.«[3] Für diese Untersuchung wird eine immer noch enge, wenn auch über den Hochkultursektor hinaus erweiterte Definition des Kulturmanagements zu Grunde gelegt:

Definition

»**Arts and cultural management** is defined as relating to the working practices of a profession that coordinates and leads on the protection, preservation, distribution, marketing, mediation, and financial organisation of arts and cultural objects (including heritage) and experiences, such as theatre and performing arts; visual arts, including digital and installation, participatory and/or socially engaged arts, and venue and non-venue based arts and culture, including museums.«[4]

Adressaten dieser Befragung waren daher Personen, die in den genannten Kulturinstitutionen nicht künstlerisch, sondern im weitesten Sinne administrativ tätig sind. Da die Grundgesamtheit weltweit nicht zu ermitteln ist, erhebt diese Studie nicht den Anspruch repräsentativ zu sein. Diese Untersuchung will einen Einblick in die Thematik des internationalen Kulturmanagements und ihrer Rezeption in der Kulturmanagementpraxis geben.

Mit dem Fragebogen in deutscher Sprache wurden über 600 Theater – staatlich geförderte wie auch solche der freien Szene –, Museen, Orchester und Bibliotheken in Deutschland, Österreich und der Schweiz angeschrieben. Diverse Dachverbände wie beispielsweise der ›Dachverband Tanz‹ in Deutschland wurden gebeten, ihre Mitglieder auf die Befragung aufmerksam zu machen. Auch

---

3 A. Hausmann (2010), S. 10.
4 Auf diese Definition haben sich V. Durrer/R. Henze/I. Ross (2016), in einem Antrag für ein Arts and Humanities Research Council Grant »Brokering Intercultural Exchange: Interrogating the Role of Arts and Cultural Management« in Anlehnung an V. Kirchberg/T. Zembylas (2010); C. Suteu (2006); Y. Evrard/F. Colbert (2000), verständigt.

freischaffende Kulturmanager oder Berater von Kultureinrichtungen wurden befragt. Die Ländergruppensprecher der Kulturpolitischen Gesellschaft wurden gebeten, den Link zur Umfrage weiterzuleiten. Der ›Kulturkreis der deutschen Wirtschaft‹ wurde mit der Bitte angeschrieben, die Umfrage auch an Kulturmanager in Unternehmen zu geben. Auch Organisatoren von Festivals wurden um Teilnahme ersucht. Darüber hinaus wurden mehrere Kulturämter in verschiedenen Bundesländern angeschrieben, um Kulturreferenten zu erreichen und ihre Erfahrungen und Einschätzungen abzubilden.

Die Kreativwirtschaft wurde in diese Befragung nur in Form von Galeristen, Verlegern und Schauspielagenten einbezogen. Architekten, Designer, Spieleentwickler, Film- und Fernsehmacher und die dazugehörigen Vertriebe, Mitarbeiter von (Werbe-)Agenturen und Musiklabels wurden nicht gezielt angesprochen.[5]

Das enge Kulturverständnis wurde aber entsprechend der gefundenen, erweiterten Definition auf die Soziokultur, die in der Lehre häufig nur am Rande oder in spezialisierten Programmen vorkommt, ausgedehnt. Es wurden für diese Befragung Mitarbeiter von Soziokultureinrichtungen und soziokulturellen Zentren angeschrieben beziehungsweise deren Landesverbände um Weitergabe des Links zur Befragung gebeten. Kulturinitiativen, die auf reiner Freiwilligenarbeit beruhen, wurden nicht adressiert. Fokusgruppe waren professionelle Kulturmanager, die mit dieser Profession ihren Lebensunterhalt verdienen, weshalb Studierende des Kulturmanagements ebenfalls nicht befragt wurden.

Ein besonderer Studienabschluss, insbesondere der des Kulturmanagements, war nicht ausschlaggebend für die Einbeziehung in diese Befragung. Dies liegt zum einen daran, dass die Studiengänge noch verhältnismäßig jung sind und zum anderen daran, dass es sich beim »Kulturmanagement« um keinen geschützten Titel handelt und viele Wege akademischer oder professioneller Natur zu einer wie auch immer gearteten Tätigkeit in der Kultur führen können.

Durch den Aufruf zur Teilnahme über Social Media Kanäle, etwa in der über 2 000 Mitglieder zählenden Gruppe »Kulturmanager« auf XING[6], wurden auch diejenigen einbezogen, die ihrer Selbsteinschätzung nach Kulturmanager sind. Auch kulturmanagement.net unterstützte dieses Forschungsvorhaben mit der Verbreitung des Links zur Befragung über Twitter und Facebook.

Auf eine Befragung von Professoren und Lehrenden der Disziplin etwa über den Fachverband Kulturmanagement für Deutschland, Österreich und die Schweiz

---

5   Aufschlussreich wäre eine Vergleichsstudie, die sich auf die Unterschiede in der Internationalisierung zwischen Hochkultur und Kreativwirtschaft bezieht und die Hypothese untersucht, das die Kreativwirtschaft »internationaler« ist als die Hochkultur.
6   Da der Aufruf über XING erst spät im Befragungszeitraum gestartet wurde, war erkennbar, dass sich über dieses soziale Medium nur sehr wenig Rücklauf (weniger als zehn Personen) generieren ließ.

oder über das European Network of Cultural Administration Training Centres (ENCATC) wurde bewusst verzichtet. Zentral ist für diese Untersuchung die Einschätzung der Praktiker und nicht die Vermutung von Wissenschaftlern darüber, wie es in der Praxis ist oder sein sollte.

Der Schwerpunkt der Untersuchung lag mit Deutschland, Österreich und der Schweiz auf dem deutschsprachigen Raum. 228 Kulturmanager aus diesen Ländern haben sich an der Befragung beteiligt.

Um Kulturmanager im nicht deutschsprachigen Ausland zu erreichen, erwies sich die Internetplattform World Cultures Connect (WWC) als besonders hilfreich. Darüber hinaus war unter anderem die Association Racines in Marokko und das Africa Arts Institute in Südafrika behilflich. Die verschiedenen Büros des Arterial Network in Afrika wurden ebenfalls um Mithilfe bei der Verbreitung des Fragebogens gebeten.

In Spanien unterstütze der in Barcelona beheimatete Verband der Kulturmanager in Katalonien die Verbreitung des Fragebogens. In den USA sowie in Kanada wurden diverse Dachverbände angeschrieben. ›Trans Europe Halles‹ aus Schweden mit über 80 Mitgliedern in ganz Europa hat den Fragebogen ebenfalls gestreut. Das Cultural mobility information network ›On the Move‹ aus Belgien hat über seine Social Media Kanäle auf die Befragung aufmerksam gemacht.

Die Teilnehmer der Konferenz »Cultural Management without Borders«, die im Januar 2015 an der Hochschule Heilbronn stattgefunden und an der Kulturmanager aus mehr als fünfzehn Ländern teilgenommen hatten, wurden ebenfalls gebeten, als Kommunikatoren für die Studie in ihren Ländern zu fungieren. In Ländern, aus denen sich im Befragungszeitraum noch kaum oder gar niemand gemeldet hatte, wurden die Goethe-Institute, die Friedrich Ebert Stiftung, die Heinrich Böll Stiftung und die Konrad-Adenauer Stiftung angeschrieben und ersucht, die Befragung an Kulturmanager vor Ort weiterzugeben.

Mittels Internetrecherche wurden immer wieder neue Anschriften von Kultureinrichtungen generiert, um möglichst viele Kulturmanager aus einer Vielzahl von Ländern für die Befragung zu gewinnen.

Der Rücklauf bei der Befragung in englischer Sprache war geringer als bei der Befragung in deutscher Sprache. Es beteiligten sich 122 Kulturmanager aus 43 Ländern.

b) Sprache

Die Gründe für die geringere Rücklaufquote sind vielfältig. Der Gebrauch der englischen Sprache, die in der Wissenschaft weitgehend als ›lingua franca‹ anerkannt ist, ist noch nicht überall auf der Welt selbstverständlich. Möglicherweise wird er sogar als Abwertung der eigenen Sprache und damit einhergehend der Kultur empfunden[7] oder es sind keine ausreichenden Sprachkenntnisse bei den Befragungsteilnehmern vorhanden.

Einige Befragungsteilnehmer beantworteten die offenen Fragen zumindest teilweise auf Französisch oder Spanisch.

Fragebögen in französischer und spanischer Sprache hätten vermutlich zu einer höheren Rücklaufquote aus französisch- bzw. spanischsprachigen Ländern geführt und werden daher bei der geplanten Wiederholung dieser Untersuchung zum Einsatz kommen.

c) Formulierung/Wortwahl

Insbesondere in Nordamerika ist es Organisationen und Kollegen an Universitäten nicht immer ohne weiteres möglich, einen Fragebogen weiterzuleiten. Fragebögen müssen einem internen »Ethik-Check« unterzogen werden, der nach Auskunft einer kanadischen Kollegin bis zu sechs Wochen dauern kann.

Kritisch zu reflektieren – und dies wird in der Fallstudie auf S. 170 ff. der Fall sein – ist auch, ob der Bogen, obwohl er von mehreren Personen innerhalb und außerhalb Europas vor Veröffentlichung gelesen und einem Pre-test unterzogen wurde, selbst eine eurozentristische Perspektive einnahm und europäische, wenn nicht gar deutsche Themen zu stark in den Fokus rückte. Für potentielle Teilnehmer im Ausland war er daher möglicherweise nicht relevant oder in Teilen sogar un- oder missverständlich, was zu Abbrüchen geführt haben könnte.

Darüber hinaus – und darüber wird ebenfalls eine Fallstudie Aufschluss geben – ist in vielen insbesondere afrikanischen Ländern mangels (zuverlässiger) Internetverbindung nicht sichergestellt, ob der Bogen potentielle Befragungsteilnehmer im Befragungszeitraum überhaupt erreicht hat.

Schlussendlich gibt es zahlreiche Länder, in denen ein freies Kulturleben kaum bis gar nicht stattfinden kann und in denen es daher nur wenige Kulturmanager gibt.

---

7 Die Praxis etwa bei den Reports der UNESCO zeigt, dass zahlreiche spanischsprachige Länder die Auflage, die Reports in Englisch und/oder Französisch einzureichen, nicht einhalten und die Texte auf Spanisch abliefern. Dies hat sicher nicht ausschließlich pragmatische und finanzielle, sondern in erster Linie kulturpolitische und diplomatische Gründe. Es soll ein größerer Druck zur Anerkennung des Spanischen als offizieller Sprache in der Institution aufgebaut werden. C. Figueira (2015), S. 172 f.

2 Ergebnisse der Studie

a) Befragungsteilnehmer

aa) Sparten

Die Verteilung auf die Sparten zeigt, dass es gelungen ist, Kulturmanager aus verschiedenen Sparten für eine Teilnahme an der Befragung zu gewinnen und auf diese Weise die Überbetonung eines Sektors ausgeschlossen wurde.

Tätigkeit der Kulturmanager aus Deutschland, Österreich und der Schweiz nach Sparten*		Tätigkeit der Kulturmanager außerhalb des deutschen Sprachraums nach Sparten*	
Theater	77	Arts Administration	62
Musik	56	Art	46
Museen	46	Education	39
Festspiele/Festivals	42	Festivals	37
bildende Kunst/Galerie	27	Theatre	36
Kulturtourismus	26	Music	31
Tanz	25	Socio-cultural institutions	29
Soziokultur	23	Museum	27
Film/Fernsehen/Neue Medien	17	Dance	24
Archivwesen und Bibliotheken	15	Heritage	24
Literatur/Verlagswesen	15	Movies/Film/New Media	23
Denkmalpflege	9	Cultural Tourism	20
Design	6	Literature	17
Sonstige:	52	Design	13
Kulturelle Bildung	6	Science	10
Kulturamt	5	Archives and Libraries	9
Consulting	4	Others:	30
Kulturverwaltung	4	Cultural policy	4
Kulturaustausch	3	Municipal Government	3
Stiftung	3	Research	3
Auswärtige Kultur- und Bildungspolitik	2	Artist Colony	1
Kulturförderung	2	Arts of Speech	1
Kulturverband	2	Community art	1
Kulturverein	2	Consultancy	1
Regionalentwicklung	2	Contemporary Art	1
Kulturberatung	1	Cultural Centres	1
Kulturentwicklung	1	Cultural diplomacy	1
Kulturinititative	1	Cultural Funding	1
Kulturinstitution	1	Cultural organization	1
Kulturmanagement	1	Culture and development	1
Kulturmarketing	1	Digital arts	1
Kulturpolitik	1	Entertainment	1
Kulturwirtschaft	1	International Networks	1
Lehre	1	International Touring	1
Servicegesellschaft	1	Law	1
Statistik	1	Media	1
Uni/Hochschule	1	Multi-purpose venue	1
Veranstaltungsmanagement	1	Not for profit	1
		Performing arts	1
		Philanthropy	1
		Photography	1
		Prize ceremonies	1
		Regeneration	1
		Telecom	1

* Mehrfachnennungen waren möglich

bb) Geschlecht und Alter

Die Mehrzahl (55 %) der Befragten ist weiblich.

Im Durchschnitt sind die befragten Kulturmanager 43 Jahre alt und verfügen somit über einige Erfahrungen in ihrer Profession.

cc) Herkunftsländer

Aus diesen 43 Ländern kommen die Befragungsteilnehmer außerhalb des deutschen Sprachraums:

Abbildung II.1 Herkunftsländer der Befragungsteilnehmer (eigene Darstellung)

dd) Bildung

Die Kulturmanager aus dem nicht deutschsprachigen Ausland wurden um Angabe ihrer beruflichen Qualifikation gebeten. Bis auf zwei Ausnahmen haben alle Befragungsteilnehmer ein Bachelor- oder Master-Studium absolviert. Zahlreiche Befragungsteilnehmer haben bereits einen Ph.D. erworben oder streben diesen Abschluss derzeit an.

Es handelt sich bei den Kulturmanagern erwartungsgemäß[8] um eine überdurchschnittlich gut qualifizierte Personengruppe. Dieses Qualifikationsniveau dürfte bei den Kulturmanagern in den deutschsprachigen Ländern nicht anders sein. Eine akademische Ausbildung scheint für eine Tätigkeit im Kulturmanagement mithin Voraussetzung zu sein.

33 Befragungsteilnehmer und damit rund jeder Vierte der Befragten hat einen Abschluss in arts oder cultural management/administration. Diese hohe Zahl weist darauf hin, dass sich diese, noch verhältnismäßig jungen Studiengänge durchsetzen und für Karrieren im Kultursektor als geeignete Vorbereitung angesehen werden.

Die Mehrzahl der Befragten hat jedoch einen Abschluss aus den Geisteswissenschaften. 18 Befragungsteilnehmer haben einen Abschluss in Kunstgeschichte, es folgen Sprachen, Literatur, Sozialwissenschaft, Kommunikationswissenschaft, Politik, Geschichte, Journalismus, Philosophie und jeweils einmal Geografie und Theaterwissenschaften.

Diejenigen Befragungsteilnehmer mit einem Abschluss in Kunstgeschichte finden ihre Anstellung erwartungsgemäß besonders häufig in Museen.

Wirtschaftswissenschaftler sind mit fünf Nennungen vertreten.

Bei drei der befragten Kulturmanager handelt es sich der Ausbildung nach um Juristen.

Zwei der befragten Kulturmanager haben ein abgeschlossenes Architekturstudium.

Naturwissenschaftler finden offensichtlich nur selten Zugang zu Tätigkeiten in der Kultur. Ein Befragungsteilnehmer hat einen Abschluss in Biochemie, ein weiterer ist Arzt und einer hat einen IT Hintergrund.

Erstaunlich wenig Befragungsteilnehmer kommen aus der Kunst. Hierbei handelt es sich um vier Personen, die aus der darstellenden Kunst kommen, weitere vier, die Musik studiert haben und einen Kulturmanager, der ein Kunststudium absolviert hat.

Mit Sicherheit gibt es notwendige Eigenschaften beider Rollen, die sich nur schwer vereinen lassen, weshalb das Berufsbild des Kulturmanagers tatsächlich ein wichtiges ist. Ein Blick von »außen« schafft Innovation und Verbindungen zu anderen Lebensbereichen, wie beispielsweise der Politik, der Wirtschaft oder der

---

8 Siehe zu den Hintergründen derjenigen, die sich für Aufgaben im Kulturmanagement entscheiden V. Dubois (2016), S. 38 ff. Es handelt sich dabei nicht nur um überdurchschnittlich gut qualifizierte Personen, sondern auch um solche, die im Rahmen ihrer Sozialisation bereits während ihrer Kindheit mit Kunst und Kultur in Berührung gekommen sind. Viele haben Instrumente gelernt, Theater gespielt oder getanzt.

Soziologie, wenn der Kulturmanager entsprechend qualifiziert ist oder – wie in dieser Befragung zahlreich – originär aus einem dieser Bereiche kommt.

b) Kulturmanagement im institutionellen Rahmen/ Der »abhängige« Kulturmanager

Besonders aufschlussreich ist ein Unterschied zwischen den Kulturmanagern im deutschsprachigen Raum und ihren Kollegen aus anderen Ländern: Im deutschsprachigen Raum sind 18,5 % der Befragten selbstständig. Hierbei handelt es sich überwiegend um Personen, die in der Beratung von Kulturinstitutionen tätig sind und teilweise sogar über eigene Agenturen verfügen. Der Eindruck, dass die Selbständigkeit in Ermanglung einer Alternative von den Befragten gewählt wurde, entsteht nicht.

Von den Befragten aus anderen Ländern sind mit 40 % mehr als doppelt so viele selbständig.

Diese Zahlen weisen eine neue Perspektive auf die oft und nicht zu Unrecht geführte Diskussion um das Kulturprekariat. Im deutschsprachigen Raum scheint der Beruf des Kulturmanagers überwiegend im Angestelltenverhältnis ausgeübt zu werden. Ob dieses Angestelltenverhältnis befristet und wie es vergütet ist, wurde in dieser Untersuchung jedoch nicht erfragt. Die spannende Frage, welche Auswirkungen diese Form der Absicherung und der Bürokratie auf die Kunst hat, muss an anderer Stelle diskutiert werden.

In zahlreichen anderen Ländern ist eine Tätigkeit für die Kunst und Kultur häufig eine, für die ein institutioneller Rahmen und damit eine Anstellungsträgerschaft gar nicht existiert. Will man sich in diesem Bereich beruflich engagieren, ist man auf die Selbständigkeit verwiesen. Carroll erläutert etwa für den asiatischen Raum, dass gerade jüngere, progressive Kulturschaffende und Kulturmanager in staatlichen Organisationen, die sehr hierarchisch strukturiert und wenig innovativ sind, nicht arbeiten können und wollen und sich daher häufig in internationalen Projekten oder privaten Initiativen engagieren, die eine langfristige (Fest-)Anstellung kaum bieten können.[9]

Die Selbständigen außerhalb des deutschsprachigen Raums verteilen sich auch relativ gleichmäßig über die verschiedenen Kultursparten.

Viele Länder haben aus unterschiedlichen, insbesondere historischen und politischen Gründen, nicht ebensolche Strukturen geschaffen (schaffen können) wie beispielsweise Deutschland. Die Kulturpolitik stand bei den Modernisierungsbestrebungen etwa nach Ende der Kolonialherrschaft nicht im Fokus, vielmehr

---

9   A. Carroll (2015), S. 196.

wurden Industrie und Landwirtschaft gefördert. Nur wenige Länder haben das Potential der Kultur und der Kreativwirtschaft wie aber auch des kulturellen Erbes und des Kulturtourismus früh erkennen und dieses fördern können.[10]

In kommunistischen Ländern wie Kuba und insbesondere in China galt Kultur lange Jahre als dekadent und bourgeois. Kreative oder künstlerische Tätigkeiten waren während der chinesischen Kulturrevolution (1966–1976) nicht nur verdächtig, sondern wurden massiv verfolgt und konnten lebensgefährlich sein.

In vielen der Ländern des globalen Südens finden sich keine demokratischen Strukturen oder Staatsformen. Das Verhältnis von Politik und Kunst ist schon seit jeher ein schwieriges und komplexes.[11] In der arabischen Welt etwa ist die Staatskultur stark zentralisiert, ihre Aktivitäten sind vom Staat monopolisiert und Künstler und Intellektuelle unterstehen dem jeweiligen Regime und sollen dieses unterstützen.[12]

Deutschland versteht sich als ein Kulturstaat, wie es das Bundesverfassungsgericht[13] in seinem »Konkordanzurteil« definiert: »wonach die Entscheidung für die Freiheit der Kunst[14] auch als objektive Wertentscheidung für die Freiheit der Kunst (…) dem modernen Staat, der sich im Sinne einer **Staatszielbestimmung** auch als Kulturstaat versteht, zugleich die Aufgabe stellt, ein freiheitliches Kunstleben zu fördern«.

Mit der vom Bundesverfassungsgericht beschriebenen Aufgabe der Förderung geht der Aufbau und der Erhalt eines vielfältigen Kunst- und Kulturlebens einher. Über den Umfang eben dieser Aufgabe wird, insbesondere in Zeiten knapper Haushaltsmittel, weiterhin gestritten werden. An der staatlichen Aufgabe als solcher, ist in Deutschland aber nicht zu rütteln.

Wenige Länder auf der Welt können eine derart dichte, kulturelle Infrastruktur aufweisen. Das flächendeckende Kulturangebot, auch außerhalb der großen Städte, ist ein wesentliches Alleinstellungsmerkmal. Mit diesem, in großem Umfang von staatlicher Seite finanzierten Kulturangebot gehen zahlreiche Anstellungsmöglichkeiten für Kulturmanager einher. Für Kulturmanager im deutschsprachigen Raum scheint die Kunst mithin nicht so brotlos zu sein, wie man ihr häufig nachsagt.

Die selbständigen Kulturmanager im nicht deutschsprachigen Ausland arbeiten mit knapp 75 % in Kleinstunternehmen von ein bis maximal fünf Mitarbeitern.

---

10 J. P. Singh (2010), S. 99 f.
11 J. P. Singh (2010), S. 147.
12 B. El Husseiny (2016), S. 59.
13 BVerfGE 36, 321 ff.
14 In Art. 5 III des Grundgesetzes.

Es steht zu vermuten, dass viele von ihnen Einzelkämpfer sind. In Deutschland sind dies ebenfalls rund 2/3 der Selbständigen.

Die Kulturmanager im deutschsprachigen Raum arbeiten in der Mehrzahl in etwas größeren Einheiten von 21–100 Mitarbeitern. In großen Organisation mit über 500 Mitarbeitern arbeiten immerhin 10 % der Befragten. Hierbei handelt es sich weniger um Beschäftigte in der Kreativwirtschaft, da die Kreativwirtschaft aufgrund der Definition der Zielgruppe, die dieser Befragung zugrunde liegt, nur gering vertreten ist, sondern um Personen, die in weltweit agierenden Mittlerorganisationen und Stiftungen oder in der Kulturverwaltung von Ministerien und internationalen Organisationen und Verbänden sowie in den Kulturabteilungen von Unternehmen tätig sind.

c) Internationale Praxis

aa) Sprachkenntnisse

An mehreren Stellen im Rahmen dieser Umfrage machten Kulturmanager auf die Wichtigkeit von (Fremd-)Sprache in ihrer Tätigkeit aufmerksam. Knapp ein Viertel der befragten Kulturmanager aus dem deutschsprachigen Raum ist täglich auf Englischkenntnisse angewiesen. Ein weiteres Drittel der Befragungsteilnehmer muss mehrmals im Monat Englisch sprechen und/oder schreiben. Nur drei Befragte gaben an, im Rahmen ihrer Tätigkeit nie auf das Englische angewiesen zu sein.

bb) Auslandserfahrung

34 % der Befragten aus dem deutschsprachigen Raum gaben an, bereits länger als ein halbes Jahr im Ausland gelebt und gearbeitet zu haben. Viele dieser Auslandsaufenthalte fanden innerhalb des deutschsprachigen Raumes statt. Viele Schweizer und Österreicher arbeiteten oder arbeiten in Deutschland. Anders als in anderen Branchen scheinen aber die Schweiz und Österreich für deutsche Kulturmanager wiederrum als Arbeitsort nicht ebenso attraktiv zu sein.

Die Mehrzahl der längeren Auslandsaufenthalte fand jedoch im englischsprachigen Ausland, in den USA, in Großbritannien und in Irland statt.

Mit 36,5 % waren die Befragungsteilnehmer aus dem Ausland minimal häufiger als ihre Kollegen aus dem deutschsprachigen Raum längerfristig außerhalb der Heimat tätig. Das Bild der Länder, in denen die Kulturmanager aus dem Ausland arbeiteten, ist dem oben beschriebenen ähnlich. Großbritannien war das primäre Ziel, dicht gefolgt allerdings von Frankreich. Die höhere Frankreichaffinität könnte sich mit dem Beherrschen der Sprache und mit dem Erbe der Kolonialzeit erklären. Insbesondere aus den Länder des sogenannten Maghreb[15] (Algerien, Marokko und Tunesien sowie im weiteren Sinne auch Libyen, die Westsahara und Mauretanien) zieht es zahlreiche Menschen nach Frankreich. Für diese Untersuchung greift diese so naheliegende Erklärung allerdings nicht. Lediglich einer derjenigen, die angaben, mindestens ein halbes Jahr in Frankreich gearbeitet zu haben, kam aus Benin und damit aus einem Land, dessen Amtssprache Französisch ist.

Ein Kulturmanager aus Litauen hat in Deutschland, ein Kanadier und ein Nigerianer haben in der Schweiz gearbeitet.

Bei den Kulturmanagern aus dem nichteuropäischen Ausland ist ein großes Interesse an Europa zu konstatieren. Die insbesondere in der Populärkultur noch bestehende Vorherrschaft der USA, scheint nicht dazu zu führen, dass dieses Land für Kulturmanager als Arbeitsort wesentlich attraktiver ist als ein Land in Europa. Das starke Interesse an Europa kann allerdings im Umkehrschluss auch daran liegen, dass die Einreisebestimmungen und Arbeitsbeschränkungen, die in den USA in den vergangenen Jahren rigider wurden, abschreckend wirken[16] und sich ein weltweit zunehmender Anti-Amerikanismus bemerkbar macht.

Auch wurden die Auslandsaufenthalte vieler Kulturmanager finanziell gefördert. Die Europäische Union hat zahlreiche Programme zum Kulturaustausch aufgelegt. Großbritannien, der Vorreiter unter den Zielen ausländischer Kulturmanager und damit Anziehungspunkt für viele Kreative, hat besondere Programme, die gerade auf Künstler und Kreative zugeschnitten sind, erfolgreich etabliert.[17] Ein Modell, das insbesondere in Ländern ohne weitere Ressourcen als der Innovationsfähigkeit der Bevölkerung nachahmenswert erscheint.

Auch lässt sich konstatieren, dass die ausländischen Kulturmanager offensichtlich mutiger sind, wenn es darum geht, in internationalen Kontexten tätig zu werden, die den heimischen und erprobten eher fremd sind. Den Schritt in fremde Kulturkreise wie den asiatischen, den arabischen oder lateinamerikanischen gehen auffällig wenige Kulturmanager aus dem deutschsprachigen Raum. Den Schritt aus diesen Ländern nach Europa findet man hingehen häufiger.

---

15 Maghreb ist das arabische Wort für Westen und bezieht sich auf Nordafrika, den westlichsten Zipfel der arabischen Welt. Hier wird bereits die in Europa häufig genutzte Zweiteilung der Welt in West (reiche Länder) und Süd (arme Länder) in ihrer Schlichtheit und Willkürlichkeit vorgeführt. Für die arabische Welt ist das, was für viele Europäer der Süden ist, der Westen.
16 Auf der vom National Endowment for the Arts unterstützen Webseite www.artistsfromabroad.org (04. 04. 2016) finden sich Informationen zu Visaverfahren und Steuern für Künstler, die gerne in den USA arbeiten wollen, beziehungsweise für US-amerikanische Organisationen, die ausländische Künstler verpflichten möchten.
17 Siehe dazu die Seiten des British Council www.britishcouncil.org (31. 05. 2016).

Die im Rahmen des Auslandsaufenthalts erworbenen oder vertieften Sprachkenntnisse sind ein wesentlicher Faktor, der im Berufsleben von Nutzen sein kann. Dies wird in dieser Studie dadurch belegt, wie häufig die Kulturmanager tatsächlich auf ihre Englischkenntnisse angewiesen sind.
Dass die intensive Auseinandersetzung mit einer anderen Kultur, und gerade bei einer Berufstätigkeit von längerer Dauer ist diese Auseinandersetzung zwangsläufig, positive Auswirkungen auf beispielsweise die interkulturelle Kompetenz wie aber gegebenenfalls auch auf Frustrationstoleranz und das Aushalten von Widersprüchen haben kann, ist weitgehend unumstritten. Rösler argumentiert, dass internationaler Austausch nicht zwangsläufig zu Konsens führt, die Erfahrung von »Andersartigkeit« und der aktive interkulturelle Dialog, den solch ein Perspektivenwechsel mit sich bringt, aber in jedem Fall das Lernen wie auch das Verstehen »alternativer kultureller Werte« fördert.[18] Praktiker wie Rowntree, Neal und Fenton sind überzeugt, dass internationale, projekt-basierte Arbeit die Praxis der Beteiligten grundlegend und nachhaltig ändern kann, hin zu einem »Kulturwechsel« im künstlerischen, kulturellen aber auch politischen Bereich.[19] Diese Erfahrungen, beziehungsweise die daraus resultierende Wahrnehmung des Eigenen wie auch des Fremden, kann zu einer persönlichen Neuordnung der sozialen Umwelt führen, die wiederum ein Tätigwerden im Sinne größerer kultureller Gleichbehandlung und Gerechtigkeit nach sich zieht.[20]

Für erfolgreiche Karrieren etwa in der bildenden Kunst scheint eine internationale Ausrichtung und Bereitschaft zur Übernahme von Aufgaben im Ausland Voraussetzung. Entsprechend viele ausländische Kuratoren und Direktoren finden sich in den Museen.[21] Aber auch in der Musik und im Tanz ist das Spitzenpersonal häufig international.[22] Im Bereich der darstellenden Kunst kann dies als Trend

---

18 B. Rösler (2015), S. 471.
19 J. Rowntree/L. Neal/R. Fenton (2010), S. 2.
20 J. P. Singh (2011).
21 Der Österreicher Max Hollein leitete lange Jahre erfolgreich das Städel Museum in Frankfurt am Main bevor er 2016 ans Fine Arts Museum in San Francisco wechselte. Die Engländerin Jennifer Flay leitet die Pariser Herbstmesse FIAC und das Fotomuseum Jeu de Paume untersteht der Spanierin Marta Gili. Die Französin Sylvie Patry wird stellvertretende Direktorin der Barnes Foundation in Philadelphia. Okwui Enwezor aus Nigeria ist Direktor des Hauses der Kunst in München, der Schweizer Hans Ulrich Obrist ist seit 2016 künstlerischer Leiter der Londoner Serpentine Galleries und der Deutsche Martin Roth leitet seit 2011 das Victoria & Albert Museum in London (2017 wird er Präsident des Instituts für Auslandsbeziehungen). Auffällig ist, dass viele international erfolgreiche Kuratoren neben der Kunstgeschichte auch Betriebswirtschaft studiert haben.
22 Der aus Los Angeles stammende Steven Sloane leitet seit über 20 Jahren die Bochumer Symphoniker. Zehn Jahre lang leitete die Australierin Simone Young die Hamburger Staatsoper und das wohl prominenteste Beispiel ist der Brite Sir Simon Rattle, der noch bis 2018 Chefdirigent der Berliner Philharmoniker ist. Der Spanier Nacho Duato leitet das Staatsballett

nicht konstatiert werden.[23] Gründe dafür könnten gerade im Theater die existentielle Bedeutung der Sprache, die weniger universell ist als die der Musik und die beherrscht werden sollte, wie auch die dringend erforderliche Kenntnis lokaler, regionaler und nationaler Kulturen und Autoren, Werte und Traditionen sein.

Als Beispiel für die positiven Effekte eines internationalen Austausches sollen hier die Erfahrungen von Helen Ward, Direktorin von Jack Drum Arts[24] aus dem ländlichen County Durham in Großbritannien, stehen, die im Jahr 2009 gefördert von Visiting Arts[25], mit Unterstützung des Cultural Leadership Programs[26], drei Monate bei Listen Up! in New York verbrachte.

> »Working outside of the UK for an extended period of time gave me time to reflect on the UK sector that I work in and compare it with other countries both from a positive and negative aspect. As Listen Up! is a global organisation with members from all over the world, I was also able to gain knowledge of organisations from countries other than the US and feel as if I really gained a thorough understanding of youth media globally. Being in New York is to be at the heart of things as the headquarters for so many organisations are sited there. Consequently I gained a good insight into operations such as Unicef, which is definitely something I couldn't do from my rural County Durham base.«

Darüber hinaus konnte Helen Ward während der Zeit in New York ihr internationales Netzwerk erheblich erweitern.

> »Working in New York allowed me ample time to meet lots of filmmakers, media organisations, cultural leaders and forge relationships with some of these key people with a view to partnership projects in the future. This would not have happened unless I was in New York, in person, over a long period of time.«

---

23 Berlin und der kanadische Tänzer und Choreograph Eric Gauthier ist seit Jahren am Theaterhaus Stuttgart erfolgreich.
Ausnahme gibt es allerdings, wie beispielsweise die Belgierin Annemie Vanackere, die beim Hebbel am Ufer (wo Shermin Langhoff 2002 ein Festival mit Regisseuren migrantischer Herkunft etablierte und 2006 das Festival »Beyond Belonging« erfand) sowohl die künstlerische Leitung wie auch die Geschäftsführung innehat und hervorragend Deutsch spricht.
24 www.jackdrum.co.uk (31. 05. 2016).
25 www.visitingarts.org.uk (31. 05. 2016).
26 www.artscouncil.org.uk/what-we-do/arts-council-imitiatives/past-initiatives/the-cultural-leadership-programme/ (31. 05. 2016).

Auch die Erfahrung der unterschiedlichen Art und Weise der Kulturfinanzierung in den USA und in Großbritannien hatte Auswirkungen auf Helen Wards Arbeit zurück in Cork.

»Non-profit organisations in the USA operate in a much more business-like manner than similar organisations in the UK. This is something that I have constantly referred to since my return particularly when Jack Drum Arts have been developing funding bids and new projects. We have always in the past under-sold our services and I have come back with a different vision for the company, which I have been putting into practice.«

Die Programme der Bosch Stiftung und die Cross-Culture Praktika des Instituts für Auslandsbeziehung e. V. sowie die Kurse der in Deutschland relativ unbekannten Association Marcel Hicter in Belgien oder das dreijährige berufsbegleitende Programm des DeVos Institute of Arts Management an der Universität von Maryland in den USA, um nur einige wenige zu nennen, sollten daher für Kulturmanager Optionen auf einem wie auch immer gearteten Karriereweg sein.[27]

Aber auch als Gastgeber für Künstler und Kulturmanager aus dem Ausland zu fungieren, ist in vielerlei Hinsicht bereichernd.

So berichtet Helen Ward über den Gegenbesuch eines Mitarbeiters von Listen Up!:

»We have gone out of our way to be good hosts, ensuring that Edwin feels a part of our organization, valued for who he is, where he has come from and for what he has to offer us and the groups of people we work with. We have also made sure that his placement here is valued by others, making him feel important and ensuring that he has lots of interesting things to do. I don't think the program has changed this approach; just made us more acutely aware of how important it is to make someone feel welcome.«

Auch in Deutschland gibt es Programme, die den Austausch fördern und dabei nicht nur das Entsenden, sondern ebenso den Aspekt des Aufnehmens und des Gastgeberseins in den Vordergrund rücken. Die Kulturstiftung des Bundes ermöglicht im Rahmen des Fellowship Internationales Museum 19 Gastkuratoren und -wissenschaftlern aus dem Ausland, für eine Dauer von 18 Monaten an einem Museum oder einer öffentlichen Sammlung in Deutschland zu arbeiten. Ziel des mit über 6 Mio. € ausgestatteten Programms ist es: »die Museen in Deutschland anzuregen, ihre Themen, Arbeitsweisen und Ausrichtungen zu internationalisieren und sie beim Erproben neuer Präsentations- und Kooperationsformen zu unterstützen. Weiterhin zielt das Programm darauf ab, die interkulturelle Kom-

---

27 Informationen hierzu finden sich im Kommentierten Serviceteil auf S. 199 ff.

petenz innerhalb deutscher Museumseinrichtungen zu verbessern und internationale Netzwerke von Wissenschaftlern, Kuratoren und Museologen zu stärken.«[28]
Spannende Künstler aus dem Ausland zu holen[29], kann der eigenen Reputation sogar sehr nachhaltig dienen, wie der in der Westminster Abbey in London zu findende Grabstein des Deutschen Johann Peter Salomon beweist (Abbildung II.2). Salomon wird häufig als einer der ersten (internationalen) Kulturmanager genannt.

cc) Zusammenarbeit mit Menschen anderer Nationalität

42,8 % aller Kulturmanager im deutschsprachigen Raum arbeiten tagtäglich mit Menschen anderer Nationalität zusammen. Bei den befragten Kulturmanagern aus anderen Ländern waren es sogar 56,5 %. Es ist davon auszugehen, dass aufgrund der weltweiten Migration, die die kulturelle Globalisierung weiter vorantreibt, diese Zahl zunehmen wird.

Jedoch konnte diese Untersuchung nicht klären, ob es sich bei der Zusammenarbeit um eine direkte, innerhalb der eigenen Organisation mit persönlichem Kontakt handelt, oder ob es eine Zusammenarbeit ist, die gegebenenfalls mittels elektronischer Medien über Ländergrenzen hinweg geführt wird. Betrachtet man Kulturinstitutionen in Deutschland, fällt zumeist eine große Homogenität hinsichtlich der Beschäftigten ins Auge. Eine Besetzung, wie sie etwa das Maxim Gorki Theater in Berlin unter der Leitung von Shermin Langhoff[30] etabliert hat, ist eine, auch in den Feuilletons immer wieder hervorgehobene Ausnahme einer denkwürdigen Regel.[31] Mithin steht zu vermuten, dass es sich zumindest im deutschen Sprachraum bei der Zusammenarbeit tatsächlich häufig eher um eine

---

28 www.bundeskulturstiftung.de (26.01.2016).
29 Das Webportal ›touring artists‹ bietet umfassende Informationen zu den Themen Visa und Aufenthalt, Transport und Zoll, Steuern, Sozialversicherung, andere Versicherungen und Urheberrecht. Der Fokus des Portals liegt auf den Sparten Bildende Kunst und Darstellende Kunst. www.touring-artists.info (23.05.2016). E. di Federico/M. Le Sourd (2012), vom mobility network ›on the move‹ haben zu diesem Thema das Dossier ›Move on! Cultural Mobility for beginners‹ mit zahlreichen hilfreichen Hinweisen herausgegeben www.on-the-move.org/files/Move-ON_EN_Dec2012.pdf (23.05.2016).
30 Der ersten Frau mit Migrationshintergrund in einer Leitungsfunktion im deutschen Theater.
31 Siehe zum Thema »non-white artists« und wie sie im deutschen und europäischen Theater nach wie vor diskriminiert werden A. Sharifi (2015), S. 243 ff.; (2014), S. 169 ff. Auch für Museen und Galerien haben V. Durrer/S. Miles (2009), S. 226 in Großbritannien festgestellt, dass es sich immer noch um elitäre Einrichtungen handelt, zu denen insbesondere Menschen mit dem entsprechenden kulturellen, sozialen aber auch ökonomischen Kapital Zugang finden.

Ergebnisse der Studie

Abbildung II.2 Grab Johann Peter Salomon in London © Dean and Chapter of Westminster

projektbezogene handeln könnte, etwa wenn internationale Projektpartner oder Künstler eingeladen werden, beziehungsweise sogar um eine, die weitgehend digital stattfindet.

Der doch deutlich höhere Wert bei der Zusammenarbeit mit Menschen anderer Nationalität bei den befragten Kulturmanagern aus dem nicht deutschsprachigen Ausland kann in Teilen damit erklärt werden, dass in vielen Ländern der Welt die Gesellschaften noch deutlich hybrider sind.

Kritisch muss angemerkt werden, dass das Wort »nationalities« im englischen Fragebogen wie aber auch das Wort »Nationalitäten« im deutschen Fragebogen ambivalent ist. Es bezieht sich tatsächlich nur auf Personen, die in ihrem Pass eine andere Nationalität stehen haben. Es fragt nicht nach Migrationsgeschichte oder ethnischen Unterschieden. Vermutlich wäre der etwas sperrige Begriff der Ethnie hier der korrektere, wenn allerdings im deutschen Sprachraum weniger gängige und daher erklärungsbedürftigere gewesen. Wie schwierig das Finden der (politisch) korrekten Terminologie insbesondere in einer Fremdsprache ist, wird in der Fallstudie zu dieser Erhebung auf S. 170 ff. erörtert.

dd) Mobilität

Die Reisetätigkeit der Kulturmanager aus dem deutschsprachigen Raum hält sich in Grenzen. Ein Viertel der Befragten reist immerhin mindestens zwei bis drei Mal im halben Jahr (7,2 % reisen sogar mindestens ein bis mehrmals im Monat). 28,4 % gaben allerdings an, dienstlich nie zu reisen.

Bei den Reisezielen sind der deutsche Sprachraum und das westeuropäische Ausland insbesondere Frankreich, Italien und Großbritannien Spitzenreiter. Polen war das am häufigsten bereiste Land in Osteuropa gefolgt von Tschechien. Rumänien, Serbien, Kroatien, Slowenien, Ungarn und Weißrussland wurden nur vereinzelt genannt.

Außerhalb Europas waren die USA mit neun Nennungen vorne. Nach Lateinamerika zog es nur zwei Kulturmanager. Einer reiset nach Mexiko, der andere nach Nicaragua.

Der Asienboom scheint den Kultursektor nicht im gleichen Maße erreicht zu haben wie die Wirtschaft. Wie sich kaum jemand für einen längeren Arbeitsaufenthalt in einem asiatischen Land entschieden hat, so führen auch nur relativ wenige Dienstreisen in diese Region. Spitzenreiter ist hierbei Japan gefolgt von China. Thailand, Kambodscha, Vietnam und Indonesien werden noch jeweils einmal genannt.

Die Zurückhaltung im Hinblick auf diese Länder kann mehrere Gründe haben. Viele dieser Länder sind keine Demokratien. Ein freies Kulturleben findet kaum und wenn nur in Nischen statt. Die Verwirklichung von kulturellen Vorhaben hat immer auch politische Implikationen, die die Realisierung nicht nur erschweren, sondern sogar unmöglich machen können. Auch der Aufbau von Netzwerken und Verbindungen ist weitaus diffiziler als in anderen Ländern. Es kann allerdings auch eine Haltungsfrage sein, wie und in welcher Form man sich beispielsweise in einem Land wie China engagiert.[32]

---

32 Kritisch bewertet wurde, dass sich relativ wenig öffentlicher Protest seitens der deutschen Politik wie aber auch aus der Kunst- und Kulturszene regte, als im Jahr 2011 der chinesische Künstler Ai Weiwei kurz nach Eröffnung der Ausstellung »Kunst der Aufklärung« durch den damaligen deutschen Außenminister Guido Westerwelle im Nationalmuseum von Peking am Platz des Himmlischen Friedens (wo nur 22 Jahre zuvor Studierendenproteste gewaltsam niedergeschlagen wurden) mit fadenscheinigen Anschuldigungen verhaftet und länger festgehalten wurde.

Ähnlich lässt sich das Bild für die Golfstaaten zeichnen, die nur von fünf der Befragungsteilnehmer bereist werden.

Auch Indien erfährt mit lediglich drei Nennungen zumindest bei den Kulturmanagern aus dem deutschsprachigen Raum nicht den erwarteten Boom. Die große Zahl der Berater, die versucht dort Fuß zu fassen, kommt aus Großbritannien oder den USA. Die Verbindung zwischen Großbritannien und Indien besteht seit der Kolonialzeit. Die offizielle Landessprache ist Englisch und fast die gesamte indische Elite ist an Universitäten in Großbritannien oder den USA ausgebildet. Die entsprechenden Netzwerke sind demzufolge vorhanden.

Reisen nach Afrika sind selten. Als Reiseziele wurden jeweils einmal der Jemen, der Sudan, Südafrika, Burkina Faso und Tansania genannt. Die geringe Anzahl der Reisen auf den afrikanischen Kontinent kann mehrere Gründe haben. Zu erwähnen ist zum einen die in manchen Ländern kaum funktionierende kulturelle Infrastruktur zum anderen der Umstand, dass gerade im Jahr 2015 viele Reisende in diese Länder aufgrund von Terroranschlägen um ihre Sicherheit fürchten mussten. Anfang des Jahres 2015 wurden viele, insbesondere nordafrikanische Länder von der Ebola-Epidemie heimgesucht und Organisationen untersagten ihren Mitarbeitern aufgrund der Ansteckungsgefahr Reisen in diese Regionen.

Bei den Kulturmanagern aus dem Ausland zeichnet sich wiederum ein etwas anderes Bild. Über 40 % der Befragten reisen mindestens zwei bis drei Mal im halben Jahr (9,6 % sogar mehr als einmal im Monat) über die Landesgrenzen. Nur 9,6 % gaben an, beruflich nie ins Ausland zu reisen.

Auch die Zahl der Reiseziele ist umfangreicher. Insbesondere afrikanische Länder wie Angola, Algerien, Burkina Faso, Namibia, Zimbabwe, Kenia, Mosambik, Uganda, Ghana, Togo, Benin, Mali, Nigeria, Kamerun, Tunesien, Südafrika und der Senegal finden sich auf der Liste. Hierbei handelt es sich insbesondere um Reisen von afrikanischen Kulturmanagern auf ihrem Kontinent.

Aber auch Lateinamerika wird häufiger bereist als von Kulturmanagern aus Deutschland, Österreich und der Schweiz. Argentinien, Peru, Chile, Mexiko und Kolumbien finden sich mehrfach. Hier muss erwähnt werden, dass es sich bei den Reisenden überwiegend um Personen handelt, die selbst aus einem spanisch- oder portugiesischsprachigem Land kommen.

Länder auf der arabischen Halbkugel finden ebenfalls häufiger Erwähnung als bei der Vergleichsgruppe aus Deutschland, Österreich und der Schweiz.

Asien mit China, Malaysia, Kambodscha und Südkorea wird ebenfalls bereist, aber im Vergleich zu anderen Ländern ebenso selten wie von den deutschsprachigen Kulturmanagern. Es muss allerdings berücksichtigt werden, dass sich insgesamt nur wenige Kulturmanager aus dem asiatischen Raum an der Umfrage beteiligt haben. Es steht zu vermuten, dass die Nennung von Ländern im Pazifik sonst höher ausgefallen wäre, da sich auch bei der Auswertung der Reisezeile der nicht deutschsprachigen Kulturmanager abzeichnet, dass sie überwiegend in Regionen liegen, die dem eigenen Kulturkreis nicht zu fremd und geografisch nicht zu weit entfernt sind.

Die USA sind ebenfalls ein beliebtes Reiseziel wie auch Europa. In Europa sind Großbritannien und Frankreich führend. Deutschland, die Niederlande, Belgien und Dänemark können sich aber auch über Aufenthalte ausländischer Kulturmanager freuen. Dagegen finden sich wenige osteuropäische Länder unter den Reisezielen. Auch hier gilt das oben für den asiatischen Raum Gesagte. Es haben sich nur wenige Kulturmanager aus Osteuropa überhaupt an der Befragung beteiligt.

Das Ergebnis zeigt, dass noch wenig Zusammenarbeit etwa mit den Staaten des Balkans stattfindet. Das derzeit angespannte politische Verhältnis zu Russland ist einer Intensivierung der Kontakte zu anderen osteuropäischen Ländern, die sich derzeit vielfach in sehr kritischen Situationen befinden und die viele Menschen Richtung Westen verlassen wollen, nicht zuträglich.

Australien und Neuseeland kommen ebenso vereinzelt vor wie bei der deutschsprachigen Vergleichsgruppe. Hier dürfte die große Entfernung zu fast allen anderen Ländern der Welt eine Rolle spielen.

ee) Geografische und kulturelle Nähe

Insgesamt fällt sowohl bei den längeren Auslandsaufenthalten wie auch bei der Reisetätigkeit auf, dass die gewählten Ziele für die Kulturmanager nicht zu »exotisch« sind. Nur wenige, und hierbei könnte es sich um Personen handeln, bei denen es wie beispielsweise bei Mitarbeitern von Mittlerorganisationen, Stiftungen oder großen Unternehmen zum jeweiligen Berufsbild gehört, begeben sich offenbar in eher unbekannte kulturelle Kontexte. Auch das Beherrschen der jeweiligen Sprache scheint ein Faktor bei der Entscheidung für eine wie auch immer geartete Tätigkeit in einem anderen Land zu sein.

Festzuhalten ist, dass einige Regionen auf der Attraktivitätsskala für Reisen oder Arbeitsaufenthalte kaum bis gar nicht vorkommen. Dies betrifft insbesondere weite Teile Osteuropas, Asiens, Lateinamerikas und aus europäischer Perspektive auch zahlreiche afrikanische Länder. Kriege, Epidemien und Naturkatastrophen sowie die große Entfernung und hohe Kosten können in Teilen als Erklärungen für die geringe Anzahl der Aufenthalte dienen.

Gerade aus osteuropäischen Ländern kamen für das internationale Kulturmanagement mit den Texten etwa von Suteu, Sesic, Varbanova und Tchouikina interessante Ansätze. Dies auch schon zu einer Zeit, als das Thema im deutschsprachigen Raum noch wenig Beachtung fand. Auch in Anbetracht der Tatsache, dass nach Deutschland derzeit zahlreiche Personen auch aus Osteuropa einreisen, ist die Unkenntnis der Region, der dortigen Kultur und des damit einhergehenden Kulturbegriffs ein Versäumnis. Es wird schwierig, mit dieser Unkenntnis Teilhabe am kulturellen Leben sicher zu stellen, wie es sich das interkulturelle Kulturmanagement und die Kulturpolitik seit einiger Zeit auf die Fahnen schreiben.[33]

Dies gilt selbstverständlich mit etwas anderen Vorzeichen auch für den arabischen Raum, hier noch verstärkt durch religiöse Aspekte und die Scharia-Rechtsprechung, mit der sich nur wenige Experten in Deutschland auskennen.

Auch die relative Bedeutungslosigkeit Lateinamerikas muss in Anbetracht der dortigen Kulturlandschaft und der durchaus existierenden geschichtlichen Verbundenheit insbesondere zu Spanien und Portugal verwundern. Chile und Peru, attraktive Ziele für Kulturtouristen, wurden von keinem der Befragungsteilnehmer erwähnt.

Ebenso erstaunlich ist, dass der gesamte asiatische Bereich noch eine relative ›terra incognita‹ ist. Hierbei ist zu beachten, dass innerhalb Asiens nicht nur die politischen Strukturen von Land zu Land erheblich variieren, sondern auch das Kunst- und Kulturverständnis innerhalb der großen Region ein wenig homogenes ist.[34] Der wachsende Wohlstand, den viele asiatische Länder zunehmend erfahren und der sich beispielsweise in China in monumentaler, moderner Architektur von Opernhäusern und Museen aus der Hand überwiegend westlicher Architekten manifestiert und manifestieren soll, sollte doch auf Kulturschaffende und Kulturmanager auch aus Deutschland anziehend wirken. Zumal Michael Schindhelm, der über vielfältige Erfahrungen in China verfügt, durchaus noch einen Mangel an institutionellem Wissen und Kulturmanagement konstatiert. Jedoch lernt China schnell, und wie schon angesprochen, sind andere Länder besser darauf vorbereitet, ihre Betreibermodelle zu vermarkten.

Gerade in China zeigt sich aber auch die Kehrseite dieser Manifestation von Wohlstand und Macht. Zwar haben eine Hand voll Architekten und Designer gut damit zu tun, Musentempel nach europäischem Vorbild zu schaffen[35], wenig Gedanken sind aber bis dato an die Inhalte in eben diesen teuren Bauwerken ver-

---

33   G. Wolfram/M. Sandrini (2016), S. 42 machen darauf aufmerksam, dass viele der aktuellen Projekte insbesondere mit Flüchtlingen wenig Wissen über die jeweiligen Herkunftsländer einbringen. Die nigerianische Schriftstellerin Chimamanda Ngozi Adichie erläutert in ihrem Vortrag »The danger of a single story« aus dem Jahr 2009 wie gefährlich Unwissenheit in Bezug auf andere Kulturen sein kann und wie weit verbreitet sie tatsächlich ist. http://www.ted.com/talks/chimamanda_adichie_the_danger_of_a_single_story (30.06.2016).
34   J. Caust (2015).
35   womit der befürchteten Homogenisierung der Kultur beziehungsweise des Geschmacks durchaus Vorschub geleistet wird, wie R. Sennett (2012), S. 8 ausführt. Denn ob diese Gebäude in China, Indien, Kasachstan oder irgendwo anders auf der Welt, wo das Geld dafür vorhanden ist, stehen, ist weitgehend irrelevant.

Abbildung II.3 Chinas erstes und spektakuläres Maritime Museum in Lingang stammt, wie zahlreiche weitere Bauten in China, aus der Feder des deutschen Architekturbüros von Gerkan, Marg & Partner © Marcus Bredt

schwendet worden. Was soll, kann und will China zeigen und präsentieren? Kann Kulturplanung am Reisbrett insbesondere westlicher Architekten funktionieren?[36] Soll mit einer Homogenisierung der Architektur, die in vielerlei Hinsicht noch bestehende Differenz zu den westlichen Industrienationen symbolisch nivelliert werden?

Dass Architektur mit Kultur im weiten Sinne verwechselt, beziehungsweise gleichgesetzt wird, geschieht allerdings auch in Europa, wie das Berliner Stadtschloss oder das MAXXI von Zaha Hadid in Rom zeigen.

In Zeiten der Digitalisierung kann es aber durchaus sein, dass es zahlreiche Länder gibt, die zwar von Kulturmanagern aus verschiedenen Gründen nicht bereist werden oder als temporärer Arbeitsplatz aus verschiedenen Gründen für sie

---

36 Am 23. 02. 2016 berichtete ›spiegel online‹ über eine neue Direktive aus Peking wonach urbane Architektur »angemessen, wirtschaftlich, nachhaltig und angenehm fürs Auge« sein solle – und damit im Kontrast zu den »überdimensionierten und bizarren« Gebäuden stehen soll, die in den vergangenen Jahren gebaut wurden http://www.spiegel.de/reise/aktuell/china-ende-der-gaga-architektur-a-1078884.html

nicht in Betracht kommen, mit denen aber sehr wohl Kooperationen der unterschiedlichsten Art gepflegt werden.

d) Kooperationen[37]

Von den Kulturmanagern aus dem deutschsprachigen Raum gaben 60,8 % an, mit ausländischen Partnern (Künstlern/Institutionen/Wissenschaftlern) institutionell – also über eine temporäre Arbeit für ein Projekt hinaus – vernetzt zu sein.

Abbildung II.4 Kooperationspartner der Kulturmanager aus Deutschland, Österreich und der Schweiz (eigene Darstellung)

---

37 Den Ausführungen von M. Terkessidis (2015), folgend, wäre zu überlegen gewesen, die Kulturmanager statt nach Kooperationen nach Kollaborationen zu fragen. Den Unterschied zwischen Kooperation und Kollaboration beschreibt Terkessidis wie folgt: »Bei Kooperationen treffen verschiedene Akteure aufeinander, die zusammenarbeiten und die sich nach der gemeinsamen Tätigkeit wieder in intakte Einheiten auflösen. Kollaboration meint dagegen eine Zusammenarbeit, bei der die Akteure einsehen, dass sie selbst im Prozess verändert werden, und diesen Wandel sogar begrüßen« S. 14. Da aber nicht nur derart einschneidende Veränderungsprozesse Gegenstand der Untersuchung sein sollten, der hier aufgezeigte Unterschied zwischen Kooperation und Kollaboration nicht zwingend geläufig ist und der Terminus Kollaboration im deutschen Sprachraum aus geschichtlichen Gründen noch negativ konnotiert ist, wurde der Begriff Kooperation gewählt.

Die Ergebnisse bei dieser Frage sind nicht wesentlich anders als bei der nach den Reisezielen. Zwar gibt es mehrere Befragungsteilnehmer, die antworten, dass ihre Organisation mit bis zu 150 Partnern überall auf der Welt vernetzt sei. Die meisten Befragungsteilnehmer führen allerdings weit weniger Länder und wieder überwiegend solche in West-Europa an. Bei den wenigen, die eine weltweite oder teilweise zumindest europaweite Vernetzung angaben, ist unklar, ob und wie diese zahlreichen Partnerschaften gelebt werden. Es ist zu vermuten, dass bei einer solchen Vielzahl von Partnern nur die wenigsten Beziehungen tatsächlich als intensiver Austausch stattfinden beziehungsweise dass es sich hier um die Standorte internationaler Organisationen oder großer Unternehmen handelt.

Außerhalb der durchaus zahlreichen Kooperationen, die innerhalb des deutschsprachigen Raums mit Deutschland, Österreich und der Schweiz stattfinden, berichten die meisten Kulturmanager (29) von Kooperationen mit Partnern in Frankreich. Es folgen Kooperationen mit Partnern in Italien, Spanien, Belgien, den Niederlanden und vereinzelt in Luxemburg und in Griechenland. Zwei Nennungen erhält die Türkei – eine dieser Kooperationen befindet sich derzeit im Aufbau. Einmal wird eine Kooperation mit einem Partner auf Zypern genannt.

Im Norden erweist sich Dänemark mit neun Nennungen als das Land der Wahl für Kooperationen, nur drei Mal wird Schweden erwähnt, einmal Norwegen. Keine Erwähnung findet Finnland, was unter anderem wegen der international beachteten Designszene in Helsinki und der dort aktiv betriebenen Kulturmanagementlehre und -forschung sowie der zahlreichen, kreativen Institutionen, die sich der Themen Mobilität und Internationalisierung annehmen, erstaunt.

USA (vierzehnmal) und Großbritannien (vierzehnmal) werden häufig zusammen und insgesamt seltener erwähnt als vermutet.

Kanada erhält drei explizite Nennungen, einmal wird Nordamerika genannt, womit Kanada eingeschlossen sein dürfte.

In Australien haben immerhin fünf Kulturmanager Partner, einer davon auch in Neuseeland.

Bei den osteuropäischen Ländern, die bei den Kooperationen mehr Erwähnung finden als bei den Reisen und Arbeitstätigkeiten, dominiert Polen mit zwölf Nennungen deutlich vor Tschechien und Ungarn. Es werden aber auch vereinzelt Bulgarien, Russland, die Ukraine, Serbien, Kroatien, Slowenien, die Slowakei, Rumänien und Bosnien-Herzegowina genannt.

Der asiatische Raum – hier insbesondere China, Taiwan, Korea und Japan – erhält wenige Nennungen.

Indien und Laos werden zusammen von einem Kulturmanager genannt.

Mit Ausnahme von zwei Kulturmanagern, die Partner in Ägypten haben, und einem, der Pakistan erwähnt, werden Ländern im arabischen Raum nicht explizit aufgeführt.

Es finden sich nur vier Erwähnungen von Kooperationen mit Partnern in Afrika. Zwei Kulturmanager belassen es bei einem pauschalen Verweis auf den Kontinent. Zwei weitere werden konkreter und erwähnen einmal den Sudan und einmal Burkina-Faso[38]. Im Fall von Burkina-Faso kann man von einer intensiven Kooperation ausgehen, denn der Kulturmanager bereist dieses Land auch.

Ähnlich wie das gezeichnete Bild für den afrikanischen Kontinent sieht die Situation in Südamerika aus. Selten kommt es zu Kooperationen mit Künstlern oder Institutionen in Südamerika. Nur einmal wird pauschal auf Lateinamerika verwiesen und einmal wird explizit Mexiko genannt.

Die Ergebnisse dieser Befragung sind vor dem Hintergrund der Globalisierung bedeutsam, die ja oft als ein Zusammenwachsen der Welt, beschleunigt durch die Digitalisierung, definiert wird. Deutlich zeigt sich, dass sich die Kulturmanager aus dem deutschsprachigen Raum, auch wenn sie außerhalb der Grenzen ihres eigenen Landes agieren, sei es weil sie sich physisch über Grenzen bewegen oder weil sie in Kooperationen mit Partnern aus dem Ausland zusammenarbeiten, dies überwiegend in nächster Nähe zur Heimat tun. Die meisten Nennungen bei dienstlichen Reisen und Kooperationen erhielten Länder, die geografisch in der Nachbarschaft liegen (wie Großbritannien, Polen, Dänemark, Frankreich und Italien).

Die hohe Affinität insbesondere zu den USA lässt sich zwar nicht mit geografischer Nähe, aber mit großer Vertrautheit der dortigen Kultur erklären. Über Jahrzehnte dominieren US-amerikanische Kulturprodukte insbesondere aus der Populärkultur auch den europäischen Markt. Besonders Musik, Film und Fernsehen gelingt der »Wissens«-Transfer flächendeckend.

Darüber hinaus gehören die US-amerikanischen Universitäten zu den besten der Welt. Seit Jahrzehnten zieht es die klügsten Köpfe und diejenigen, die es sich leisten können, zu Ausbildungszwecken in die USA. Viele kehren in ihre Heimatländer zurück, nehmen aber neben akademischen Weihen auch kulturelle Erfahrungen und eine Verbundenheit zum Studienort mit.

Eine Erkenntnis aus dieser Studie könnte daher sein, dass sich deutschsprachige Kulturmanager selten trauen, in Kontexten außerhalb des eignen, bekannten Kulturbegriffs und Kulturverständnisses zu agieren. Mit europäischen oder nordamerikanischen Kollegen zusammenzuarbeiten, dürfte in vielerlei Hinsicht einfacher sein, als sich die kulturelle Landkarte vollständig neu erarbeiten zu müssen, wie dies in den Ländern Afrikas oder Asiens der Fall sein dürfte.

---

38 Burkina-Faso ist einer breiteren Öffentlichkeit möglicherweise erst durch das vom mittlerweile verstorbenen Regisseur Christoph Schlingensief gegründete Operndorf, in dem derzeit 250 Jungen und Mädchen unterrichtet werden, auf die kulturelle Landkarte gerückt worden. www.operndorf-afrika.com (29.03.2016).

Viele der befragten Kulturmanager arbeiten in Museen, Theatern oder für Orchester. Kooperationen innerhalb Europas sind in vielerlei Hinsicht einfacher zu organisieren. Für den gesamten Bereich des Sprechtheaters erscheinen Kooperationen mit fremdsprachigen Partnern eher schwierig.[39] Wolfram macht allerdings darauf aufmerksam, dass Theater und soziokulturelle Projekte diese Nachteile durch verstärkte Experimentierfreude durchaus ausgleichen könnten und nennt die Untertitelung von Theatertexten, das Einbeziehen von temporären eventarchitektonischen Interventionen, Soundinstallationen und multikulturelle Begegnungsräume.[40]

Neben der Logistik, die gerade in den letzte Jahren aufgrund gestiegener Sicherheitsbedingungen und entsprechenden -vorkehrungen an Komplexität zugenommen hat, sind juristische Themen, Steuern, Visa, Versicherungen im außereuropäischen Raum weniger vertraut und durchaus komplex. Es gibt also pragmatische Gründe, die für die stärkere Zusammenarbeit mit den europäischen Nachbarn sprechen. Die geringeren Kosten sind sicher ebenfalls ein Grund.[41] Viele Produktionen sind personalintensiv sowie in vielerlei Hinsicht aufwendig. Der Transport von Künstlern, Instrumenten und Kunstwerken ist bereits ein Arbeitsfeld für sich und darauf spezialisierte Unternehmen verdienen gut daran. Reisen innerhalb Europas sind günstiger und kürzer und somit weniger belastend für Künstler wie auch Kunstwerke. Darüber hinaus setzt man weder die Künstler noch die Werke innerhalb Europas großen Risiken aus, auch wenn die Gefahren durch terroristische Angriffe, wie es sie im Jahr 2015 in Frankreich und zuvor bereits in Spanien und Großbritannien gegeben hat, zunehmen. Gefahren durch Epidemien und Naturkatstrophen, wie sie Belisa Rodrigues vom Arts Institute Africa in Südafrika in den Fallstudien auf S. 181 f. schildert, sind in Europa jedoch eher gering.

---

39 Bis zum Jahr 2012 hat die Bundeskulturstiftung mit dem Programm »Wanderlust«, an dem sich zahlreiche, auch kleinere Bühnen in ganz Deutschland beteiligt haben, Vorhaben von Theatern mit Partnern im (auch außereuropäischen) Ausland über drei Jahre mit bis zu 150 000 € gefördert. Die Bundeskulturstiftung setzt sich mit mehreren Programmen wie beispielsweise dem World Cinema Fund oder dem Fellowship Internationales Museum intensiv für die Internationalisierung des Kultursektors ein.
40 G. Wolfram (2012), S. 22.
41 Wobei sich in der Filmwirtschaft ein aus anderen Wirtschaftszweigen hinlänglich bekannter Trend zur Suche nach günstigeren – und damit außerhalb Europas liegenden – (Dreh-)Orten bemerkbar macht. Mehrere Länder in Südamerika und hier insbesondere Uruguay können »sets« bieten, die ohne größere Schwierigkeit als Städte in Osteuropa oder aber auch in den USA durchgehen können. Die Produktionskosten sind hier entsprechend günstiger als an den Originalschauplätzen. Der vielfach ausgezeichnete Film »También la Iluvia« von Icíar Bollaín aus dem Jahr 2011 spielt unter anderem mit dieser Thematik.

Unterschiedliche Zeitzonen und damit erschwerte Kommunikation, starke Währungsschwankungen und (Bürger-)Kriegsgefahr sind andere »Störfaktoren«, die bei Kooperationen innerhalb Europas weitgehend wegfallen.

aa) Europa als kulturelles Zentrum

Europa bietet Vielfalt. Frankreich und Italien, die Länder der (Kooperations-) Wahl, sind Kulturnationen eigenen Ranges. Beide Länder, die als Kooperationspartner bei Kulturorganisationen überall auf der Welt beliebt sind, in unmittelbarer Nachbarschaft zu haben, ist für Kulturmanager im deutschsprachigen Raum vorteilhaft, da die geografische Nähe Kooperationen erleichtert.

Ein weiterer Faktor kann den starken Fokus auf Europa erklären: Noch sind hier Geld und Arbeit für Kulturschaffende vorhanden. Viele Länder insbesondere in Westeuropa unterstützen ihre Kulturinstitutionen direkt (finanziell) und indirekt (etwa durch Urheberrecht, Buchpreisbindung, Künstlersozialkasse, steuerliche Abzugsfähigkeit von Zuwendungen, Mehrwertsteuersatz von nur 7 %) und sind am Erhalt des nationalen wie auch des europäischen kulturellen Erbes interessiert. Für die stärkere Vernetzung der Kultur innerhalb Europas, die der EU zu mehr Strahlkraft aber durchaus auch Wohlstand verhelfen soll, setzt sich das Directorate General for Education and Culture (DG EAC) bei der EU mit dem EU-Kommissar Tibor Navracsiscs ein. Das derzeitige Rahmenprogramm »Creative Europe« will mit 1,46 Milliarden €[42] über sieben Jahre die Kultur wie auch die Kreativwirtschaft dabei fördern, die Chancen von Digitalisierung und Globalisierung wahrzunehmen und beide Sektoren dabei unterstützen, ihr wirtschaftliches Potential auszuschöpfen und zu nachhaltigem Wachstum und Arbeitsplatzschaffung sowie zum sozialen Zusammenhalt in Europa beizutragen. Neue, internationale Märkte sollen erschlossen und neue Abnehmer gefunden werden.[43]

Auch wenn »Creative Europe« im Kultursektor wegen der deutlich erwarteten wirtschaftlichen Verwertbarkeit der »Produkte« und der Einbeziehung der Krea-

---

42 Im Vergleich dazu allein der Bundeskulturhaushalt 2015 in Höhe von 1, 34 Milliarden € (http:// www.tagesspiegel.de/kultur/bundeskulturhaushalt-2015-118-millionen-euro-mehr-fuer-die-kultur/10981902.html). Die Hauptlast der Kulturausgaben liegt im föderalen Deutschland bei den Ländern.

43 http://ec.europa.eu/programmes/creative-europe/opportunities/index_en.htm (Stand 14.12. 2015)

tivwirtschaft[44] umstritten und der finanzielle Rahmen eng ist[45], scheint zumindest ein Ziel, die Zusammenarbeit innerhalb Europas zu fördern, erreicht zu werden. Im Hinblick auf die neuen Beitrittsländer besteht allerdings noch Bedarf für engere Vernetzung und Kooperation. Diese wird derzeit allerdings aufgrund von politischen Gegebenheiten und deutlich zu Tagetretenden Meinungsverschiedenheiten erschwert. Politik hat mithin immer auch Einfluss auf die Kultur.

bb) EU-Kontaktstelle für Kultur

Aufschlussreich ist in diesem Zusammenhang allerdings, dass nur 13,4 % der befragten Kulturmanager aus dem deutschsprachigen Raum bei der Befragung angaben, das Creative Europe Desk KULTUR (ehemals Cultural Contact Point) zu kennen.

Diese Creative Europe Desks gibt es in fast allen EU-Mitgliedsstaaten. Da die Schweiz nicht Mitglied der EU ist, was von einem Befragungsteilnehmer aus der Schweiz bemängelt und als nachteilig gerade im Hinblick auf Förderung empfunden wurde, steht zu vermuten, dass die Schweizer Befragungsteilnehmer mit der Institution Creative Europe Desk nicht zwingend vertraut sind. Das Creative Europe Desk, in Deutschland mit Sitz in Bonn, hat unter anderem die Aufgabe, An-

---

44 Ein erstes, interessantes Projekt der Annäherung von Hochkultur und Kreativwirtschaft ist das von einer working group von NEMO (Network of European Museum Organisations) herausgegebene »toolkit« Museums and Creative Industries: Mapping Cooperation. PDF zum download http://www.ne-mo.org/fileadmin/Dateien/public/Working_Group_1/Working_Group_MCI/Museums_and_Creative_Industries_MappingCooperation_NEMO_MCIWG.pdf (07.01.2016).

45 Viele Kulturprojekte werden aber über Programme anderer ›Directorate General‹ (DG) der Europäischen Kommission wie beispielsweise der DG Home Affairs, die wesentlich mehr Geld zur Verfügung stellen (können), verwirklicht. Innovative Kulturmanager, die es verstehen, diese sogenannten cross-sektoralen Bezüge entsprechend darzustellen, haben mithin Chancen so an finanzielle Förderung zu gelangen. Ein Beispiel ist das Projekt BROKERING MIGRANTS' CULTURAL PARTICIPATION (MCP BROKER) (http://www.interarts.net/en/encurso.php?p=419) (24.04.2016). Dieses Vorhaben wurde von Interarts (Spanien) in Zusammenarbeit mit Culture Action Europe (CAE) (Belgien), Intercult (Schweden), EDUCULT (Österreich) and ECCOM (Italien) durchgeführt. Programme werden im Amtsblatt der Europäischen Union als sogenannte ›calls‹ veröffentlicht. Auch der ›Cultural Contact Point‹ macht auf die Ausschreibungen, die detaillierte Beschreibungen zum inhaltlichen Schwerpunkt, zur finanziellen Ausstattung und zum Abgabetermin beinhalten, bekannt und unterstützt bei der Antragsstellung. Bei Projekten handelt es sich um sogenannte ›grant proposals‹, die bei der Europäischen Union einzureichen und zunehmend kompetitiv sind. Will man der Europäischen Union eine Dienstleistung oder einen Service wie beispielsweise Beratung anbieten, dann sind die sogenannten ›calls for tender‹ zu beachten.

Ergebnisse der Studie   67

tragssteller im Rahmen von »Creative Europe« zu beraten und durch das durchaus komplizierte Antragsverfahren zu begleiten.

Dass nur jeder Zehnte der Befragten von diesem erfolgreichem Serviceangebot[46] weiß, muss besonders vor dem Hintergrund des doch regen europäischen Austauschs verwundern.

Bei den Kulturmanagern aus dem nichtdeutschsprachigen Ausland antworten mit 64,3 % nur wenig mehr, dass sie institutionell mit einer Partnerorganisation im Ausland vernetzt sind.

Das Bild der Länder ist aber erwartungsgemäß vielfältiger. Es gibt keine klaren Favoriten bei den Ländern aus denen die Kooperationspartner stammen.

Abbildung II.5 Kooperationspartner der Kulturmanager aus dem nichtdeutschsprachigen Ausland (eigene Darstellung)

Einige Befragungsteilnehmer verfügen auch hier wieder über derart zahlreiche Kooperationen, dass sie es als Antwort bei Afrika, Europa oder Amerika beließen. Schaut man sich aber die Antworten derjenigen an, die die Partnerländer genauer benannten, stellt man fest, dass die USA mit 17 Nennungen, vorne liegen. Auch

---

46 Anträge aus Deutschland oder mit deutscher Beteiligung gehören europaweit zu den erfolgreichsten. www.ccp-deutschland.de

hier verfängt die Erklärung, das viele, der exzellent ausgebildeten Kulturmanager im Rahmen ihrer Ausbildung in den USA waren, beziehungsweise das viele derjenigen in Leitungsfunktionen im Kultursektor in den USA ausgebildet beziehungsweise weitergebildet wurden und diese Erfahrungen und ein entsprechendes Netzwerk in ihre Tätigkeit einbringen. Mithin ist die US-amerikanische Kultur in vielen Ländern der Welt, sei es durch eigenes Erleben vor Ort oder aber durch die erfolgreich exportierten Kulturprodukte, in hohem Maße vertraut.

Kanada erhält neun Nennungen und damit mehr als von den Kulturmanagern im deutschsprachigen Raum. Als Argument für die Attraktivität Kanadas kann angeführt werden, dass weite Teile des Landes zweisprachig sind und damit insbesondere auch für französischsprachige Länder Afrikas als Partner in Betracht kommen. Auch zu Großbritannien besteht historisch bedingt eine enge Verbundenheit. Die engste Verbundenheit besteht aber – auch hier ist räumliche Nähe einmal mehr ein wesentliches Kriterium – zwischen Kanada und den USA. Professor Wendy Reid von der Universität HEC Montreal in Kanada schreibt hinsichtlich des in der Befragung genutzten Terminus »abroad«: »for us in Canada, going to the US is not abroad, it is just going to the US«.

Auch bei dieser Frage zeigt sich, dass die Verbindung zu Südamerika weniger ausgeprägt ist als nach Nordamerika. Zwar werden hier nun neben Institutionen in Mexiko auch solche in Argentinien, Uruguay, Kolumbien, Chile und Peru sowie in Jamaica und Panama genannt, die bei den Kulturmanagern aus dem deutschsprachigen Raum nicht vorkamen, die Nennungen sind allerdings vereinzelt. Es hat sich leider nur ein Kulturmanager aus Argentinien und einer aus Brasilien an der Umfrage beteiligt. Es steht zu vermuten, dass sich, bei höherer Beteiligung südamerikanischer Kulturmanager, ein Bild ergeben hätte, das dem im deutschsprachigen Raum zumindest ähnelt und enge Kontakte zu den jeweiligen Nachbarländern offenbart, da Nähe auch hier einen Bezugsrahmen darstellen dürfte.

Der größte Austausch findet einmal mehr innerhalb West-Europas statt. Großbritannien und Frankreich sind mit dreizehn und zwölf Nennungen hier die Spitzenreiter, gefolgt von Deutschland mit zehn, Italien mit neun und Belgien mit acht Nennungen. Die Niederlande, die Schweiz und Luxemburg werden vereinzelt genannt. Österreich bekommt, trotz historisch bedingter engerer Verbindungen nach Ost-Europa, keine Nennung.

Interessant ist, dass Spanien nur zweimal und Portugal nur einmal als Kooperationspartner genannt werden. Es steht zu vermuten, dass dies wiederum auch mit der geringen Beteiligung von Kulturmanagern aus Südamerika an dieser Befragung zusammenhängt, da zwischen Spanien/Portugal und Lateinamerika ansonsten ein durchaus reger Austausch besteht.

Im Norden wird Schweden dreimal, Norwegen zweimal, Grönland und Island einmal genannt. Dänemark, das sich bei den deutschsprachigen Kulturmanagern großer Beliebtheit erfreut, bekommt ebenso wie Finnland, das in dieser Befragung mithin überhaupt nicht vorkommt, keine Nennung. Ein Kulturmanager schreibt allerdings, er arbeite mit »Nordic countries« zusammen. Auch scheint es, dass die deutschsprachigen Kulturmanager mehr Interesse an osteuropäischen Partnern haben als Kulturmanager aus anderen Teilen der Welt. Albanien, Ungarn, Polen, Russland, Rumänien, Tschechien, die Slowakei, Mazedonien und Tadschikistan werden nur ganz selten als Heimatort von Partnerorganisationen genannt.

Erwartungsgemäß wurden mehr Kooperationspartner in Afrika aufgeführt als bei der Befragung der deutschsprachigen Kulturmanager. Simbabwe, Ruanda, Burundi, Burkina Faso, Senegal, Kenia, Südafrika (drei Nennungen), Marokko, Senegal, Kamerun (zwei Nennungen) und Tunesien beheimaten Kulturorganisationen, die Partner außerhalb der Landesgrenzen haben. Die Partnerorganisationen finden sich überwiegend selbst in Afrika und sind über das Arterial Network, das Arts Institute Africa und die Association Racines verbunden.

Der asiatische Raum ist nur gering vertreten. Japan, das wohl »westlichste« und wohlhabendste der asiatischen Länder, wird zweimal, China, Thailand, Korea und Hong Kong werden nur jeweils einmal genannt.

Ähnlich sieht es im arabischen Raum aus. Hier schreibt ein Kulturmanager, er kooperiere mit Institutionen in »arabic countries«, einmal wird Jordanien genannt ebenso wie Ägypten, Palästina und Israel.

Indien erhält keine Nennung. Was wiederum vor dem Hintergrund des rasanten Aufschwungs des Landes in den vergangenen Jahren verwundern muss.

Mit australischen Kultureinrichtungen bestehen zwei Partnerschaften. Allein in Anbetracht der Größe des Landes, der englischen Sprache und der durchaus innovativen Kulturszene sowie den zahlreichen akademischen Programmen und Forschungsvorhaben zum arts management auf diesem Kontinent, ist dieses Ergebnis erstaunlich. Ein Erklärungsversuch kann einmal mehr die geografische Entfernung zu den anderen Ländern sein.

cc) **Finanzierung der Kooperationen**

Hinter dem großen Interesse an Europa steht aber auch eine entsprechende finanzielle Förderung der Beziehungen und diese Finanzierung bedarf einer kritischen Würdigung. Die Frage, ob sie Unterstützung für den internationalen Austausch bekommen hätten, bejahen 40,9 % der befragten Kulturmanager außerhalb des deutschsprachigen Raums. EU Funding, Creative Europe, Erasmus+ und European Commission sowie das europäische Programm für die Erwachsenenbildung GRUNDTVIG werden ganz überwiegend als Quellen der Förderung genannt. Bei der Förderung durch die Europäische Union, insbesondere aus den jeweiligen Generaldirektionen, muss erwähnt werden, dass das meiste Geld für innereuropäischen Austausch ausgegeben wird. Der Austausch mit Ländern in anderen Kontinenten, den zahlreiche Kulturmanager durchaus suchen, wird häufig durch die bürokratischen Verfahren und Vorgaben der Kommission erschwert, da diese einem europäischen Kulturverständnis verhaftet sind, das den Realitäten in anderen Kontinenten nicht gerecht wird. Die Strukturen von Kultureinrichtungen in Lateinamerika – das in dieser Befragung so selten genannt wurde – sind überwiegend privatwirtschaftlich. Allein dieser Umstand macht Partnerschaften, die auf EU-Förderung hoffen, schwierig, da für Förderung fast ausschließlich NPOs oder öffentliche Einrichtungen in Betracht kommen. Diese gibt es aber aufgrund der politischen Gegebenheiten in den besagten Ländern kaum.

Großbritannien erweist sich als ein großzügiger Förderer des kulturellen Austausches. Das British Council, Arts Council England, British Government, Scotish Government und Creative Scotland werden mehrfach genannt. Das Geld scheint, schaut man sich die obigen Ergebnisse bei den Kooperationen an, gut investiert.

Im Vergleich zum British Council schneidet das deutsche Goethe-Institut mit nur zwei Nennungen bescheiden ab. Zweimal werden aber noch die deutsche Regierung und einmal der DAAD (Deutsche Akademische Austauschdienst) erwähnt.

Wie im Kulturbereich wenig anders zu erwarten, handelte es sich bei den genannten Förderungen fast ausschließlich um staatliche Unterstützung durch die jeweiligen Länder. Genannt wurden: »Eastern Cape Province Department for Recreation, Department for Arts and Culture South Africa, Australian Embassy in Congo, Belgian Development Cooperation, City of Ghent, Nordic Council of Ministers, Quebec Government, Netherlands, Canadian Government, different Swedish governmental bodies, Ethekwini Municipality, China, USA, Government of Yukon Territory, Korea, Switzerland, USA«.

Zweimal wurde der in Bratislava ansässige Visegard Fund der Länder der sogenannten Visegard Gruppe Polen, Tschechien, Ungarn und der Slowakei erwähnt.

CARICOM (Caribbean Community and Common Market) mit Sitz in Georgetown, Guyana wurde einmal genannt ebenso wie Léargas aus Dublin, Irland. Bei Léargas handelt es sich um eine irische Nonprofit-Organisation, die sich dem internationalen Austausch im Bildungssektor widmet und auch das Erasmus+ Programm für Irland verwaltet.

Die in 26 Ländern Afrikas, Asiens und Lateinamerikas aktive NGO Hivos und die ebenfalls niederländische Doen Foundation[47], die ihren Tätigkeitsschwerpunkt in Afrika hat, sowie die Stiftung Mimeta aus Norwegen fanden Erwähnung.

---

47 Hivos und Doen Foundation haben gemeinsam das ›Arts Collaboratory‹ ins Leben gerufen. Das Arts Collaboratory ist eine Plattform für transnationalen Austausch und für Koopera-

Lediglich in zwei Fällen wurden private Mittel für den Austausch eingeworben. Ein Kulturmanager schreibt, er hätte über Corporate Social Responsibility Maßnahmen Förderung für den internationalen Austausch erhalten. Ein weiterer bekam Unterstützung von japanischen Unternehmen.

Dieses Ergebnis ist denkwürdig. Sollte die Wirtschaft, dort wo sie dazu in der Lage ist, nicht stärker in die Pflicht genommen werden? Zumal sie von den geschaffenen Kontakten und Beziehungen, wie noch zu zeigen sein wird, profitiert. Hampel fordert zu Recht, dass gerade im globalen Süden Kulturförderinstitutionen, Wirtschaftsunternehmen und Privatpersonen identifiziert und zu mehr Engagement bewogen werden müssen, um eine selbständige finanzielle Struktur aufzubauen. So ließe sich langfristig die europäische Dominanz, die auf dem finanziellen Ungleichgewicht basiert und das größte Hindernis für gleichberechtigte Kooperationen darstellt, verringern.[48]

Diese fast ausschließlich staatliche Finanzierung insbesondere aus Europa und hier wiederum besonders aus Großbritannien ist problematisch. Die starke europäische Wirtschaft, die die Förderung von kulturellem Austausch in einem weltweit fast einzigartigen Umfang erlaubt, die Offenheit und die politische Unterstützung des Kultursektors machen europäische Länder attraktiv für Kulturschaffende aus wirtschaftlich schwächeren Staaten.[49] Neben einem damit einhergehenden ›brain drain‹, der gerade die Länder des globalen Südens und weitere Transformationsländer, die ihre kreativsten Köpfe verlieren, besonders hart trifft, bedeutet diese Förderung aber unter anderem auch eine Machtdemonstration der fördernden Länder. Es geht um Image und Aufmerksamkeit.[50] Auch wer Geschäfte machen will, muss bekannt sein und zwar als großzügig und offen. Kultur wird mithin auch für die Wirtschaft wie aber auch die Sicherheitsinteressen der »Geberländer« dienstbar gemacht, obwohl gerade von staatlicher Seite immer wieder die Freiheit der Kunst propagiert wird. Es wäre naiv zu glauben, dass die stattlichen Summen staatlicher Kulturfinanzierung aus reinem Altruismus und ausschließlich zum Wohle der Kunst und der sie Schaffenden flößen. Staatlich geförderter Kulturaustausch ist politisch gefärbt[51] und die Gelder dienen der

---

tion von über 20 Kunst- und Kultureinrichtungen in Afrika, Asien, Lateinamerika und dem arabischen Raum. Die Mission des Arts Collaboratory ist: »to promote collaborative, inventive, and open visual arts practices that are socially engaging and transformative«. http://www.artscollaboratory.org/about.html (12.04.2016).
48 A. Hampel (2014); (2016), S. 159.
49 P. Knüsel (2014), S. 99.
50 Dies ist unter anderem auch vor dem Hintergrund problematisch, dass Länder, die insbesondere wirtschaftlich oder aus sicherheitspolitischen Erwägungen weniger relevant erscheinen, von vornherein ausscheiden.
51 P. Knüsel (2014), S. 99.

Förderlogik nach der Umsetzung einer bestimmten Kultur-, Außen- oder Entwicklungspolitik.[52] Auch wenn die Methoden des Kulturaustausches und der Förderung elaborierter geworden sind, kann – anders als von Mandel[53] vermutet – nicht davon ausgegangen werden, dass die Zeiten von Nation Branding[54] vorbei sind.[55] Wären sie es, würde vielleicht erstmals eine ernsthafte Diskussion darüber in Gang kommen, die Aktivitäten der zahlreichen europäischen Mittlerorganisationen (zum Beispiel Goethe-Institut, British Council, Alliance Française, Instituto Cervantes, Instituto Camões, Culture Ireland)[56] zu bündeln, anstatt weiter den jeweils bilateralen Austausch zu fördern.[57] Dringend auf den Prüfstand gehört das »nationale Interesse«, das mehr oder weniger offensichtlich der auswärtigen Kulturpolitik in weiten Teilen nach wie vor zugrunde liegt.[58]

Illustriert wird dieses nationale Interesse der Politik durch Äußerungen der ehemaligen britischen Kulturministerin Maria Miller. Auf die Frage, ob das Image Großbritanniens durch eine stärke Einbindung in die internationale Arbeit der UNESCO gestärkt werden könnte und ob dies nicht im britischen Interesse sei, antwortete sie:

---

52 A. Thews (2016), S. 18.
53 B. Mandel (2016), S. 92.
54 Es gibt zahlreiche und immer mehr werdende Indices, wie etwa den Anholt-GfK Roper Nation Brand Index, den Country Ratings Poll von BBC World Services, den Country Brand Index von FutureBrand, das Nation Brands Ranking von Brand Finance und den noch neuen Best Countries von U. S. News & World Report (Deutschland schnitt 2016 als »das beste Land der Welt« ab), die versuchen, zu ermitteln, wie gut den jeweiligen Nationen das Nation Branding gelingt.
55 So etwa ein ehemaliger Mitarbeiter des Goethe-Instituts U. Sacker (2014), S. 87 f., der die Bedeutung des ›Nation Branding‹ für Transformationsländer hervorhebt.
56 Die USA haben keine vergleichbare Mittlerorganisation wie etwa Frankreich, Großbritannien, Spanien und Deutschland. Sie unterhielten aber von 1953 bis 1999 die von D. Eisenhower gegründete USIA (United States Information Agency), deren Ziel in erster Linie mit (antikommunistischer) Propaganda umschrieben werden kann. Radioprogramme ähnlich wie »Deutsche Welle« werden aber nach wie vor auch von den USA gesendet – zuständig dafür ist das Broadcasting Board of Governors.
57 Das British Council hat beispielsweise bereits seit 1999 eine Einheit für »Creative Industries« an die Kulturabteilung angegliedert. Das in dieser Einheit angesiedelte »Creative and Cultural Economy Programme« entwickelt Projekte wie Trainingsprogramme für Business Skills, Gründernetzwerke, Programme zur Entwicklung von Leadership im internationalen Kulturmanagement, um die zunehmend starke Kreativwirtschaft Großbritanniens mit der anderer Länder enger zu vernetzen. Das Programm wurde finanziell gut ausgestattet und verfügte im Jahr 2015 über 35,5 Millionen GBP. Den Fund for Cultural Diversity (IFCD), durch die 2005 UNESCO Konvention gegründet, unterstützt Großbritannien nicht. Erwähnung der UNESCO Konvention findet sich sowohl beim British Council als auch auf ministeriellen Webseiten kaum. Offensichtlich zieht Großbritannien ein bilaterales dem multilateralen Engagement vor. C. Figueira (2015), S. 176.
58 B. Rösler (2015).

»I think it is in our interests to make sure that, when we are projecting a reputation or our brand internationally, we are clear that it is Britain that we are selling. That is important. If we are members of other organisations, whether it is the EU or the UNESCO, that can always be of profit, but ultimately the campaign that we are projecting is in support of our individual country's trade.«[59]

Das nationale Interesse ist in den Augen von Maria Miller mithin in erster Linie ein wirtschaftliches.

Eine konstruktiv kritische Auseinandersetzung mit der Arbeit der europäischen Mittlerorganisationen findet bis dato noch eher vereinzelt statt. Möglicherweise sind die (finanziellen) Abhängigkeiten zu groß und die Angebote für beispielsweise Projektarbeiten auch für Wissenschaftler zu spannend und lukrativ. Die chinesischen Konfuzius Institute, die Anfang des 21. Jahrhunderts als Mittlerorganisation für China insbesondere in Deutschland aufs herzlichste willkommen geheißen wurden und mittlerweile in 120 Ländern vertreten sind, werden hingegen häufiger Gegenstand von kritischen Reflexionen.[60]

Kunst und Kultur haben seit vielen Jahrzehnten somit ihren Platz im »Handwerkskasten« von Diplomaten. Besonders anschaulich wurde dies während des sogenannten »kalten Krieges« als die USA Künstler (etwa Jazz-Pianist Dave Brubeck oder Maler Marc Rothko) zu Auftritten und Ausstellungen in die Länder hinter dem Eisernen Vorhang schickten. Russland revanchierte sich mit Auftritten des Bolshoi Balletts und versuchte sicherzustellen, dass möglichst wenige Tänzer die Flucht in den Westen antraten. Der kalte Krieg ist beendet, die Vereinnahmung der Kunst und Kultur zu politischen Zwecken bleibt bestehen, wobei nicht gesagt sein soll, dass dies zwingend negativ ist oder von den beteiligten Personen zwingend immer kritisch gesehen wird.[61]

e) Anziehungspunkt Europa

Es bleibt also auch nach der Auswertung der Fragebögen der Teilnehmer aus den nichtdeutschsprachigen Ländern zu konstatieren, dass Europa ein wesentliches

---

59 House of Lords (2014), S. 567.
60 R.S. Zaharna/J. Hubbert/F. Hartig (2014).
61 M. Nisbett (2013), S. 559, erläutert, wie sich Kulturschaffende instrumentalisieren lassen, wenn es ihren eigenen Interessen wie beispielsweise Einkommen, Ausbau der Sammlung oder Wissenszuwachs und Netzwerkbildung dient, beziehungsweise wie sie eine Instrumentalisierung durch die Politik sogar im eigenen Interesse geschickt forcieren und der politischen die eigene Agenda hinzufügen oder entgegensetzen.

Zentrum des kulturellen Austausches ist und somit großen Einfluss auf andere Teile der Welt ausüben kann. Dies ist sowohl Chance als auch Verpflichtung. Es ist davon auszugehen, dass die Attraktivität des »Kulturzentrums« Europa durch die Vielzahl an zur Verfügung stehenden Fördermöglichkeiten gesteigert wird. Es wäre allerdings nicht korrekt zu schlussfolgern, dass die Bedeutung Europas mit eben dieser finanziellen Unterstützung steht und fällt. Das Geld ist jedoch in vielen Fällen gut investiert. Großbritannien scheint die Lektion der Bedeutung von Kreativität[62], wie kein zweites Land verstanden zu haben.

Neben den wirtschaftlichen Implikationen, die Kreativität mit sich bringt, hat aber die internationale Strahlkraft der europäischen Kultur auch politische Dimensionen. Unbestritten besitzt Kultur »soft power«. Auch wenn die Politik in Teilen zu »hard power« greift, um den drohenden Gefahren aus den Krisenherden der Welt und dem Terrorismus Herr zu werden, so darf nicht vergessen werden, dass militärische Einsätze nie langfristig Frieden, Stabilität und Sicherheit bringen können.

Entwicklungsarbeit mit Kultur[63] und die Arbeit der europäischen Mittlerorganisationen sind mithin langfristig von Bedeutung. Im Zusammenhang von Kultur und Entwicklung muss aber auch darauf hingewiesen werden, dass der Begriff »Entwicklung« nicht unproblematisch ist. Sloterdijk formuliert: »Entwicklung ist evidentermaßen nicht ohne Kränkung des zu Entwickelnden zu haben, denn wer entwickeln will, lässt sich zum Nicht-Entwickelten herab.«[64] In der Entwicklungsgeographie spricht man daher mittlerweile schon von sogenannten »Post-Development-Ansätzen«, denn »Entwicklung« und besonders der Begriff »Entwicklungsland« sind keine unschuldigen Termini, sondern besitzen eine problematische politische Geschichte und sind Teil eines mittlerweile kritisch hinterfragten Denkmusters geworden.[65] Das kritische Hinterfragen bezieht sich unter anderem auf die lange Jahre verbreitete Vorstellung, dass es nur einen Weg der Entwicklung geben könne und manche Länder auf diesem Weg eben weiter voran-

---

62 Hierzu R. Florida (2002; 2004), dessen Ansatz von Wissenschaftlern häufig als neo-liberal kritisiert wird, den zahlreiche Praktiker in der Stadtentwicklung diverser Städte in aller Welt aber ernst nehmen. Großbritannien hat sich noch unter dem Premierminister Tony Blair gar als »Creative Britain« vermarktet und Dänemark scheint derzeit ebenfalls ein Nation Branding als »Creative Denmark« vorantreiben zu wollen. A. Reckwitz spricht in »Die Erfindung der Kreativität« gar vom Kreativitätsimperativ, dem unsere Gesellschaften ausgesetzt sind.
63 Zu dem Themengebiet »Culture and Development«, das sich auch als eigenes Forschungsfeld etabliert hat, gibt es zahlreiche Publikationen. Über ihre Arbeit für die GIZ in Jordanien berichten G. Kramer/U. Jarchow (2014), S. 36 ff. Einen ersten Überblick über die Entwicklung von ›Culture and Development‹ gibt das UNESCO Etxea Working paper No 1 von M. Marana (2010).
64 P. Sloterdijk (2000), S. 30.
65 B. Korf/E. Rothfuß (2015), S. 165.

geschritten sein als andere. Bekanntermaßen können aber mehrere Wege zum Ziel führen und welcher Weg eingeschlagen werden kann und sollte, ist von zahlreichen internen wie externen Faktoren abhängig. Eng damit verknüpft ist eine Diskussion, die die Vorbildfunktion der »entwickelten Welt« vor dem Hintergrund der Ökologie-Debatte hinterfragt und argumentiert, dass im Sinne eines nachhaltigen Wirtschaftssystems auch Länder wie die Bundesrepublik Deutschland »Entwicklungsländer« seien.

Kultur und Entwicklung sowie auswärtige Kulturpolitik, die die Vielfalt der möglichen Entwicklungen in sehr heterogenen Ländern abzubilden in der Lage ist, sollten mithin zum Wissenskanon von Kulturmanagern gehören und nicht nur ein Nischendasein fristen.

Interesse an europäischer Kultur scheint weltweit durchaus vorhanden zu sein. Dieses Interesse nutzbringend umzusetzen, muss Aufgabe aller im Kulturmanagement Tätigen werden.

f) Eurozentrismus

Eine Gefahr besteht allerdings darin, dass Europa sich selbst genug ist. Im Rahmen der Tagung »Cultural Management without Borders«, wurde von den Anwesenden mehrfach gefordert, dass Kulturmanager aus der Komfortzone raus müssen. Eine neue Form des Eurozentrismus, der zwar nicht die »westliche« Geschichte glorifiziert und die »nicht-westliche« marginalisiert,[66] der aber nur wenig bis kein Interesse an außereuropäischen Themen, Herausforderungen, spezifischen Wissensbeständen, Kulturen und Identitäten zeigt, ist riskant. Die Gefahr besteht unter anderem darin, dass globale Unterschiede und Diskriminierungen weiter verstärkt werden.

Dass Indien bei den deutschsprachigen Kulturmanagern nicht vorkommt und auch Asien, Afrika und Südamerika wenig Beachtung finden, ist zwar vor dem Hintergrund, dass die Mehrzahl der Befragten nicht freischaffend und beratend oder in Mittlerorganisationen, Stiftungen und NPOS oder NGOs tätig ist, wenig erstaunlich, aber dennoch schwierig. Gerade im Hinblick auf die aktuelle politische Situation und auf die Umwälzungen, die in diesen Teilen der Welt vor sich gehen und den steigenden Wohlstand in vielen dieser Regionen, sollte Europa nicht den Anschluss verlieren und sich nicht der Chance begeben, zu lernen. Der Herausforderung, die etwa die weltweite Migration auch für Kulturmanager in deutschen Kultureinrichtungen mit sich bringt, wird man nur mit internationalen

---

66 Siehe zur Definition von Eurozentrismus: E. Shohat/R. Stam (2014), S. 2 ff.

und daraus resultierenden interkulturellen Kenntnissen begegnen können. Diese Kenntnisse lassen sich allerdings mit Lehrbüchern kaum vermitteln.

Auch die von Schindhelm mehrfach formulierte Warnung, dass gerade deutsche Kulturkonzepte als Referenzmodelle oder Benchmarks in der Welt nicht (mehr) taugen[67], muss ernst genommen werden.

g) Referenzmodelle/Best Practice

Die Kulturmanager aus dem nichtdeutschsprachigen Raum wurden gefragt, wo sie Fallstudien oder Best Practice Beispiele für ihre Arbeit finden.

Deutsche Fallstudien wurden nur in den seltensten Fällen herangezogen. Von einem Kulturmanager aus Russland wurden der Hamburger Bahnhof und das KW Institute for Contemporary Art in Berlin genannt. Die Berliner Theaterwissenschaftlerin Erika Fischer-Lichte wird als Inspiration gemeinsam mit dem US-Amerikaner Peter Brook, dem Briten Richard Schechner und dem Mexikaner Guillermo Gomes-Pena aufgeführt. Das Goethe-Institut wird als Quelle einmal genannt.

Die relative Bedeutungslosigkeit von deutschen Inhalten lässt sich zum Teil mit Schindhelm damit erklären, dass zu wenige deutsche Kultureinrichtungen und Wissenschaftler der Kulturmanagementforschung auf Englisch publizieren.[68] Es verwundert vor diesem Hintergrund auch nicht, dass das British Council, Arts Council of England, Arts Council of Northern Ireland, das Australia Council for the Arts und die UNESCO weit häufiger als Referenzen genannt werden. Auch britische Kulturorganisationen dienen häufiger als Best Practice Beispiele so etwa das Institute for Contemporary ART (ICA), die Tate Modern und das Barbican Centre in London. Aber auch das Garage Museum in Moskau (mit professioneller englischer Internetpräsenz) und das Centre Pompidou in Metz und Paris erhalten Nennungen.

Häufig nennen die Kulturmanager eigene oder fremde Evaluationsberichte als Referenzmodelle. Es scheint, dass viele der Befragten in ihren Organisationen die eigenen Projekte und Prozesse aber auch Wirkungen evaluieren und über fundiertes Management Knowhow sowie klar definierte Prozesse hinsichtlich der Evaluation verfügen.

Wichtig ist auch hier, dass die aus der Managementlehre entnommen »Werkzeuge« an die Gegebenheiten vor Ort angepasst werden. Eine Methode, die in einem bestimmten Kontext funktioniert hat, muss in einem anderen Land und Zusammenhang nicht zwingend zum Erfolg führen.

---

67 M. Schindhelm (2014), S. 81.
68 M. Schindhelm (2014), S. 81.

Eine Teilnehmerin führte aus:

»*We generally try to develop strategies unique to the diversity of African conditions and the challenges and possibilities that these present. We subsequently create our own toolkits e. g. on advocacy, marketing, project management, ICT etc. ...*«

Insgesamt fällt auf, dass die überwiegende Mehrzahl der Praktiker sich mit wissenschaftlichen Texten auseinandersetzt und viele sogar Kooperationen zu Universitäten unterhalten. Vor dem Hintergrund der hohen Formalqualifikation der Kulturmanager kann diese Verbundenheit zu Wissenschaft und Forschung nicht verwunden.

Die akademisch Lehrenden und Forschenden – insbesondere im deutschsprachigen Raum – sind im Gegenzug nicht so offen, was die Einbeziehung von Praktikern anbelangt. Der Fachverband Kulturmanagement für Deutschland, Österreich und die Schweiz lehnt die Aufnahme von Praktikern (sogar auch von solchen mit Lehraufträgen an Universitäten und Hochschulen) immer wieder ab. In vielen anderen Ländern, beispielsweise in Großbritannien, ist diese artifizielle Trennung zwischen Wissenschaft und Praxis im Kulturmanagement kaum vermittelbar.

h) Netzwerke

Sehr viele Kulturmanager betonen die Wichtigkeit von Netzwerken für ihre Arbeit. 70 % der Kulturmanager aus dem nichtdeutschsprachigen Ausland geben an, Mitglied in einem professionellen, internationalen Netzwerk zu sein.

Neben sehr spezifischen Netzwerken wie RIPAO – ›The International Network for the Promotion of the Arts of Speech in Africa‹, das ›HipHop festival producers network‹ oder der ›International Federation for Choral Music‹ und der ›International Federation of Film Critics‹ wird von den Kulturmanagern aus dem Museumsbereich häufig ICOM (International Committe of Museums) oder AEOM (Association of European Open Air Museums) genannt.

Afrikanische Kulturmanager sind fast alle über das ›Arterial Network‹ verbunden. Die häufige Nennung dieses Netzwerks hängt bei dieser Befragung damit zusammen, dass der Fragebogen über das Arterial Netzwerk in mehreren Ländern gestreut wurde.

ASSITEJ (Association Internationale du Théâtre de l'Enfance et la Jeunesse), die internationale Vereinigung des Theaters für Kinder und Jugendliche erhielt drei Nennungen von Kulturmanagern aus dem Bereich des Kinder- und Jugendtheaters.

Dem ›U 40 Network Cultural Diversity 2030‹, das jungen Experten unter 40 Jahren eine Stimme bei der Implementierung und Durchsetzung der ›2005

UNESCO Konvention über den Schutz und die Förderung der Vielfalt kultureller Ausdrucksformen‹[69] geben will, gehören zwei Befragungsteilnehmer aus Spanien und Südafrika an.

Die Lobbyorganisation ›Culture Action Europe‹ wird zweimal aufgeführt. IFACCA (International Federation of Arts Councils and Cultural Agencies), der Zusammenschluss von Ministerien und Kulturbehörden, wird ebenfalls zweimal genannt.

Die befragten Kulturmanager sind insgesamt weniger in politischen Netzwerken organisiert als vielmehr in solchen, die einen direkten Bezug zu ihrer jeweiligen Tätigkeit aufweisen und ähnlich einem Berufsverband agieren.

Obwohl die Zielgruppe der Befragung in erster Linie Praktiker sind, fällt auf, dass viele der befragten Kulturmanager in Netzwerken sind, die sich an Lehrende richten wie etwa die AAAE (Association of Arts Administration Educators), die von amerikanischen und kanadischen Befragungsteilnehmer genannt wurde und das europäische Pendant ENCATC (European Network on Cultural Administration Training Centers). Tatsächlich engagieren sich viele Kulturmanager auch in der Lehre oder haben zumindest enge Verbindungen zu Hochschulen und Universitäten über Projekte, Praktikanten oder die Betreuung von Abschlussarbeiten. Befragungsteilnehmer, die diese Netzwerke kannten, kamen überwiegend aus dem Bereich »Arts Administration« und waren mithin tatsächlich Praktiker und nicht Wissenschaftler, die bei dieser Studie auch keine Zielgruppe waren.

Einige Kulturmanager halten auch über die Alumni-Netzwerke ihrer Universitäten Kontakt zur Wissenschaft wie auch zu den Absolventen der entsprechenden Kulturmanagementstudiengänge.

Die deutschsprachigen Kulturmanager wurden danach gefragt, welche Organisationen und Netzwerke ihnen bekannt sind.

Auf die geringe Bekanntheit des Creative Europe Desk KULTUR, das nur knapp jedem sechsten Befragungsteilnehmer ein Begriff war, wurde bereits hingewiesen.

ENCATC, von den Kulturmanagern aus dem nichtdeutschsprachigen Ausland häufig genannt, war 5 % der deutschsprachigen Kulturmanager geläufig. 7,7 % kannten EUNIC (European Union National Institutes for Culture), das für Praktiker relevanter sein sollte als der Zusammenschluss der Lehrenden ENCATC.

---

69 Gegenstand dieser Konvention ist der Schutz diverser künstlerischer Ausdrucksformen, Aktivitäten, Güter und Dienstleistungen nicht der Schutz von Diversität als solcher C. Figueira (2015), S. 169. Die USA und Israel haben gegen die Konvention gestimmt. Japan hat sie bis heute nicht ratifiziert. Die Bundesrepublik Deutschland ratifizierte sie bereits am 12. März 2007.

Die Association Marcel Hicter aus Belgien, die interessante Weiterbildungsangebote für europäische Kulturmanager anbietet, kennen nur verschwindend geringe 0,6 % der Befragten. Die deutsche Bosch Stiftung, die unter anderem lange Jahre Kulturmanager in den osteuropäischen Raum entsendet hat, ist dagegen fast 30 % der Befragten ein Begriff. Auch das in Stuttgart und Berlin ansässige Institut für Auslandsbeziehungen e. V. (ifa) ist immerhin noch jedem Fünften geläufig.

World Cultures Connect (WWC), eine britische Webseite, auf der sich Kulturmanager aus aller Welt samt ihren Institutionen präsentieren, kennen nur 2,8 % der Kulturmanager aus dem deutschen Sprachraum. Entsprechend wenige Profile aus Deutschland, Österreich und der Schweiz sind auf dieser Seite hinterlegt. Artsmanagement.net, der englischsprachige Ableger von kulturmanagement.net und dem dazugehörigen Magazin ist nur 12,1 % der Befragten bekannt. Das mag damit zusammenhängen, dass die deutschsprachige Ausgabe für ausreichend als Lektüre und Information über aktuelle Trends und Entwicklungen im Kulturmanagement gehalten wird. Dies ist vor dem Hintergrund bedauerlich, dass die Texte von Kollegen aus dem Ausland und internationale Themen, die in englischer Sprache präsentiert werden, weniger Beachtung finden.

Nach weiteren Organisationen und Netzwerken befragt, geben die Kulturmanager häufig das Goethe-Institut oder Mittlerorganisationen anderer Länder an. Die Mercator Stiftung sowie die Allianz Kulturstiftung erhalten vereinzelte Nennungen.

Bei den Befragten aus dem Museumsbereich dominieren wiederrum das ICOM und der europäische Zusammenschluss NEMO (Network of European Museum Organisations). Auch Europa Nostra, eine Organisation, die sich dem Erhalt des europäischen kulturellen Erbes verschrieben hat, wird von in Museen tätigen Kulturmanagern aufgeführt. Bei den Befragten aus dem Bereich Theater ist IETM (international network for performing arts), das internationale Netzwerk von Kulturschaffenden aus dem Bereich der darstellenden Kunst, die am häufigsten genannte Organisation.

Weitere Nennungen erhalten beispielsweise das deutsch-französische Jugendwerk, die deutsche und europäische Opernkonferenz, ENCC (European Network for Cultural Centers), Eurocities, ASSITEJ und UNIMA (Union International de la Marionette), die internationale Organisation der Puppenspieler mit Sitz in Paris.

Die eher kulturpolitisch aktiven Organisationen wie beispielsweise ›Culture Action Europe‹ werden, wie schon bei der Gruppe der Befragten aus dem nichtdeutschsprachigen Ausland, nur vereinzelt aufgelistet. Die Kulturpolitische Gesellschaft erhält keine einzige Nennung. Auch bei dieser Befragtengruppe dominieren deutlich die Verbände, die in unmittelbaren Zusammenhang mit der eigenen Tätigkeit stehen und ein Netzwerk offerieren, das von beruflicher Relevanz sein kann.

i) Zusammenfassung

Europa ist ein kulturelles Zentrum mit Strahlkraft in die Welt (auch dank entsprechender finanzieller Anreize der EU und der jeweiligen Länder sowie der Stärke seiner Wirtschaft), das es in der Gunst internationaler Kulturmanager durchaus mit den USA aufnehmen kann.

Innerhalb Europas gelingt es insbesondere Großbritannien aufgrund zahlreicher Programme zur Förderung des kulturellen Austausches für Kulturmanager und Kulturorganisationen aus dem Ausland attraktiv zu sein. Die Auswirkungen des im Juni 2016 beschlossenen Austritts Großbritanniens aus der EU auf den britischen Kultursektor (u. a. Förderung durch ›Creative Europe‹, Import und Export von kulturellen Gütern und Dienstleistungen, künstlerischer Austausch, Visa, Arbeitserlaubnisse) sind derzeit noch nicht abzusehen. Künstler und Kulturmanager in Großbritannien waren mehrheitlich für den Verbleib in der EU und reagierten auf das Abstimmungsergebnis mit Bestürzung und Sorge.[70]

Europa bleibt gerne unter sich. Eurozentrismus ist daher eine ernstzunehmende Gefahr. Die meisten grenzüberschreitenden Vorhaben finden in der unmittelbaren geografischen Nachbarschaft statt. Anders als Kulturmanager aus dem Ausland sind die deutschsprachigen Kulturmanager seltener bereit, sich anderen Kulturbegriffen auszusetzen und haben daher weniger Chancen aus eben diesen Erfahrungen zu lernen. Die geringe Beachtung, die insbesondere asiatische Länder oder solche Lateinamerika erfahren, ist unter anderem vor dem Hintergrund des kulturellen Erbes dieser Regionen kaum verständlich.

Mit Ausnahme von Polen erstreckt sich das westeuropäische Interesse auch noch kaum auf Osteuropa, was vor dem Hintergrund der Zuwanderung aus diesen Ländern ein Versäumnis darstellen dürfte und transkulturelle Arbeit erschweren könnte.

Die Digitalisierung erleichtert die Arbeit in Netzwerken und viele Kulturmanager kennen solche Netzwerke und engagieren sich. Bei den Netzwerken, denen sich die Kulturmanager verbunden fühlen, handelt es sich in erster Linie um Berufs- und Interessenverbände. Netzwerke mit eher kulturpolitischen Inhalten finden weniger Beachtung.

Kulturmanager sind hochqualifiziert und verlieren im Laufe ihrer Berufstätigkeit nicht den Bezug zur Wissenschaft, sondern bringen die wichtige Bereitschaft mit, mit Hilfe von wissenschaftlichen Texten oder durch die Teilnahme an wissenschaftlichen Konferenzen »lebenslang« zu lernen und suchen im Austausch mit Wissenschaftlern Antworten auf Fragen, die die Praxis des Kulturmanage-

---

70 Reaktionen finden sich hier http://www.internationalartsmanager.com/news/arts/arts-sector-reacts-to-brexit.html (01. 07. 2016).

ments aufwirft. Diese Aufgeschlossenheit sollte von der Wissenschaft nicht enttäuscht werden.

Deutsche Institutionen werden von Kulturmanagern aus dem Ausland nur selten als Best-Practice Beispiele oder Referenzmodelle zurate gezogen. Dem Arts Council England scheint es besser als dem deutschen Goethe-Institut zu gelingen, für Praktiker relevante Themen aufzubereiten und den Austausch zu pflegen. Die große Beachtung britischer Inhalte lässt sich nur in Teilen mit der weiteren Verbreitung der englischen Sprache erklären.

j) Selbsteinschätzung der Praxis

Von den Kulturmanagern aus dem deutschsprachigen Raum würden knapp 42 % ihre Tätigkeit als international bezeichnen. Vor dem Hintergrund, dass es sich bei den Befragungsteilnehmern überwiegend um Personen handelt, die nicht in internationalen Organisationen arbeiten und deren Mobilität nicht besonders ausgeprägt ist, ist diese Zahl erstaunlich hoch. Bemühungen zukünftige Kulturmanager auf diese internationalen Aspekte ihrer Tätigkeit vorzubereiten, sind mithin nicht nur berechtigt, sondern zwingend. Offensichtlich sind es nicht nur diejenigen, die sich möglicherweise schon zu Beginn ihrer beruflichen Laufbahn bewusst für eine Tätigkeit in internationalen Kontexten entschieden haben, die sich mit Internationalisierung und Globalisierung auseinandersetzen, sondern fast jeder zweite Kulturmanager wird in einem Arbeitsumfeld agieren, dass er als »international« definiert.

Von den Kulturmanagern aus dem nichtdeutschsprachigen Ausland sind es sogar 60 %, die ihre Tätigkeit als international bezeichnen. Diese deutlich höhere Zahl kann zu Teilen damit erklärt werden, dass die Teilnehmer, die sich an dieser Umfrage beteiligten, bereits in irgendeiner Form international so in Erscheinung getreten sein mussten, dass sie angesprochen werden konnten – sei es, weil sie in einer Institution arbeiten, die internationale Bezüge hat oder weil sie selbst international vernetzt sind. Ein weiterer Erklärungsversuch wäre, dass viele Kulturschaffende insbesondere außerhalb Europas auf Kooperationen mit anderen Ländern und auch entsprechende Finanzierung von Vorhaben angewiesen sind, da sich die künstlerische Arbeit mit eigenen Ressourcen nur schwer realisieren ließe.[71]

---

71 Das Projekte entsprechend den Wünschen der Fördergeber angepasst werden und damit an lokalen und spezifischen Eigenheiten verlieren, ist ein ernstzunehmendes Problem, das A. Hampel (2014; 2016) deutlich adressiert.

aa) Bedeutung von Globalisierung und Internationalisierung

Mit knapp 45 % der Befragten aus Deutschland, Österreich und der Schweiz diskutiert fast die Hälfte aller Kulturmanager Internationalisierung und Globalisierung innerhalb der jeweiligen Organisation häufig (28,4 %) bis sehr häufig (15,8 %). 40 % gaben allerdings an, dass diese Themen eher selten Gesprächsstoff bieten und 9 % sagen, es sei in ihrer Institution überhaupt kein Thema.

Auch bei dieser Frage zeichnet sich bei den Kulturmanagern aus dem nichtdeutschsprachigen Ausland ein anderes Bild. Für fast 70 % der Befragungsteilnehmer sind Globalisierung und Internationalisierung brennende Themen, die entsprechenden Widerhall in der täglichen Arbeit finden. Weit über ein Drittel diskutiert tagtäglich über die sich ändernden Rahmenbedingungen. Nur knapp jeder Vierte gibt an, dass Globalisierung und Internationalisierung eher selten Thema seien und lediglich 1,7 % sagen, es tangiere ihre Arbeit überhaupt nicht. Auch hier vermag die Erklärung, dass diese Kulturmanager allein aufgrund des Befragungssamples schon in ihrer Tätigkeit internationaler aufgestellt sind, nur bedingt zu verfangen. Dass Globalisierung und Internationalisierung in anderen Ländern eine größere Relevanz besitzen, kann damit zusammenhängen, dass in einigen Ländern die Auswirkungen der Globalisierung deutlicher sei es positiv, sei es negativ zu spüren sind und die Kulturmanager schon aufgrund der teilweise schwierigen politischen Bedingungen in ihren jeweiligen Heimatländern (kultur-)politisch anders sensibilisiert sind.

Aufschlussreich ist darüber hinaus, dass zwar »nur« 42 % der Kulturmanager aus Deutschland, Österreich und der Schweiz angeben, ihre Tätigkeit sei international, über 60 % aber beschreiben, wie sehr sie sich um die Einbindung neuer Publikumsgruppen und hierbei insbesondere solcher mit Migrationsgeschichte bemühen. Gerade diese Bemühungen sind Ausdruck einer veränderten Wahrnehmung der Aufgaben des Kulturmanagements und dem Wandel der Gesellschaft in den vergangenen Jahren geschuldet.

Das Kulturmanagement außerhalb des deutschen Sprachraums ist unzweifelhaft bereits ein internationales. Das Kulturmanagement in Deutschland, Österreich und der Schweiz ist mit einiger zeitlicher Verzögerung aber auf dem Weg dahin.

bb) Bemühungen um neue Publikumsgruppen

aaa) Kulturmanager aus Deutschland, Österreich und der Schweiz

Obwohl das Thema Audience Development auch in der deutschen Kulturmanagementlehre und -forschung seit Jahren verankert ist, kann bei den Bemühungen der Kulturmanager ein gewisser Mangel an innovativen Konzepten konstatiert werden. Vom von Mandel gezeichneten Idealbild des Kulturmanagers in der Schlüsselposition desjenigen, der die Ideen und die Kreativität verschiedener sozialer und kultureller Gruppen und neuer kultureller Akteure sichtbar macht, Interessen verbindet und daraus neue Projekte macht, die dann zur Lebensqualität in der Gesellschaft beitragen[72], scheinen wir derzeit noch relativ weit entfernt. Dies kann man den Kulturmanagern allerdings nur eingeschränkt zum Vorwurf machen. Auch der Wissenschaft fällt in diesem Zusammenhang meist wenig anderes ein als immer wieder auf den von Daniel Barenboim initiierten West-Eastern Diwan, ein Orchester das zur Hälfte aus israelischen und zur anderen Hälfte aus palästinensischen Musikern besteht, als Vorzeigeprojekt zu verweisen.

Fast alle Kulturmanager, die sich um ein neues Publikum bemühen, machten auf die Bedeutung von Sprache aufmerksam. Mithin werden Simultanübersetzungen oder Über- und Untertitel im Theater angeboten. Führungen in mehreren Sprachen sind bei den Museen offensichtlich Standard. Die Werbematerialien und die Webseiten werden ebenfalls in diverse Fremdsprachen (explizit genannt wurden Englisch, Türkisch, Russisch und Arabisch) übersetzt.

Diese nachvollziehbaren Bemühungen, Inhalte auch denjenigen, die der deutschen Sprache nicht mächtig sind, zu vermitteln, werden in der Literatur vereinzelt kritisch gesehen. Zum einen schaffe das Benutzen der Sprache von Minoritäten ethnische Differenzierung und markiere die ethnische Kategorie als wesentlich in der Kommunikation[73] zum anderen konterkariere es Bemühungen um Integration, für die Sprachkenntnisse gemeinhin für unabdingbar gehalten werden.

Den denknotwendig nächsten Schritt zu einem Überdenken der angebotenen Inhalte vollzogen noch zahlreiche Kulturmanager. Spezifische Angebote für Flüchtlinge und deren Einbeziehung in die Programmgestaltung wurden mehrfach erwähnt.

»*Partizipation, Einbindung von Personen aus anderen Ländern in die Entwicklung von Projekten*«

---

72 B. Mandel (2016), S. 95.
73 J. A. Fuhse (2012), S. 648.

»Projekt mit Flüchtlingen«

»Thematik Migration/Integration im Spielplan verankern«

Insgesamt kann aber mit Wolfram in Deutschland ein Aktionismus festgestellt werden, der mit einem Mangel von langfristig tragfähigen Konzepten einhergeht.[74] Diese Konzepte werden nun für die Zukunft entwickelt werden müssen. Auch die mittlerweile durchaus bekannte Tatsache, dass es weniger das Herkunftsland ist, das die kulturellen Interessen definiert, sondern vielmehr Bildung und sozialer Status hierbei die entscheidende Rolle spielen, spiegelt sich in den von den Kulturmanagern ergriffenen Maßnahmen nur vereinzelt wider. Dies ist umso erstaunlicher, da bereits seit 2011 eine aufschlussreiche Studie zu den Anstrengungen um ›Cultural Diversity‹ der Tate Modern vorliegt. Die zahlreichen Sonderprogramme im Bereich Bildung, die das Londoner Museum auflegte, und die spezifische ethnische Gruppen und den Ausgleich ihrer vermeintlichen Defizite zum Ziel hatten, wurden von exakt diesen Personen völlig abgelehnt.[75] Die Zielgruppe wollte weder ihre (wie und von wem auch immer als solche definierte) ethnische Identität repräsentiert sehen, noch hatte sie Interesse an einer vereinfachten postkolonialen Revision der Kunstgeschichte im Sinne ihrer jeweiligen Herkunft.[76]

Nur einer der Befragten nannte an dieser Stelle die Zusammenarbeit seiner Institution mit Kindertagesstätten und Schulen.

Von keinem der befragten Kulturmanager wurde an dieser Stelle erwähnt, dass die jeweilige Organisation als solche sich geänderten Rahmenbedingungen anpasst – beispielsweise bei Stellenbesetzungen verstärkt auf eine Diversität der Mitarbeiter geachtet wird und somit darauf, dass nicht nur ein kleines Segment der Gesellschaft abgebildet wird.[77]

Die Zusammenarbeit mit Menschen, die im Sinne der Netzwerktheorie[78] als Kommunikatoren[79] in bestimmte Zielgruppen hineinagieren können, wurde nur vereinzelt erwähnt.

---

74 G. Wolfram (2015), S. 19.
75 A. Dewdney/D. Dibosa/V. Walsh (2011).
76 M. Terkessidis (2015), S. 191.
77 Zum »Diversity Management« in Institutionen S. Ahmed (2012).
78 M. Granovetter (1978), spricht von den sogenannten »weak ties« und meint damit Bindungen, die gemeinhin eher schwach sind, da sie zu Gruppen aufgebaut werden, die nicht zu den eigentlichen/natürlichen/althergebrachten Zielgruppen des jeweiligen Netzwerks gehören. Solche ›weak ties‹ sind mithin Beziehungen von Kultureinrichtungen zu Minoritäten, die bisher nicht oder nur schwer erreicht wurden.
79 Zu diesen sogenannten Intermediären siehe V. Durrer/S. Miles (2009); V. Durrer/D. O'Brien (2014).

»*Zusammenarbeit mit interkulturellen Institutionen und Vereinen (lokal und regional)*«

»*internationale Multiplikatoren, Themen finden, die in verschiedenen Kulturkreisen interessant/virulent sind*«

»*… Künstler mit Migrationshintergrund, Kooperationsveranstaltungen mit Migrantenorganisationen*«

Dass die Zielgruppen dort abzuholen sind, wo man sie am besten erreicht, haben fast alle Kulturmanager erkannt. Sie versuchen, ihre Werbemaßnahmen zielgruppengenau zu streuen. Das Marketing scheint durchaus professionell betrieben zu werden.[80]

»*Internationale Messen, Workshops und Roadshows, fremdsprachige Anzeigen in Fachmagazinen, Zusammenarbeit mit fremdsprachigen Reise- und Kulturjournalisten etc. …*«

Interkulturelle Trainings für alle Mitglieder der Organisation sowie die Teilnahme an Workshops und Veranstaltungen zum Thema Publikumsgewinnung und -bindung wurden als weitere Maßnahmen von den Kulturmanagern aufgeführt.

bbb) Kulturmanager aus dem nichtdeutschsprachigen Ausland

Aus dieser Befragungsgruppe gaben 57,4 % der Praktiker an, besondere Maßnahmen zur Gewinnung neuer, diversifizierter Publikumsgruppen zu ergreifen.

Auch an dieser Stelle der Befragung wird deutlich, dass das Thema Migration die deutschsprachigen Kulturmanager weit mehr umtreibt als Kollegen aus anderen Teilen der Welt, für die dies kein spezifisches Thema (mehr) zu sein scheint. Die Antworten der Kulturmanager in dieser Befragungsgruppe waren daher weit weniger spezifisch, sondern allgemein dazu gehalten, wie möglichst viele Menschen für das jeweilige Programm oder Produkt interessiert werden können.

Mediennutzung, insbesondere die der sogenannten sozialen Medien, ist für zahlreiche Kulturmanager das Mittel der Wahl, um möglichst viele Personen zu erreichen.

---

80 Dass Werbemaßnahmen bei Museen immer noch als das wichtigste Instrument zur Ansprache möglichst diverser oder bis dato eher schwer zu erreichender Zielgruppen angesehen werden, haben V. Durrer/S. Miles (2009) schon für Großbritannien nachgewiesen. Sie vermuten, dass viele der Aktivitäten zur Inklusion von Menschen, die Kultureinrichtungen aus diversen Gründen eher fernstehen, in Großbritannien eher auf politischen Druck als aufgrund eigener Entscheidung der Verantwortlichen in Museen und Galerien erfolgen.

Auffällig ist auch, dass an dieser Stelle weit häufiger Instrumente der Betriebswirtschaftslehre genannt wurden als von den Praktikern aus Deutschland, Österreich und der Schweiz. Der Markt und seine besonderen Bedingungen war öfter ein Thema als bei der deutschsprachigen Vergleichsgruppe. Zahlreiche Kulturmanager aus Deutschland, Österreich und der Schweiz arbeiten in einem Umfeld, in dem es aufgrund der staatlichen Finanzierung und der entsprechenden Rahmenbedingungen gar keinen Markt gibt.

»Strategies to sell diverse work into the right international markets«

»Base line studies«

»Convergent marketing methods, social media and analytical web tools«

»Diversification of programs according to the interests...«

»Focus groups for audience development«

»Outreach/Branding«

»Targeted marketing«

»Targeted email marketing«

»Social media (mainly twitter and facebook) are being used in particular to reach out to diverse audiences«

»We rely on box office data analysis against standard segmentation, with qualitative and quantitative data collection for participants in our work, and through social media analytics«

Die Aussage einer Kulturmanagerin aus Südafrika:

»Products are developed with the end consumer in mind«

wird man von deutschen Kulturschaffenden in öffentlich geförderten Einrichtungen in dieser Form noch eher selten zu hören bekommen.
Ebenso die Aussage einer Kulturmanagerin aus Lettland, die ebenfalls willens ist, ihr »Produkt« dem Wunsch des Publikums anzupassen.

Ergebnisse der Studie 87

»*Qualitative and quantitative research of audience dynamics and adjust content accordingly.*«

»Community Engagement«
Häufige Erwähnung fand das »community engagement«, das auch von mehreren Kulturmanagern aus dem deutschen Sprachraum als wichtig beschrieben wurde und als Konzept das lange Jahre in Deutschland dominierende Audience-Development, das die in es gesetzten Hoffnungen nicht hat erfüllen können[81], abzulösen beginnt. Interessanterweise scheinen auch hier die Kollegen aus dem angloamerikanischen Sprachraum Vorreiter der Bewegung zu sein.

So schreibt ein Kulturmanager aus Großbritannien:

»*Direct personal contact with specific communities to build advocacy*«

Und ein Kulturmanager aus Australien formuliert:

»*We have developed community engagement programs in response to target community's specific needs and interests in a culturally sensitive way, as well as working with previously successful models of community participation when working on large-scale projects.*«

Wie auch die deutschsprachigen Praktiker halten mehrere Befragungsteilnehmer außerhalb des deutschen Sprachraums das Bilden von Netzwerken innerhalb einer Gemeinschaft aber auch mit Partnerorganisationen oder Tourismusanbietern für wichtig, um möglichst viele verschiedene Personen auf das eigene Kulturangebot aufmerksam zu machen, es entsprechend zu erweitern und wirtschaftlich überlebensfähig zu sein.

cc)   **Herausforderungen der Globalisierung**

aaa)   Aus Sicht der Kulturmanager im deutschen Sprachraum

Das Bemühen um ein Publikum, das hinsichtlich seiner Sprache, seiner Sozialisation und seines Bildungshintergrunds inhomgen ist, ist eine wichtige Aufgabe für eine Vielzahl von Kulturmanagern. Konkret nach den Herausforderungen der Globalisierung für ihre Tätigkeit befragt, offenbaren sich weitere Themen, die Kulturmanager angehen wollen und müssen.

---

81   P. Föhl/G. Wolfram (2016), S. 30; D. Borwick (2012).

Fast alle Kulturmanager haben diese offene Frage beantwortet. Nur sehr wenige geben an, dass die Globalisierung sie in ihrer Tätigkeit vor keinerlei Herausforderungen stellt.

Als Überthemen kann man Sprache, Konkurrenz/Wettbewerb, juristische und logistische Themen, Integration, Identität und Interkulturelle Kompetenz nennen.

Sprache und Kommunikation

Am häufigsten werden Sprache und Kommunikation als Herausforderungen genannt.

»*Als rein deutschsprachiges Theater für Kinder und deren Eltern ist Sprache als Mittel des Informationstransfers für uns eminent wichtig. Der Aufgabenstellung, uns auch dem wachsenden Zustrom an nur unzulänglich Deutschsprechenden einzustellen, würden wir uns gerne stellen, aber da sind die Barrieren für die Kulturteilhabe immer noch viel zu hoch – von beiden Seiten her.*«

»*Die größte Herausforderung sehe ich in der Bereitstellung von englischsprachigen Informationen für ein internationales Publikum. Eine zu dünne Personaldecke und die fehlende finanzielle Ausstattung machen die Umsetzung schwierig.*«

»*Zur Verfügungstellen von verschiedenen Sprachen, Internationalisierung des Gesamtauftritts der Institution (Website, Beschilderung, Printmedien u. a.).*«

Es geht den Kulturmanagern im Wesentlichen darum, Menschen ohne oder mit geringen Deutschkenntnissen zu erreichen. Dies bezieht sich sowohl auf die Inhaltsvermittlung in Fremdsprachen als auch auf die gesamte Kommunikation nach innen (mehrfach wurde von der Zusammenarbeit mit ausländischen Künstlern oder einem internationalen Ensemble/Orchester gesprochen) und außen (hier besonders hinsichtlich der Werbemaßnahmen).

Von zwei Kulturmanagern wurde diese Entwicklung kritisch bewertet. Der Vormarsch der englischen Sprache macht ihnen Sorge.

»*Tendenz zur sprachlichen Monokultur (alles Englisch oder Pseudoenglisch)*«

Vor dem Hintergrund, dass Sprache ein wesentlicher Bestandteil der bereits beschriebenen kulturellen Identität ist, ist diese Sorge verständlich. Das Englische als solches ist aufgrund seines weltweiten Verbreitungsgrades für die meisten Praktiker wohl aus pragmatischen Gründen die Sprache der Wahl. Aber Sprache ist tatsächlich nicht nur ein Vehikel zur Verständigung, sondern auch Mittler von Identität, wenn es sie nicht sogar zu stiften vermag, und ihr weltweiter Gebrauch kann der befürchteten Monokultur durchaus Vorschub leisten. Andererseits wird man, wenn man eine weite Verbreitung seiner Inhalte anstrebt, um Fremdsprachen und insbesondere um das Englische nicht herumkommen.

Zahlreiche Kulturmanager nannten allerdings auch arabische Sprachen als wichtig für ihre Arbeit. Dies hängt nach Auswertung der bisherigen Befragungsergebnisse weniger damit zusammen, dass man sich im arabischen Raum »Märkte« erschließen will oder Partner für gemeinsame Vorhaben sucht, sondern vielmehr damit, dass zahlreiche Menschen aus diesem Sprachraum nach Deutschland kommen und man mit diesen kommunizieren möchte.

Teilhabe/Integration

Das Gewähren von Teilhabe ist vielen Kulturmanagern auch in diesem Zusammenhang ein zentrales Anliegen. Es ist allerdings in mehreren Aussagen ein gewisses Maß an Ernüchterung hinsichtlich des bis dato Erreichten erkennbar.

> *»Austausch mit europäischen, anderen Museen, Einbeziehung von Migrations-/Flüchtlingskindern/Jugendliche, Schüler in museale Projekte, Museum als außerschulischen Lernort anbieten (wird so gut wie nicht angenommen)«*

> *»Kulturelle Teilhabe von Migranten und Geflüchteten zu fördern/ermöglichen«*

Teilhaben bedeutet allerdings noch lange nicht, dass diejenigen, die teilhaben dürfen, auch Teil von etwas sind. Wie bereits bei den Maßnahmen zur Publikumsentwicklung erläutert, fehlen wirksame Ansätze, die Ermächtigungsprozesse in Gang setzen. Noch zu selten wird darüber nachgedacht, welche Chancen der Zustrom von Menschen anderer kultureller Prägung mit sich bringt und wie Potentiale entsprechend gehoben werden können.

Viele Kulturmanager beschreiben ihre Bemühungen um die ›Integration‹ von Flüchtlingen. Die aktuell unter dem Begriff »transkulturelles Kulturmanagement« geführte Diskussion, ob Integration[82] überhaupt noch ein tragfähiges Konzept und der Terminus Integration, mit seinem Paradigma der Eingliederung und kul-

---

82 Beim Thema Integration wird in der wissenschaftlichen Auseinandersetzung häufig das auf H. Esser (2001), zurückzuführende Modell der Integration und ethischen Schichtung herangezogen. Nach D. Lookwood (1964), wird die Systemintegration (der Zusammenhalt von Systemen wie dem Rechtssystem), die für das Thema Migration bedeutsamere Sozialintegration (die von Personen zu bestehenden Gemeinschaften) und die kulturelle Pluralisierung, die dem Konzept der Diversität am nächsten kommt, unterschieden. Neuere Literatur zum Thema: M. Terkessidis (2010); C. B. Brettell/J. F. Hollifield (2015); D. Tabachnick/L. Bradshaw (2015); A. Scherr (2013).

turellen Anpassungsleistung nicht schon problematisch ist[83], scheint die Praxis wie auch die Politik[84] in weiten Teilen entweder noch nicht erreicht oder nicht tangiert zu haben.

Die Aussage eines Kulturmanagers:

> »*Die Integration der Menschen mit Migrationshintergrund ins Theatergeschehen und die damit einhergehende Vermittlung der hiesigen Kultur und deren Wertesystem*«

kann durchaus kritisch reflektiert werden. Zukünftig werden solche Distinktionsmuster zwischen Kulturen überwunden werden müssen. Der Kulturbegriff muss zwangsläufig hybrider werden als er – wie sich hier offenbart – noch ist. Anstatt sich zu fragen, wie begeistere ich möglichst viele Menschen für das, was ich anzubieten habe, wird die Frage zukünftig auch lauten müssen: Was können wir gemeinsam Neues schaffen, das alle interessiert, weiterbringt, lernen lässt?

Integration nur als Einbahnstraße für denjenigen, der kommt, wird nicht mehr funktionieren. Dies steht auch im Widerspruch zur dynamischen Entwicklung die Kunst und Kultur seit jeher inhärent ist.[85] Eine natürliche Entwicklung des Zusammenwachsenden im Sinne eines inklusiven Kulturverständnisses, das die Einzigartigkeit der Vielen betont, gilt es zu fördern, anstatt einen Kulturbegriff zu zementieren, der geschichtlich nur für einen Wimpernschlag der Zeit gelten wird.

Juristische und logistische Herausforderungen

Der zweite große Block, der die Praktiker umtreibt, benennt Herausforderungen juristischer und logistischer Natur. Die Anzahl der auftretenden Herausforderungen ist durchaus beachtlich und teilweise von erheblicher Komplexität.

> »*v. a. steuerliche und rechtliche Ein- und Ausfuhrbestimmungen bei Gastspielen, Arbeitserlaubnisse für ausländische Mitarbeiter (v. a. Tänzer), Versicherungen, Steuern, Abwicklung u. ä. für Gastspiele*«

---

83   I. Pilic/A. Wiederhold (2015), S. 23.
84   Am 23.02.2016 beschließt das Bundesland Bayern ein strenges Integrationsgesetz. Bayern nimmt Flüchtlinge künftig deutlich stärker in die Pflicht. So tragen Eltern eine besondere Verantwortung dafür, dass ihre Kinder rechtzeitig vor Beginn der Schulpflicht ausreichend Deutsch sprechen. Nehmen sie Angebote nicht wahr, droht ihnen ein Bußgeld. Für Erwachsene gilt: Wer ausreichend Zeit hatte, Deutsch zu lernen, es aber nicht getan hat, muss seinen Dolmetscher künftig selbst zahlen, wenn er ihn im behördlichen Verkehr noch braucht. Bayern sei »das Land der gelingenden Integration« und das soll auch so bleiben«, sagte Staatskanzleichef Marcel Huber im Anschluss an die Sitzung des Kabinetts.
85   I. Trojanow/R. Hoskoté (2007), S. 36.; S. Marginson/E. Sawir (2011), S. 64.; W. Welsch (2000); A. Sen (2008), S. 55; B. Wagner (2012), der gar von Kultur als einem Bastard spricht, da sie nie rein und homogen, sondern immer hybrid und hetrogen sei.

»*Globalisierte Medienmärkte und nationale Regulierung, insbesondere beim Jugendschutz*«

»*Wechselkurse, Visa, operieren in verschiedenen Rechtssystemen*«

»*Zeitverlust durch time lags und Transport*«

»*Rechteverhandlungen mit internationalen Partnern/Verlagen/Archiven*«

»*Finanzierungen sind international schwieriger*«

»*Internationaler Transport und damit zusammenhängende Zoll- und Einfuhrbedingungen/Visaangelegenheiten*«

»*Unterschiedliche Rechts-, Finanz- und Sozialsysteme*«

»*Zusammenarbeit mit internationalen Partnern bereichert meine Tätigkeit, stellt mich aber auch vor Herausforderungen, da beispielsweise einfache Dinge – wie Antragstellen, Abrechnungen – in den Ländern – trotz EU-Zugehörigkeit – vollkommen unterschiedlich gehandhabt werden.*«

»*Urheberrechtsfragen*«

»*Honorarabrechnungen*«

»*Stellenausschreibungen zumeist D-A-CH-weit, Lieferanten-Benchmarks europaweit. Herausforderung: Überblick behalten, Risiken abschätzen.*«

»*Up to date software und Securityprogramme. Sicherheit meiner Daten*«

Mediennutzung und Medienkompetenz

Ein Kulturmanager nennt die Nutzung unterschiedlicher tools im digitalen Bereich und der Kommunikation (Social Media) als Herausforderung.

Diese Aussage ist vor dem Hintergrund interessant, dass diese Befragung ergeben hat, dass insbesondere die Kulturmanager aus dem nichtdeutschsprachigen Ausland aufgeschlossener sind, wenn es um die Nutzung beispielsweise von Skype und Google Hangouts geht. Beide Tools ermöglichen nicht nur eine weitgehend kostenfreie Kommunikation mit mehreren Partnern gleichzeitig, und zwar weltweit, sondern auch eine, die es erlaubt, die Gesprächsteilnehmer während des Gesprächs anzuschauen und demzufolge ihre Reaktionen zu beobachten.

Lediglich 8,7 % der Befragungsteilnehmer aus dem deutschsprachigen Raum nutzen Google Hangouts und/oder Skype, um mit Projektpartnern im Ausland zu kommunizieren. Von den Praktikern aus den weiteren Ländern ist es mit 31,7 % schon fast jeder Dritte.

Im deutschsprachigen Raum sind stattdessen noch bei 26,5 % der Befragten Telefon- oder Videokonferenzen im Einsatz. Instrumente, die bei der Gruppe der Praktiker aus weiteren Ländern mit 14,6 % rückläufig sind und wohl durch Google Hangouts und Skype ersetzt wurden.

Bevorzugtes Mittel der Kommunikation mit ausländischen Partnern ist für beide Gruppen schon aufgrund der Schnelligkeit und Unabhängigkeit von verschiedenen Zeitzonen nach wie vor die E-Mail.

Nach weiteren Kommunikationsmitteln befragt, fiel die häufige Nennung der persönlichen Kommunikation bei beiden Gruppen auf. Es steht zwar zu vermuten, dass die persönlichen Treffen aufgrund von Entfernung und Kosten eher selten, dafür aber durchaus wichtig sind. Mit der entsprechenden Nennung möchten die Kulturmanager vermutlich unterstreichen, dass ein persönliches Treffen durch Kommunikationsmedien nur schwer zu ersetzen ist.

Wettbewerb

Ähnlich wie in der Wirtschaft spüren auch die Kulturmanager einen zunehmenden Wettbewerb. Dieser Wettbewerb findet als Konkurrenz um Angebote und Fördergelder statt, wie auch in Abgrenzung zum seit Jahren expansiven Freizeitsektor.

»Die Vergleichbarkeit und die Konkurrenz mit anderen Institutionen ist deutlich gewachsen«

»Früher hat ein Haus mit einem anderen deutschsprachigen Haus konkurriert. Mittlerweile steht man in direkter Konkurrenz von NYC, London, Paris und Wien. Auch dank Livestreamings sind internationale Topstars nichts Besonderes mehr«

»Wir sind als Produzenten von Bühnenbildern/Dekorationen und Kostümbildern mit der Tatsache konfrontiert, dass Aufträge auch und zunehmend an Mitbewerber aus Ungarn, Rumänien und anderen Ländern vergeben werden.«

»Preisdruck durch Anbieter aus dem ehemaligen Ostblock mit anderen sozialen und arbeitsrechtlichen Rahmenbedingungen.«

»Größere Konkurrenz und Preisdumping«

»Steigende Gagen, was es kleinen Konzertveranstaltern schwieriger macht, attraktive Künstler in unattraktive Städte zu ziehen.«

»Der Markt/die Konkurrenz wird größer, da die Angebote mehr werden bzw. die Möglichkeiten über diese Angebote zu erfahren und diese wahrzunehmen.«

»Abgrenzung zu/Abhebung von anderen Klassikfestivals«

»Konkurrenz mit anderen Freizeitangeboten, auch digital, die anstelle von Kultur genutzt werden und Aufmerksamkeit abziehen.«

»Stärkere Konkurrenz im Freizeitverhalten«

»Gewaltige Medienkonzerne beherrschen Markt und Entwicklung«

Ein Kulturmanager fasste die Kritik, die insbesondere am EU-Programm ›Creative Europe‹ geübt wird, prägnant zusammen:

»Der Wettbewerbsgedanke in sehr vielen Programmen und Regularien droht die Inhalte zu verdrängen.«

Interkulturelle Kompetenz

Nur relativ wenige Kulturmanager schildern, wie sehr sie auf interkulturelle Fähigkeiten angewiesen sind, beziehungsweise welche kulturellen Unterschiede sie ausmachen, wie sie damit umgehen und was sie daraus lernen.

»die eigenen Annahmen laufend kritisch zu reflektieren, andere Arbeitsweisen und Zugänge anzuerkennen und ständig dazuzulernen«

»Unterschiede kultureller Art in organisatorischen Herangehensweisen«

»Kulturelle Unterschiede (Werte, Verhalten etc...)«

»Unterschiedliches Zeitverständnis in verschiedenen Kulturkreisen«

»interkulturelles Verständnis aufbauen: z. B. anderes Zeitmanagement, andere Herangehensweisen akzeptieren«

Netzwerke

Einige der Praktiker nennen internationale Netzwerke und den Austausch mit Kollegen im Ausland als wichtiges Instrument, um den Herausforderungen der Globalisierung zu begegnen.

Ein Kulturmanager, der offensichtlich häufiger in internationalen Zusammenhängen agiert, erläutert den Nutzen von Netzwerken pragmatisch.

> »*International benötige ich immer einen Co-Produzenten, der mir den Zugang in den Markt erleichtert respektive auf dessen Netzwerk ich dann zugreifen kann.*«

Für einen Praktiker aus der Schweiz stellt sich gerade aufgrund der Nichtmitgliedschaft der Schweiz in der EU bei dieser Netzwerkbildung ein deutliches Problem.

> »*Die größte Herausforderung stellt die Isolation der Schweiz innerhalb der EU dar. Es ist für uns praktisch nicht möglich bei europäischen Projekten als Partner dabei zu sein und unseren Künstlern einen Zugang zu einem Netzwerk zu bieten bzw. mit ausländischen Künstlern in einen Austausch zu treten.*«

Kulturelle Vielfalt

Auch wenn Globalisierung und Internationalisierung durchaus diskutierte Themen sind und die Auswirkungen allenthalben spürbar, so machen einige der Befragungsteilnehmer aber auch auf gegenläufige Tendenzen aufmerksam.

> »*wichtiger (jedenfalls nicht weniger wichtig) als die Globalisierung wird im Literarischen die Regionalisierung. Ich denke, dass gerade im Literarischen sich die Menschen wieder mehr Übersichtlichkeit und Vertrautheit wünschen, womöglich auch deshalb wieder die zunehmende Bedeutung eines Kernthemas wie Heimat.*«

Partikularismus beziehungsweise einen Rückzug ins Vertraute beschrieb Robertson bereits in den 1980er Jahren als Reaktion auf den Prozess der Globalisierung.[86]

Die Befürchtung, dass die Globalisierung auch zum Mainstreaming beitrage und kulturelle Vielfalt verdrängt, wird von einigen Praktikern geäußert und entsprechend mit einer Betonung etwa des Regionalen und Lokalen gekontert.

> »*Überall sieht man in der Kunst das Gleiche, die Kunst-Biennalen sind fast austauschbar*«

---

86 R. Robertson (1987), S. 20–30.

»*Die lokalen Aspekte der Kultur begreifen, respektieren und das Besondere finden in dem globalen Einheitsbrei*«

»*Es ist wichtig, lokale und regionale Traditionen im Kulturbereich aufrecht zu erhalten. Gleichzeitig ist es wichtig, fremden Kulturen offen entgegenzutreten. Gerade im Kulturbereich ist Toleranz gegenüber anderen Kulturen sehr wichtig. Globalisierung bedeutet oft, die Kulturen auf einen gemeinsamen Nenner zu bringen. Das ist meiner Meinung nach nicht gut, obwohl es auch bereichernd sein kann. Aber die Einzigartigkeit sollte dabei nicht verloren gehen. Diese zu bewahren, ist eine Herausforderung.*«

Globalisierung als Bereicherung

Nur verhältnismäßig wenige Kulturmanager machen deutlich, dass sie weniger Probleme und Herausforderungen als vielmehr Chancen sehen.

»*Die Komplexität der Anforderungen erhöht sich durch die Globalisierung. Doch die Internationalität ist eine große Bereicherung und erweitert die Perspektiven, auch auf die eigene Arbeit in Deutschland.*«

bbb) Herausforderungen der Globalisierung aus Sicht der Kulturmanager außerhalb des deutschen Sprachraums

Die Themen Migration und Integration sind für die Kulturmanager außerhalb Deutschlands/Österreichs und der Schweiz nicht relevant. Nur ein Kulturmanager aus Großbritannien nennt bei dieser Frage »*Immigration*« als Herausforderung. Anders als bei den Praktikern aus dem deutschen Sprachraum dominiert ein anderes Thema, das wiederum nur für wenige der deutschsprachigen Kulturmanager eine nennenswerte Herausforderung bei der täglichen Arbeit darstellt: Die Finanzierung von Projekten und Reisen ist für viele Kulturmanager aus dem nichtdeutschsprachigen Ausland ein zentrales Thema.

Finanzierung

»*Cost*«

»*Limited ability to participate in the international art world due to lack of travel budgets*«

»*Not having funds to travel abroad and be present at global events*«

»*Funding and Mobility*«

»Funding constraints«

»Funding, cash flow«

Gerade für Kulturmanager aus dem globalen Süden und aus Transformationsländern ist Finanzierung ein wesentliches Thema, da in vielen dieser Länder für Kunst und Kultur und im Besonderen für eine freie Kunst- und Kulturszene kaum staatliche Mittel zur Verfügung stehen. Afrikanische Kulturmanager können für ihre Projekte[87] nicht auf Unterstützung von Kulturministerien hoffen und sind daher umso mehr auf sogenannte »non-cultural funding sources« angewiesen. Hierbei handelt es sich oft um »Awareness-Kampagnen«, mit denen große Organisationen wie die Vereinten Nationen oder die ›Organisation Internationale de la Francophonie‹ und Stiftungen wie die von Bill und Melinda Gates oder die Ford Foundation eigentlich andere Ziele aus den Bereichen Gesundheit, Bildung oder Nachhaltigkeit verfolgen.

Die Organisation ›Arts Move Africa‹ hat im Jahr 2015 eine umfangreiche Studie zur Mobilität afrikanischer Künstler und Kulturmanager vorgelegt, die die hier vorliegenden Ergebnisse widerspiegelt.[88] Zahlreiche Kulturschaffende bleiben von wichtigen (Netzwerk-)Veranstaltungen ausgeschlossen, weil Regierungen Reisen nicht finanzieren, beziehungsweise in den jeweiligen Ländern kaum alternative Fördergeber hierfür zur Verfügung stehen.[89] Die UNESCO stellte in ihrem Bericht aus dem Jahr 2012 darüber hinaus fest, dass zahlreiche Länder im Westen gerade bei der Zusammenarbeit oder Förderung Länder entweder in geografischer Nähe bevorzugen oder solche, zu denen aufgrund einer gemeinsamen (meist kolonialen) Geschichte, Sprache oder Kultur eine besondere Beziehung besteht.[90]

Zahlreiche Kulturmanager prangerten die Marginalisierung ihrer Arbeit an. So wie diese Kulturmanagerin aus Rumänien:

»Lack of funding and interest for non-mainstream, non-commercial and non-Western art initiatives and paradigms«

Oder diese Kulturmanagerin aus dem Libanon:

---

87 Für politische Kampagnen der jeweiligen Regierung wird Kunst und Kultur durchaus dienstbar gemacht.
88 AMA (2015).
89 Die niederländische Organisation ›Prince Claus Fund for Culture and Development‹ unterstützt mit zahlreichen Reisestipendien. Für den arabischen Raum gibt es unter anderem das Mawa3eed Travel Grant Programm von der NPO ›Culture Resource‹ (Al Mawred Al Thaqafy) sowie Stipendien des ›Fonds Roberto Cimetta‹ aus Frankreich.
90 UNESCO (2012), S. 18.

»Power imbalances when it comes to funding«

Ein Kulturmanager aus Südafrika fand deutliche Worte für die Ungleichbehandlung, die er in seiner täglichen Arbeit erfährt

»*Global north dominance in theory, policy and agenda-setting; dependence on global north resources and the inherent power relations; language and general communication, the costs of travel, particularly on the African continent; it is easier (security, resources, visas, etc.) for global north voices to gather than global south ones; different cultural values and expectations and a lack of respect for these (despite commitments to cultural diversity), policy and strategic emphasis appropriate to global north conditions that have little relevance or resonance with global south circumstances*«.

Unstimmigkeiten im Hinblick auf administrative Anforderungen, die in verschiedenen Ländern entsprechend unterschiedlich sind, kommen den Praktikern zufolge häufig vor.

Ein Kulturmanager aus Großbritannien schildert seine Sicht der Dinge, die mit der Aussage seines Kollegen aus Südafrika durchaus kontrastiert werden kann:

»*... a complete lack of understanding or comprehension that the UK way of doing things might be different to their own way and often resistance in adapting – forcing us to adapt as result in a manner which undermines what we are trying to do or has cost implications.*«

Ungleichbehandlung
Ungleichbehandlung steht bei den Aussagen vieler Befragungsteilnehmer im Vordergrund.

»*Being treated equally as a Global South organisation in terms of expertise and cooperation*«,

ist für eine marokkanische Kulturmanagerin die größte Herausforderung.

»*The only real challenge is the overpowering sense of dominance from the economically able and dominant world hegemonies*«,

schreibt eine Kulturmanagerin aus Südafrika

»*Small nations have to struggle hard to position themselves*«,

erläutert ein Kulturmanager aus Benin.

Weitere Kommentare lauten:

>»As Afghan artists and arts managers we think that minorities are sometimes not in the focus of globalisation«

>»They usually misunderstand the Nigerian situation«

Kulturmanager aus Europa sind sich dieser Thematik allerdings bewusst und adressieren sie ebenfalls, wie dieser Kulturmanager aus Belgien, der schreibt:

>»Inequality of resources, western hegemony in cultural spheres, poverty and financial challenges in the global South...«

Die Aussage einer Kulturmanagerin aus der russischen Föderation hat besondere Relevanz für Kulturmanager in internationalen Organisationen:

>»Western work standards, goals, and values are different from what local scenes can provide, understand and appreciate. This gap is a consequence of institutions with international work style invading hermetic scenes of art.«

Ein Kulturmanager von den Fiji Inseln macht darauf aufmerksam, dass viel zu häufig viele Länder aufgrund ihrer geografischen Nähe unter einen Oberbegriff gefasst werden, welcher der Vielzahl der dort existierenden nationalen Kulturen nicht gerecht werden kann.[91]

>»That individual Pacific islands are forgotten or lost within the Asia/Pacific definition. The Pacific Islands in particular Fiji all have very different cultures.«

Weitere Herausforderungen

Ähnlich wie die Kollegen aus Deutschland, Österreich und der Schweiz betrachten auch die Kulturmanager aus 43 weiteren Ländern die Notwendigkeit, in anderen Sprachen zu kommunizieren, als Herausforderung. Juristische und logistische Themen wurden ähnlich wie bei der Befragungsgruppe aus dem deutschsprachigen Raum genannt:

>»Being a Latin American organization, we are challenged by the fluctuation of the exchange rate between currencies«

---

91 S. Hall (1989), macht in seinem Text ›Cultural Identity and Diaspora‹ unter anderem auf dieses Thema im Hinblick auf die Karibik aufmerksam.

»Different timescales of working for different territories«

»Visa issues«

»Languages, diverse legal procedures (organisations and banking)«

»Time differences, security problem«

»Copyright infringement«

»The law guiding performances or show business varies from one country/continent to the other«

Die Sorge, dass die Globalisierung zum Mainstreaming und damit einhergehend zur Vernichtung lokaler Kulturen führe, eint die Kulturmanager sämtlicher Nationen:
Ein Ire, der in Litauen arbeitet, sieht eine Herausforderung darin,

»linking the global to the local and ensuring connections between various locals.«

Eine Kroatin schreibt auf die Frage nach den Herausforderungen der Globalisierung:

»Losing specific region's and local tastes, increasing international, mass and popular culture instead of domestic ones.«

Auch interkulturelle Herausforderungen erleben die Kulturmanager durchaus zahlreich:

»Cultural barriers due to customs, language etc. ...«

»Poor service offered by major consultancy companies in understanding local cultural needs; short term quick win approach of many involved in international exchange«

Die zunehmende Konkurrenz macht den Kulturmanagern außerhalb des deutschsprachigen Raums ebenfalls Sorgen:

»More people competing in the same field, for funds, for space...«

»potential competition from other organisations and professionals abroad«

Mehrere Praktiker machen in der zunehmenden Digitalisierung einen weiteren, ernstzunehmenden Konkurrenten aus.

»*As a member of the Board of Directors of Music Yukon I have become very aware of the challenges globalization and digitalization present to the performing artists in the music industry. As a presenting venue in Canada's north the Yukon Arts centre finds that the expectations of our audience have been raised through the easy access to the performing arts on the internet. We are not just competing with Vancouver, Calgary and Edmonton but with London, New York and Paris…*«

»*… rise of concurrence, less importance for some disciplines as performing arts (Theatre, Dance…) facing others which can be digitalized (visual arts, music, audiovisual …).*«

ccc) Zusammenfassung

Die Auswirkungen der Globalisierung, die Kulturmanager weltweit auf ihre Arbeit spüren, dürften denen in vielen anderen Bereichen ähnlich sein. Die Sprachbarriere, kulturelle Verschiedenheiten und die zunehmende Konkurrenz um Aufmerksamkeit und Fördermittel sind von zentraler Bedeutung.

Jedoch fällt auf, dass die Kulturmanager aus Deutschland, Österreich und der Schweiz vor einer großen Herausforderung stehen – dem Zustrom von Menschen anderer Nationalität und anderer kultureller Prägung. Die Kulturmanager machen sich mithin zu Recht Gedanken über die Rolle, die Kultureinrichtungen in diesem Veränderungsprozess spielen können, wenn sie nicht nur reagieren, sondern mitgestalten wollen.

Das große Gefälle zwischen West und Süd wird aber auch daran sichtbar, dass es insbesondere Kulturmanager aus Ländern auf der Südhalbkugel sind, die massiv mit Unterfinanzierung zu kämpfen haben und sich und ihre Kunst im internationalen Kontext nicht adäquat repräsentiert und wahrgenommen sehen. Diskriminierung, die in vielen Formen (bereits im Sprachgebrauch) daherkommt, ist ein ernstzunehmendes Thema im Kontext des internationalen Kulturmanagements und in der internationalen Zusammenarbeit.

Die Sorge um eine Vereinheitlichung der Kunst unter Aufgabe des Regionalen und Lokalen wiederum eint die Kulturmanager. Die Angst vor einer Massenkultur ist weit verbreitet und kann in Teilen auch mit der von Förderprogrammen geforderten Kommerzialisierung und Nutzbarmachung der Kunst und Kultur für wirtschaftliche Zwecke erklärt werden.

dd) Herausforderungen der Globalisierung auf das Kulturmanagement insgesamt

aaa) Aus Sicht der Kulturmanager aus Deutschland, Österreich und der Schweiz

Sprache

Die befragten Kulturmanager halten Sprachkenntnisse (und zwar mehrerer Sprachen) für eine Tätigkeit im Kulturmanagement für zunehmend unerlässlich – und schreiben dies auch den Wissenschaftlern ins Stammbuch

> »Mehr englischsprachige Beiträge über deutsche/europäische Entwicklungen veröffentlichen, um an Diskursen teilnehmen zu können – Mehr internationale Kooperationen forcieren (wissenschaftlich und praxisorientiert), um dringend notwendigen Austausch/gemeinsame Projekte auf den Weg zu bringen ...«

Die dieser Aussage zugrundeliegende Beobachtung des Befragungsteilnehmers ist durchaus treffend. Nicht nur wird seitens der Kulturinstitutionen noch relativ wenig dahingehend unternommen, die Reichweite der eigenen Inhalte zu erhöhen, auch die Kulturmanagementforschung in Deutschland, Österreich und der Schweiz ist kaum international ausgerichtet. Wissenschaftliche Publikationen in englischer Sprache finden sich eher vereinzelt.

Interkulturelle Kompetenz

Interkulturelle Kompetenz, die auf fundierten Kenntnissen anderer Länder und der Bereitschaft basiert, auch die eigenen Verhaltensweisen, Werte und Traditionen kritisch zu hinterfragen, halten die Praktiker für dringend erforderlich. Die intensive Auseinandersetzung mit anderen Ländern und Kulturen kann nach Auffassung der Praktiker gar nicht früh genug beginnen. Viele sehen hier die Universitäten und Hochschulen zu Recht in der Pflicht.[92]

Wettbewerb

> »Internationalisierung von medialen Großkonzernen, die immer mehr Einfluss erlangen (internationale Bookingagenturen, die ihr Geschäftsmodell um die Organisation von Festivals, teils in angrenzenden Ländern, und sogar den Kauf eigener Veranstaltungshallen erweitern) und so kleinere Anbieter aus dem Markt drängen.«

---

92 Zur Definition von interkultureller Kompetenz und wie diese erfolgreich im interkulturellen Unterricht gefördert werden kann, Siehe M. Marginson/E. Swair (2011), S. 65 ff.

»Konkurrenz mit anderen Freizeitangeboten, auch digital, die anstelle von Kultur genutzt werden und Aufmerksamkeit abziehen.«

»Es ist einfacher und kommerziell schneller erfolgreich, fertige und dadurch billigere Produktionen aus dem Ausland einzukaufen, folkloristischer Spätimperialismus trägt da auch seine Früchte ..., als im eigenen Land junge Künstler zu fördern und auf ihren potentiell erfolgreichen Weg zu bringen.«

»Deregulierung, Liberalisierung und Privatisierung führen zu erhöhter Durchdringung der Kultur durch die Marktlogik. Lieb gewonnene Pfründe müssen abgegeben werden. Diese Atmosphäre wirkt sich negativ auf die Stimmung in der Kulturszene und speziell im Kulturmanagement aus.«

Die beschriebene, zunehmende Konkurrenz wird die Kulturmanager zukünftig zu neuen Geschäftsmodellen sowie einer Arbeit in Netzwerken führen und hoffentlich auch dazu, wie es ein Befragungsteilnehmer formulierte, »originell« zu sein.

Etablierung neuer Entscheidungsstrukturen und -gremien
Zwei Praktiker gingen über die Ansprache eines neuen Publikums mittels relevanter Inhalte noch hinaus.

»Entscheidungsgremien sollten die Heterogenität der Bevölkerung besser abbilden«.

Nur durch solche Heterogenität innerhalb des Systems, das auch die Inhalte bestimmt, kann überhaupt erreicht werden, dass relevante Themen für diverse Zielgruppen gefunden werden. Terkessidis listet mit dem vom JugendtheaterBüro Berlin (JTB) in Moabit gegründeten Theater X (benannt nach Malcom X), der Koninklijke Vlaamse Schouwburg (KVS) in Brüssel[93] sowie dem Theater Zuidplein in Rotterdam[94] drei Bespiele für innovative Versuche der Mitbestimmung in Kultureinrichtungen auf. Glow beschreibt die Publikumseinbindung beim Theatre Royal Stratford East im jungen und ethnisch diversen Londoner Osten. Mit dem Programm »Open Stage« soll die Vorstellung von Kultureinrichtungen als »effective apartheid entities«, die Künstler eher von ihrem Publikum trennen als sie zusammenzubringen, überkommen werden. Glow argumentiert deutlich für neue Führungsstrukturen in Kultureinrichtungen und, im Sinne der Netzwerktheorie, für

---

93 M. Terkessidis (2015), S. 240 ff.
94 M. Terkessidis (2015 a), S. 81.

stärkere Bindungen zu denen, die nicht aufgrund von Bildung und Status zu den »natürlichen« Partnern von Kulturinstitutionen gehören.[95]

Beim Theater X sind Jugendliche in einer AG Intendanz tatsächlich gleichberechtigte Partner. Bei der KVS besteht die Intendanz aus einem Team von acht Personen aus verschiedenen Disziplinen und mit unterschiedlichen Hintergründen. Ähnlich sieht es beim niederländischen Theater Zuidplein aus, wo der frühere Direktor die Mitbestimmung des Publikums hinsichtlich der Programmgestaltung eingeführt hat. Den Erfolg beschreibt das Theater auf seiner Webseite (in englischer Sprache!) folgendermaßen: »In recent years, we have been highly successful in attracting new audiences thanks to our innovative policy that puts the customer first. This has resulted in a significant improvement in our image among the general public, colleagues in the industry, the business community and subsidising agencies. Among our counterparts in the Netherlands and Europe, national and local government agencies consider us to be ground-breaking and innovative when it comes to diversity policy. Thanks to our innovative programming and marketing and highly-developed staffing policy, we have proved successful in attracting new target audiences to our theatre. The audiences we attract include 50 % young people (from various cultural backgrounds), 25 % adults from Rotterdam with a multiple cultural background (Dutch combined with Turkish, Moroccan, Surinamese, Antillean, Cape Verdean, Chinese, etc.) and 25 % adults from Rotterdam of solely Dutch cultural background. Our audiences, 50 % of whom come from Rotterdam and 50 % from the Rijnmond area see our theatre as hospitable, lively, creative, young and for everyone.«[96]

Als Hauptfaktoren für eine gelingende Einbindung der sogenannten Community, die eben nicht nur aus denjenigen besteht, die in Deutschland als sogenannte Intensivnutzer von Kultur bezeichnet und auf maximal 10 % der Bevölkerung geschätzt werden, gelten eine engagierte Führung und Direktion, eine Unterstützung des Vorhabens durch die gesamte Organisation und die Einbettung der Einrichtung in die lokale Gemeinschaft, deren Mitglieder nicht als Nutznießer oder zu Erleuchtende, sondern als aktive Partner betrachtet werden.[97] Dieses ›Citizen empowerment‹ wird nicht nur für Kultureinrichtungen, sondern zunehmend auch für Städte und lokale Regierungen bedeutsam, die die Nähe zur Bevölkerung und damit deren Wissen zur gemeinsamen Lösungsfindung nutzen können und sollten. Sozialer Wandel wird sich nämlich primär auf lokaler Ebene vollziehen.[98]

---

95 H. Glow (2013), S. 132 ff.
96 http://www.theaterzuidplein.nl/about/ (16. 02. 2016).
97 B. Lynch (2011), S. 7.
98 R. Hambleton (2015), S. 173 ff.

bbb) Herausforderungen der Globalisierung auf das Kulturmanagement aus Sicht der Kulturmanager außerhalb des deutschen Sprachraums

Es fällt auf, dass diese Kulturmanager Globalisierung trotz der zahlreichen Ungleichbehandlungen, die sie ausmachen, öfter als die Kollegen aus Mitteleuropa als Chance begreifen.

»*Drawing on international examples and experiences presents an opportunity to approach work more informed nationally*«

»*New ideas, best practice*«

»*Comparison, better understanding, best practice, synergy, respect and peace*«

Während in Europa viele um ihre »*Pfründe*« bangen, wie es ein Praktiker formulierte, sehen Kulturmanager aus anderen Ländern durch die engere Vernetzung und den Zugang zu Informationen und weiteren Finanzierungsquellen Chancen für ihre Arbeit.

Die existierenden Ungleichheiten und Ungleichbehandlungen stellen nach Auffassung der Kulturmanager die größten Herausforderungen für das Kulturmanagement im Allgemeinen dar. Einige der Beobachtungen und durchaus deutlichen Anwürfe adressieren westliche Experten, deren Handeln bestehende Differenzen eher perpetuiert als überwinden lässt.

Eine Kulturmanagerin aus Nigeria merkt an:

»*Countries with bigger resources for promotion of their culture and methodology control the global discourse on culture*«

Ein südafrikanischer Praktiker erläutert:

»*Main challenge is trying to strike the balance between the powerful cultural hegemonies and the previously colonized. Many of the exchanges and intercultural experiments still have imbalances between source and receiving cultures*«

Der Kommentar einer britischen Kulturmanagerin lautet:

»*Much is in the tone and attitude of individuals and organisations intervening. For example, local projects developed by flown in experts who bring their own bias, world view and cherry pick local, palatable artists to frame and present. In this way, so much of the uniqueness and nuance of a local culture can be lost in translation between cultures; lo-*

cals being perceived as ›not having a culture‹ when measured against mainstream view; work being flown in to ›improve the quality‹ of the local offer.«

Die folgenden Kommentare eines britischen und eines belgischen Kulturmanagers zeigen ebenfalls, dass Kulturmanager sich der Ungleichheiten bewusst sind und die dringende Notwendigkeit sehen, diese zu adressieren.

»*Emphasizing benchmarks to Western developed world models not always appropriate for implementation in different cultures at the expense of local knowledge and capacity*«

»*Mistrust of and lack of knowledge on the cultures of the South*«

Einen interessanten Aspekt nannte eine Kulturmanagerin aus Rumänien, die auf die Grenzen der Bemühungen von »Kultur und Entwicklung« aufmerksam macht und fordert, dass die Probleme vieler Gemeinschaften politisch angegangen werden, da sie mit Kulturprogrammen allein nicht gelöst werden können.

»*Unfair competition for resources and opportunities between rich and developing countries; the pervasive business-like assessment of cultural projects aims and achievements imposed by capitalist funding policies; the instrumentalisation of culture for political and economic purposes; the artificial stress on providing programmes for disadvantaged communities whose problems should be addressed by politics instead to truly enable them to benefit from cultural and participative projects; the cultural colonization of developing countries by rich ones.*«

Eine ebenfalls wichtige Perspektive brachte ein Kulturmanager aus Afghanistan in die Diskussion ein. Gerade im Westen wird die »Verwertbarkeit« von Kunst und Kultur insbesondere zu wirtschaftlichen aber auch zu politischen Zwecken häufig angeprangert. Kunst und Kultur haben zweckfrei zu sein. Für die Menschenrechte und Demokratie per se müssen sie aber ganz selbstverständlich herhalten.

»*Misunderstanding of minorities that they are under the pressure of majorities: and majorities using all common human rights values for their dominance. They are thinking artists, media and human rights activists are their tools.*«

ccc) Zusammenfassung

In diesem Zusammenhang sind die Unterschiede zwischen den Kulturmanagern aus dem deutschsprachigen Raum und denen aus anderen, insbesondere weniger privilegierten Ländern aufschlussreich und deutlich.

Die Kulturmanager in Deutschland setzen sich mit dem aktuellen und gesellschaftsrelevanten Thema Migration auseinander und sehen sich hier völlig zu Recht in der Verantwortung, diesen Prozess hin zu einer zunehmend pluralen Gesellschaft mitzugestalten. Migration wird allerdings noch stark aus der Perspektive des Nationalstaates gesehen, was problematisch ist, da diese Konstruktion aus dem 18. Jahrhundert die Lebenswirklichkeit vieler Menschen und die internationalen Netzwerke nicht mehr abzubilden vermag.[99]

Zwar gibt es Migrationsbewegungen aufgrund von Krisen, Kriegen, religiöser Verfolgung und Naturkatastrophen schon seit Menschengedenken. Der massive[100], in relativ kurzer Zeit stattfindende Zustrom von Menschen anderer kultureller, sozialer und religiöser Prägung in ein sich bis dato fälschlicherweise noch überwiegend als homogen wahrnehmendes Land[101], bringt Herausforderungen mit sich, auf die noch Antworten gefunden werden müssen. Eine nähere Auseinandersetzung mit und ein Lernen von den Gesellschaften, die bereits etablierte und friedliche Mehrheitsgesellschaften darstellen, oder versuchen es zu werden, muss zeitnah erfolgen.[102] Die großen Migrationsbewegungen, die etwa innerhalb der Südhalbkugel stattfanden und weiterhin stattfinden[103], sind ein bis dato auch in der Wissenschaft noch zu wenig wahrgenommenes Phänomen.[104] Im deutschsprachigen Raum lässt sich bei den Kulturmanagern ein großes Momentum er-

---

99 A. Shibli (2016), S. 37.
100 Wie massiv der Zustrom nach Deutschland ist, lässt sich anhand dieser Zahlen gemäß den Statistiken des UNHCR (United Nations High Commissoner for Refugees) vom Juni 2015 relativieren: In Deutschland kommen auf 1 000 Einwohner 0,9 Flüchtlinge (0,092 %), in Jordanien sind es 90 Flüchtlinge auf 1 000 Einwohner (9 %) und im Libanon sind es sogar 209 Flüchtlinge pro 1 000 Einwohner (20,9 %).
101 Bei einer Bevölkerung, die zu knapp 20 % aus Menschen mit Migrationshintergrund besteht (Statistisches Bundesamt 2012: 7), kann von einer homogenen Bevölkerung nicht wirklich die Rede sein. B. Barber (1999), S. 18 macht darauf aufmerksam, dass weniger als 10 % der Staaten homogen sind und sich wie beispielsweise Dänemark und Holland nicht weiter untergliedern lassen. A. Scherr (2013), S. 5 f. argumentiert, dass diese Wahrnehmung Deutschlands als homogen bis zum Ende der 1990er Jahre von der Politik der CDU mit der Aussage »Deutschland ist kein Einwanderungsland« bewusst forciert wurde – ein politisches Konzept sollte Realitäten mit politischer Macht formen, weitere Zuwanderung weitgehend unterbunden werden.
102 T. Fakhoury (2016), S. 27 macht darauf aufmerksam, dass Flüchtlinge Einfluss auf Demokratisierungsprozesse haben können wie beispielsweise im Libanon, dem Land, das, gemessen an seiner Einwohnerzahl, die meisten Flüchtlinge beherbergt. Sie geht davon aus, dass andere Gesellschaften von der Gastfreundschaft und der Flüchtlingshilfe im Libanon lernen können.
103 2015 hat die sogenannte Süd-Süd Migration die Süd-Nord Migration sogar erstmals überholt.
104 D. FitzGerald (2015), S. 117. Mehr als 34 Millionen Menschen sind nach Schätzungen des UNHCR derzeit in ihren Heimatländern auf der Flucht. Sie werden als Binnenflüchtlinge bezeichnet.

kennen, die bestehenden Herausforderungen anzunehmen, sie vielleicht sogar als Chance für künstlerische Kreativität zu begreifen.

Der Autor und Professor Vu Tran von der University of Chicago schreibt: »Nothing creates more compelling art than the ambiguity of liminal existence, of uncertain and indecisive identity«.[105]

Bei den Kulturmanagern aus dem nicht deutschsprachigen Raum stehen die immer noch existierenden und sich möglicherweise perpetuierenden Ungleichheiten der globalen Welt im Fokus. Dass sowohl Förderpolitik und Programmabwicklung häufig als nicht an den lokalen oder nationalen Gegebenheiten orientiert kritisiert werden, muss insbesondere Kulturmanagern in internationalen Organisationen zu denken geben. Die in den Broschüren und Werbefilmen etwa des Goethe-Instituts beschworene »Augenhöhe« sehen viele der Befragten nicht erreicht. Die Sensibilität für lokale Zusammenhänge und auch »*Helden*« wie eine Kulturmanagerin es formulierte, scheint häufig noch zu fehlen. Viele konstatieren auch mangelndes Interesse an ihrer Region oder eine gewisse Herablassung im Hinblick auf ihre Kompetenzen.

Bei aller Kritik und Sorge etwa im Hinblick auf die steigende Konkurrenz durch neue Akteure und die zunehmende Digitalisierung, die Verflachung und Vereinheitlichung von Inhalten zu Lasten des Einzigartigen und Lokalen, sehen viele Kulturmanager – insbesondere außerhalb des deutschsprachigen Raums – die Globalisierung aber auch als Bereicherung und Möglichkeit zu lernen. Dieses Lernen geschieht vor allem in internationalen Netzwerken, deren Wichtigkeit von zahlreichen Kulturmanagern betont wird. Diese Netzwerke zu finden, beziehungsweise aufzubauen und sinnstiftend zu nutzen, wird eine in ihrer Bedeutung aber auch Schwierigkeit nicht zu unterschätzende Aufgabe für Kulturmanager sein.

Gerade Kulturmanager aus weniger wohlhabenden Ländern gewinnen der Globalisierung die oben genannten, positiven Aspekte ab und erhoffen sich dadurch Zugang zu neuen Finanzierungsquellen, aber auch zu Wissen und über den damit einhergehend Austausch eine Verbesserung ihrer Situation.

Kulturmanager aus dem deutschsprachigen Raum nannten den Aspekt des Lernens kaum. Dies ist vor dem Hintergrund bedauerlich, dass es zahlreiche Länder gibt, die beispielsweise Erfahrung mit einer in vielerlei Hinsicht heterogenen Bevölkerung haben, und daher für Fallstudien durchaus interessant wären.

Auch das von Schindhelm[106] für Indien beschriebene Phänomen des Jugaad[107], »aus wenig viel machen«, könnte beispielsweise für Kulturmanager, die häufig über die geringe finanzielle Ausstattung diskutieren, interessant sein.

---

105 V. Tran (2015), S. 41.
106 M. Schindhelm (2014), S. 79.
107 Was auf Hindi so viel bedeutet wie »clevere Improvisation«.

Alle deutschsprachigen Kulturmanager bauen auf Netzwerke und betonen deren Bedeutung für die Zukunft, die, so äußerten viele der Befragten, mehr Arbeit und zunehmend komplexere Aufgaben mit sich bringen wird.

ee) Fähigkeiten und Kompetenzen für das Kulturmanagement

Bereits bei der Frage nach den Herausforderungen, die die Globalisierung an das Kulturmanagement und die Kulturmanager heranträgt, nannten viele der Befragungsteilnehmer Fähig- und Fertigkeiten, die sie für Aufgaben im (internationalen) Kulturmanagement für unabdingbar erachten. Sehr häufig wurden Fremdsprachenkenntnisse, interkulturelle Kompetenz, Sensibilität und Empathie aufgezählt.

Im Fragebogen sollten die Kulturmanager die Wichtigkeit von Kreativität, Medienkompetenz, Fremdsprachenkenntnissen und Interkultureller Kompetenz (erworben u. a. durch Auslandserfahrungen und die Durchführung von Projekten mit Partnern unterschiedlicher Herkunft) für Kulturmanager auf einer Skala von 1 sehr wichtig bis 6 unwichtig bewerten.

Alle vier Kompetenzen/Fähigkeiten wurden als fast gleich wichtig empfunden.

Ganz knapp führt bei den Kulturmanagern aus dem deutschen Sprachraum die **Medienkompetenz** (Mittelwert 1,73/Median 1,0). Medienkompetenz ist allerdings ein weiter Begriff, worauf auch eine Befragungsteilnehmerin aufmerksam machte. Es können die Kenntnisse der entsprechenden technischen Handwerkszeuge gemeint sein[108] oder die Kompetenz, passgenaue Inhalte zu erstellen sowie Inhalte auch entsprechend ihrer Relevanz und Glaubwürdigkeit zu bewerten.

Mit einem Mittelwert von 1,79 und einem Median von 1,0 folgt die **Kreativität** als wichtige Kompetenz für die Arbeit als Kulturmanager. Gleichauf liegen mit einem Mittelwert von 1,85 und einem Median von 2,0 die **interkulturellen Kompetenzen** und die **Fremdsprachenkenntnisse**.

Bei den Kulturmanagern außerhalb des deutschen Sprachraums sah die Bewertung ähnlich aus, wenn die Beurteilungen der Wichtigkeit jedoch nicht ganz so hoch ausfielen wie bei der Vergleichsgruppe. Vorne liegt in diesem Sample mit einem Mittelwert von 2,10 und einem Median von 1,0 die Kreativität. Ob Kreativität erlernbar ist, ist in der Wissenschaft umstritten. Die vorhandene Forschung legt jedoch nahe, dass es sich bei der Kreativität um eine Kompetenz handelt, die

---

108 Dass es um die Kenntnisse der Social Media Instrumente in deutschen Kultureinrichtungen nicht sonderlich gut bestellt ist, beweist unter anderem die Untersuchung zur Nutzung von Social Media an deutschen Theatern von R. Henze (2011), die ergab, dass in den jeweiligen Theatern kaum Kompetenzen diesbezüglich vorhanden sind und auch nicht strategisch aufgebaut werden.

unter gewissen Voraussetzungen entwickelt werden kann.[109] Dass diese Voraussetzungen in einem staatlich geförderten Kulturbetrieb gegeben sind, darf bezweifelt werden. Mithin dürfte das Umfeld vieler Kulturmanager außerhalb Europas der Kreativität zuträglicher sein, auch wenn sie dies nicht zwingend als Vorteil empfinden werden. Darüber hinaus sollen nach Maddux & Galinsky[110] interkulturelle Erfahrungen, die durch Auslandausaufenthalte erworben werden, die Kreativität fördern. Dies läge an der Anpassungsleistung an das jeweilige Land, die zu einer Innovationssteigerung führe. Gerade die Kulturmanager aus dem nichtdeutschsprachigen Ausland sind häufig jenseits der Grenzen des eigenen Landes unterwegs.

Interkulturelle Kompetenzen finden sich in der Wertung mit einem Mittelwert von 2,15 und einem Median von 2,0 auch in diesem Sample an zweiter Stelle. Sprachkenntnisse werden mit einem Mittelwert von 2,32 und einem Median von 2 bewertet und fast gleichauf folgt die Medienkompetenz mit einem Mittelwert von 2,35 und einem Median von 2.

Dass die Wichtigkeit der genannten Kompetenzen von den Kulturmanagern außerhalb des deutschen Sprachraums insgesamt etwas geringer bewertet wird, kann ein Indiz dafür sein, dass sich bei der Auswahl der Kompetenzen zu stark auf Deutschland und die deutschsprachigen Nachbarländer fokussiert wurde. Jedoch wurden bei der offenen Frage nach weiteren Kompetenzen nicht vermehrt Kompetenzen genannt, die nicht auch von der Vergleichsgruppe aufgelistet wurden.

Die etwas geringere Wichtigkeit der Fremdsprachenkenntnisse kann möglicherweise damit erklärt werden, dass viele der Befragungsteilnehmer aus englischsprachigen Ländern kommen und mithin weniger Schwierigkeiten haben, sich in internationalen Kontexten verständlich zu machen.

In mehreren deutschen Studiengängen des Kulturmanagements sind Lehrbeauftragte aus dem Ausland integraler Bestandteil. Prüfungsleistungen sind ganz oder teilweise in englischer Sprache zu erbringen. Dies in den Curricula weiter auszubauen und auch weitere Sprachen anzubieten, muss Aufgabe der Hochschulen und Universitäten mit Kulturmanagementstudiengängen sein.

Die geringere Gewichtung der Medienkompetenz kann nach Auswertung der Ergebnisse dieser Befragung in Teilen damit erklärt werden, dass die Kulturmanager aus den 43 weiteren Ländern weniger »Nachholbedarf« im Hinblick auf diese Kompetenz haben wie ihre deutschsprachigen Kollegen, die sich bereits mit den Kommunikationstools des Internets schwerer tun.

Der große Stellenwert, den alle Kulturmanager der Kreativität beimessen, ist bemerkenswert. Lange Zeit und in mehreren Studiengängen wurde die primäre

---

109 S. Preiser (2006), S. 51 ff.
110 W. W. Maddux/A. Galinsky (2009).

Aufgabe des Kulturmanagements darin gesehen, Rahmenbedingungen für das reibungslose Funktionieren kultureller Veranstaltungen und Institutionen zu schaffen. Die Zeiten, in denen das Kulturmanagement »nur« das Managen oder gar Verwalten von Institutionen oder Abläufen war, dürften vorbei sein. Kulturmanager werden nicht mehr »nur« Broker zwischen Kunst und Verwaltung oder Kunst und Wirtschaft sein, vielmehr werden sie selbst zum Teil der vielfältigen kreativen Prozesse.[111] Dies hat Implikationen für die Ausbildung[112] wie auch für das Selbstverständnis der Disziplin. Disziplinüberschreitendes Denken gilt als wesentlicher Bestandteil jedes kreativen Prozesses.

Leidenschaft für die Sache und vertiefte Kenntnis der jeweiligen Sparte sind in dieser Befragung zahlreich als weitere, wesentliche Voraussetzungen für eine erfolgreiche Tätigkeit genannt worden.

> »*Kenntnis der eigentlichen jeweiligen zu managenden Materie*«

> »*Kenntnisse der jeweiligen Kultur-/Kunstsparte, in der gearbeitet wird*«

> »*Verständnis für das, was man organisiert und vermittelt*«

> »*fachliches Wissen zur jeweiligen Kunst*«

> »*Kunstkompetenz*«

> »*jeweils enorme inhaltliche Kompetenz im Fachbereich (d.h. Orchestermanager muss über Kenntnisse der Orchestermusik verfügen und über Funktionieren eines Klangkörpers Bescheid wissen)*«

Und besonders deutlich:

> »*dass sie von Literatur, Kunst, Musik, Philosophie etwas verstehen – und nicht nur alles ›sekundär‹ angelesen haben; ich habe kürzlich eine sich bei uns um ein längeres Praktikum bemühende Kulturmanagerin kennengelernt, die nicht wusste, wer oder was die Gruppe 47 war, geschweige denn, wer ihr zuzurechnen ist ...*«

---

111 R. Henze (2015), S. 35.
112 Die Studienkommission für Hochschuldidaktik an Hochschulen für angewandte Wissenschaft in Baden-Württemberg bietet für Lehrende Workshops zum Thema »Kreativität« an. Dabei geht es um »Die Fähigkeit, kreative Prozesse in Fluss zu bringen und fließend zu gestalten, sowohl bei sich selbst als auch bei den Studierenden...Hierbei geht es sowohl um die Kultivierung einer inneren Haltung der Experimentierfreude und Offenheit als auch um die Bereitstellung von methodischen Werkzeugen für kreative Prozesse ...«

Ergebnisse der Studie

So sehr die hier getätigten Aussagen nachvollziehbar sind, so stellen sie die Kulturmanagementlehrenden vor Herausforderungen. Kann man innerhalb von drei Jahren junge Menschen im Rahmen eines Bachelorstudiums überhaupt zu Kulturmanagern ausbilden? Was macht einen Kulturmanager aus?

Die Leidenschaft für die Kunst, sei es Musik, darstellende Kunst, Tanz, Malerei, Literatur etc. sollten angehende Kulturmanager mitbringen, auch wenn aus einem Flämmchen vielleicht erst im Laufe der Berufsjahre das große Lodern für die Kunst wird, wie es eindrucksvolle Karrieren von Kulturmanagern beweisen, die erst spät zu ihrer Berufung in der Kultur fanden.

Aufgabe von Professoren der Disziplin muss es unter anderem sein, den Studierenden solides Wissen zu vermitteln, das im Berufsleben unmittelbar angewandt werden kann, aber auch die Erkenntnis, dass die Halbwertszeit eben dieses Wissens endlich und lebenslanges Lernen so notwendig wie bereichernd ist. Darüber hinaus muss eine Hochschule immer auch Raum für (Gedanken-)Experimente sein. Es geht nicht immer nur ums Antworten finden, sondern auch darum, die richtigen und wichtigen Fragen zu stellen und zu reflektieren.[113] Auch soll es um Kreativität gehen, denn deren Bedeutung unterstreichen die Kulturmanager in dieser Befragung deutlich. Einige Studiengänge[114] verlangen von den Studierenden als Eingangstest den Nachweis von künstlerischer Betätigung, die selbstverständlich nicht auf professionellem Niveau stattgefunden haben muss und auch nach anderen Kriterien zu bewerten ist, als etwa bei der Aufnahme eines Studiums an einer Kunst- oder Musikhochschule. Aber der Nachweis von musischen Fähigkeiten, der Betätigung in der Theatergruppe der Schule, eine Mappe mit eigenen Skizzen oder das Video eines selbstgedrehten Films, erhöhen die Chancen, kreative Studierende zu gewinnen, die durchaus ernstzunehmend und kompetent im späteren Berufsleben mit Künstlern der jeweiligen Sparte umgehen können. Aber auch im Studium selbst bieten sich noch Chancen, kreatives Potential zu entfachen oder zu fördern. Die Durchführung eines kreativen Projekts, das wiederum nicht an professionellen Standards zu messen ist, den Studierenden aber entsprechenden Raum zur Entfaltung und dem Entdecken der eigenen Fähigkeiten gibt, ist eine Möglichkeit »Kreativität« in der Ausbildung von Kulturmanagern zu fördern.

Finanziell und organisatorisch aufwendiger ist die Kooperation mit Kunst- und Musikhochschulen. Studierende aus der Kunst und Studierende des Kulturmanagements gemeinsam an Projekten wie etwa Social Media Marketing oder Crowd-Funding arbeiten zu lassen, hat sich in einem Vorhaben des Studiengangs Kulturmanagements an der Hochschule Heilbronn als für alle Beteiligten nicht

---

113 R. Henze (2015), S. 35.
114 Etwa der Masterstudiengang Kulturvermittlung an der Universität Hildesheim.

nur fachlich, sondern auch hinsichtlich des Überwindens überkommener Klischees als wertvoll erwiesen.[115]

Auch kulturwissenschaftliche Themen aus der Kunstgeschichte, der Literatur- und Theaterwissenschaft oder der Archäologie müssen in die Curricula der Kulturmanagementstudiengänge Eingang finden. Ohne entsprechende Kenntnisse dieser Materien werden Kulturmanager bedauerlicherweise keine wirklich ernstzunehmenden oder ernstgenommenen Gesprächspartner in einem im deutschsprachigen Raum noch von Geisteswissenschaftlern dominierten Sektor sein. Es muss allerdings auch deutlich werden, dass Kulturmanager nicht das Hintergrundwissen der jeweiligen Geisteswissenschaft mitbringen können, dafür aber fundierte Managementfähigkeiten, die für ihr Rollenbild und zahlreiche wichtige Aufgaben in sämtlichen Bereichen des Kultursektors benötigt werden.

Nach weiteren Fähigkeiten und Fertigkeiten befragt, nannten fast alle Kulturmanager im In- und Ausland eben diese **Managementkenntnisse:**

»*betriebswirtschaftliche Kenntnisse*«

»*solide BWL-Kenntnisse*«

»*Marketing, Sponsoring*«

»*Organisations- und Personalführungskompetenz*«

»*Vertragswesen*«

»*Wirtschaftswissenschaftliche Kompetenzen*«

»*Fundraising*«

»*Betriebswirtschaftliche Ausbildung, Kenntnisse im Verwaltungsrecht, Strukturen der öffentlichen Hand – Verwaltungswissenschaftliche Dinge (z. B. auch Verwaltungsreform, Kameralistik (im Wandel), Grundkenntnisse der Immobilienwirtschaft (sobald die Aufgaben mit eigenen Räumlichkeiten verbunden) …*«

»*Betriebswirtschaftliche Kenntnisse und Grundlagen für Veranstaltungen (Kalkulation, Anträge, Verwendungsnachweise, Künstlersozialkasse, Umsatzsteuer, Ausländersteuer etc. …)*«

---

115 R. Henze (2014), S. 145 ff.

»*Changemanagement, Konfliktmanagement*«

»*Finanzierungsfragen, Fundraising, Urheberrecht, buchhalterische Kompetenzen*«

»*Führungskompetenz*«

»*Personalmanagement, betriebswirtschaftliche Methoden, Evaluation*«

»*BWL, Personalplanung, Motivation*«

»*Haushaltsrecht, Vergaberecht*«

»*Breites Wissen zu BWL-Grundlagen...*«

Häufig wurden auch Kommunikations- und Teamfähigkeit genannt ebenso wie Empathie und Flexibilität. Das Aufbauen von Netzwerken und das Arbeiten mit diesen fand ebenfalls oft Erwähnung. Auch Aufgeschlossenheit für (kultur-)politische Themen sollte ein Kulturmanager nach Auffassung der Befragten mitbringen.

ff) Relevante Themen für die Ausbildung von Kulturmanagern

Die Praktiker wurden gebeten, die Wichtigkeit der folgenden elf Themen in der Ausbildung von Kulturmanagern auf einer Skala von 1 sehr wichtig bis 6 unwichtig zu bewerten:

- Juristische Fragen (Arbeitsrecht/Aufenthaltsrecht/Visa-Verfahren/Steuern/Urheberrecht) bei der Zusammenarbeit mit Akteuren unterschiedlicher Herkunft
- Kulturgüterschutz (insbesondere auch der Schutz von Kulturgut vor internationalem Terrorismus)
- Menschenrechte/Schutz von Kunst- und Kulturschaffenden vor Verfolgung/Meinungs- und Kunstfreiheit
- Logistik bei der Abwicklung von internationalen Projekten (etwa Festivals)
- Kenntnisse über Fördermöglichkeiten/Erfahrung im Antragschreiben
- Migration
- Internationaler Kulturtourismus
- Innovationsmanagement
- Kultur als Instrument der Außenpolitik/Soft Power/Cultural Diplomacy
- Kulturelle Identität

- Fragen zum Sinn und zur Zweckmäßigkeit der Trennung von Hoch- und Populärkultur

Vorneweg muss gesagt werden, dass alle befragten Kulturmanager sämtliche Themen in der Ausbildung von Kulturmanagern als wichtig empfinden. Eine Rangliste ist schwierig zu erstellen, da die Themen in der Bewertung ihrer Wichtigkeit eng beieinanderliegen.

Das in dieser Auswahl am wenigsten wichtige Thema, das der Unterscheidung zwischen Hoch- und Populärkultur, wurde im Median immer noch mit 3,0 und im Mittelwert mit 3,08 bewertet.

aaa) Kulturmanager aus Deutschland, Österreich und der Schweiz

Bei den Kulturmanagern aus dem deutschsprachigen Raum dominieren zwei Themen. Die befragten Praktiker möchten, dass auf **Fördermöglichkeiten und die Art und Weise wie Förderanträge geschrieben** werden müssen, im Unterricht eingegangen wird (Mittelwert 1,75/Median 1,0). Auch die **Logistik bei der Abwicklung von internationalen Projekten** soll bereits im Rahmen der Ausbildung thematisiert werden (Mittelwert 1,85/Median 1,0). Mithin steht das klassische Handwerkszeug der Kulturmanager im Vordergrund.

An der Hochschule Heilbronn wurde im Wintersemester 2015/16 von der Lehrbeauftragten Dr. Karin Drda-Kühn ein Kurs für angehende Kulturmanager angeboten, in dem Studierende Anträge für von ihnen zu realisierende Kulturprojekte bei realen Fördergebern stellen sollten. Zuerst mussten Projekte identifiziert werden, die von den Studierenden nach realistischer Einschätzung im Anschluss an das Studium weitergeführt werden konnten. Dann wurden mittels Fördermittelrecherche entsprechende Förderer gesucht und kontaktiert. Von sechs gestarteten Projekten sind fünf bis ins Antragsstadium gekommen. Nach derzeitiger Einschätzung haben drei Studierendengruppen gute Chancen auf Fördermittel und könnten die Projekte nach Abschluss des Studiums quasi als Einstieg ins Berufsleben realisieren.

Auch die logistische Abwicklung von Events und Festivals kann im Rahmen des Studiums praxisnah geübt werden. Zahlreiche Großveranstaltungen, wie beispielsweise Konferenzen mit Referenten und Gästen aus dem In- und Ausland, Konzerte, Ausstellungen, Poetry Slams und Workshops sind mit intensiver studentischer Beteiligung an der Hochschule Heilbronn am Campus Künzelsau, dessen Lage im ländlichen Raum den logistischen Aufwand erheblich macht, realisiert worden.

An dritter Stelle (Mittelwert 2,10/Median 2,0) nennen die Kulturmanager aus dem deutschsprachigen Raum »**kulturelle Identität**«.

Der in dieser Befragung ohne weitere Erläuterung verwendete Begriff »kulturelle Identität« ist so populär wie schwierig. Singh ist einer der wenigen, der einen Definitionsversuch wagt:

> **Definition**
>
> »cultural identity: Any sense of group or collective identity, including local, national, and international cultural identities. Might include notions of race, gender, sexuality, class, nationality.«[116]

Insgesamt existieren nur wenig fundierte Theorien zu Identitäten.[117] An dieser Stelle in der Befragung sollte ergründet werden, ob der »Hype«, den der Begriff insbesondere im Kontext der Migrationsbewegung erfährt, auch die Kulturmanager erreicht hat.

Im Hinblick auf die große Anzahl von Flüchtlingen, die zum Zeitpunkt der Befragung im Herbst und Winter 2015 nach Deutschland und Österreich kamen und die mediale Omnipräsenz der Thematik, verwundert die Wichtigkeit, die die Kulturmanager dem Thema beimessen, nicht. Es ist wahrscheinlich, dass dieses Thema zwei oder drei Jahre zuvor von den Praktikern noch nicht für derart relevant gehalten worden wäre. Eine wichtige Aufgabe des Kulturmanagements muss es aber auch sein, zeitnah auf gesellschaftliche Veränderungsprozesse zu reagieren und den Transformationsprozess zu begleiten. Dass Kulturmanager dies durchaus tun, hat diese Befragung bereits belegen können.

Das Thema ›kulturelle Identität‹ lässt sich in der Ausbildung auf vielfältige Weise angehen, ist Kultur doch per se die Frage: Wer sind wir?

Was zeichnet Identitäten aus? Wie viele Identitäten haben wir?[118] Gibt es eine europäische Identität, wie sie Habermas und Derrida[119] erstmals während der Proteste zahlreicher europäischer Staaten gegen die von den USA begonnenen Golfkriege gespürt haben wollen? Oder ist eine europäische Identität ein Konstrukt von europäischen Politikern, die eine solch schützenswerte Identität benutzen, um den Kultursektor und besonders den Bereich der audiovisuellen Medien schon

---

116 J. P. Singh (2010), XXIV.
117 Etwa die von G. C. Spivak (1988), von M. Castells (1997), oder von dem wohl prominentesten Vertreter der britischen »cultural studies« S. Hall, der 1996 gemeinsam mit P. du Gay den Band »Questions of Cultural Identity« herausgegeben hat.
118 Der Ökonomie-Nobelpreisträger A. Sen macht in seinem Buch »Die Identitätsfalle« (2007), S. 33 f. darauf aufmerksam, dass die komplexe Identität eines Menschen von einer Vielzahl verschiedener Eigenschaften bestimmt wird und nicht auf eine einzige Eigenschaft wie etwa die Einordung zu einer sozialen Gruppe, zu einer Religion oder Ethnie.
119 J. Habermas/J. Derrida (2003).

seit Jahrzehnten vor einer US-amerikanischen Marktdominanz zu schützen, wie Singh[120] darlegt?

Kann man beispielsweise in einer Stadt wie Berlin, mit Menschen aus 180 Nationen, überhaupt noch von einer identitätsstiftenden Wirkung der Kultur sprechen? Was ist das ›Eigene‹, das erhaltenswert ist? Ist die Frage nach dem ›Eignen‹ sinnvoll oder vielleicht sogar reaktionär? Wird die Bedeutung kultureller Identität abnehmen und durch eine sogenannte Werteidentität[121] ersetzt werden? Aber ist Kultur nicht mehr als kollektive Werteübereinstimmung? Warum ist der Abschied vom vertrauten Herderschen Kulturbegriff, der die innere Komplexität moderner Gesellschaften nicht mehr abzubilden vermag, so schmerzhaft?

Allgemeingültige Antworten auf diese Fragen sind kaum zu finden. Gestellt und reflektiert werden müssen sie trotzdem.

An vierter Stelle (Mittelwert 2,23/Median 2,0) werden **juristische Fragen** genannt. Damit manifestiert sich einmal mehr, dass die Themen im Fokus der Kulturmanager insgesamt weniger abstrakt als vielmehr handfest sind. Die zahlreichen Herausforderungen, die die Praktiker im Rahmen dieser Befragung gerade bei grenzüberschreitenden Projekten genannt haben, lassen den Wunsch nach intensiverer Beschäftigung mit rechtlichen Fragestellungen bereits in der Ausbildung verständlich werden. In vielen Fällen werden sich innerhalb der jeweiligen Organisationen Prozesse für den Umgang mit juristischen Themen etabliert haben. Möglicherweise wurden von spezialisierten Juristen Handreichungen erarbeitet. In größeren Organisationen arbeiten meist Juristen, die sich bei komplexeren Fragen einschalten und den jeweiligen Sachverhalt klären. Steuerrecht, Urheberrecht und Arbeitsrecht sollte zum Fächerkanon in der Kulturmanagementausbildung gehören. Häufig wird aber auch der Ruf nach weitergehenden Kenntnissen im Bereich Aufenthaltsrecht, Visarecht oder gar Zollbestimmungen laut. Hier wäre das Hinzuziehen von Experten in ein Seminar eine Möglichkeit, einige der Themen vertieft zu erläutern beziehungsweise aufzuzeigen, wo sich überhaupt relevante Informationen zu den aufgeworfenen Fragen finden lassen. Auch anhand von Fallstudien, die in Deutschland in der Lehre und vor allem in der Literatur noch nicht weit verbreitet sind, können einige dieser Fragen behandelt werden.

An fünfter Stelle (Mittelwert 2,31/Median 2,0) findet sich – wenig überraschend – das Thema **Migration.** Wie sehr dieses Thema die Kulturmanager beschäftigt, ist an mehreren Stellen deutlich geworden. Zahlreiche Projekte sind von den Praktikern bereits initiiert worden, um das kreative Potential von Migranten oder Menschen mit Migrationsgeschichte sichtbar zu machen, insbesondere aber um sie als Kulturpublikum zu gewinnen. Im Rahmen der seit Jahren geführten

---

120 J. P. Singh (2009), S. 141–160.
121 G. Wolfram (2015), S. 20.

Diskussion um das Audience-Development war und ist die Einbindung von Menschen, die zu pauschal in die Globalkategorie Migranten gefasst werden, ein zentrales Thema, das entsprechenden Eingang in die Lehre gefunden hat. Jenseits des Audience-Development-Kontexts kommt das Thema allerdings noch zu wenig vor. Der Weg vom Audience-Development zum Audience-Empowerment[122] ist ein relativ neuer und offensichtlich noch lang.

Es folgt das Thema **Innovationsmanagement** (Mittelwert 2,45/Median 2,0). Offensichtlich scheint Innovation ein Imperativ zu sein wie es etwa Andreas Reckwitz in ›Die Erfindung der Kreativität‹ beschreibt.[123] Kunst und Kultur sind per se innovativ. Kreativität für Künstler conditio sine qua non. Die hohe Bedeutung, die Kulturmanager Kreativität und Innovation beimessen, lässt einmal mehr erkennen, das sich ein Wandel im Berufsbild wie aber auch im Selbstverständnis der Kulturmanager vollzogen hat. Es ist davon auszugehen, dass sich Kreativität nicht nur auf den Umgang mit finanziellen Ressourcen bezieht, sondern Kulturmanager Teil kreativer und künstlerischer Prozesse werden. Kreativität ist beispielsweise gefragt beim Erarbeiten neuer Konzepte für unterschiedliche Zielgruppen. Eine Gesellschaft, deren Aufmerksamkeit durch Medien wie auch einen expansiven Freizeitsektor stark gebündelt ist, will immer wieder neue Innovationen, Erlebnisse und Events. Der kommerzielle Freizeitsektor weiß seit Jahren darauf zu reagieren. Selten wird man erfolgreiche Freizeitparks erleben, die nicht im Folgejahr eine weitere Attraktion zu bieten haben. Die Praktiker haben die zunehmende Konkurrenz als Herausforderung angesprochen. Auf diese zu reagieren, wird Innovationen erfordern. Mithin ist das Innovationsmanagement ein wichtiges Thema für angehende Kulturmanager, die ihre Institutionen und Projekte erfolgreich und möglichst nachhaltig aus dem verstärkten Wettbewerb um Aufmerksamkeit und Förderung hervorgehen sehen wollen.

Auf den ersten Blick mag es widersprüchlich erscheinen, Innovationen managen zu wollen. Zu häufig sind Innovationen noch gleichbedeutend mit eher unerwarteten Geistesblitzen oder entstehen quasi als Beiprodukt im Rahmen geübter Prozesse. Innovationsmanagement betrifft jedoch eine gesamte Organisation und deren Problemlösungskompetenz und ist mithin Teil der operativen Prozesse für die Kulturmanager in den Organisationen verantwortlich zeichnen.[124] Nur wenige Kulturbetriebe haben ein solches Innovationsmanagement bisher etabliert.[125] Im Rahmen von Kursen zur Organisationsentwicklung und zum Prozessmanagement sollte das Innovationsmanagement in der Lehre seinen Platz finden. Lehr-

---

122 G. Wolfram (2015 a), S. 18.
123 A. Reckwitz (2013).
124 D. Unterholzner (2015), S. 9.
125 D. Unterholzner (2015), S. 8 ff.

bücher zum Innovationsmanagement und Innovationsberatungen gibt es zahlreiche – wenige sind allerdings auf den Kultursektor zugeschnitten. Erste Ideen in diese Richtung generierte in den Jahren 2009–2013 ein vom Bundesministerium für Bildung und Forschung gefördertes Forschungsvorhaben »Innovationsdramaturgie nach dem Heldenprinzip« an der Universität der Künste Berlin.[126]

Gleichauf mit dem Innovationsmanagement wird von den Befragten die Wichtigkeit des Themas **Menschrechte/Schutz von Kunst- und Kulturschaffenden vor Verfolgung/Meinungs- und Kunstfreiheit** (Mittelwert 2,45/Median 2,0) beurteilt.

Das Jahr 2015, in dem die Umfrage stattfand, hat eine Vielzahl von drastischen Verletzungen eben dieser Freiheiten gesehen. Im Januar der Angriff auf die Redaktion von Charlie Hebdo und im November, im Zeitraum der Befragung, der terroristische Angriff auf mehrere Ziele in Paris, bei dem allein bei einem Konzert im Bataclan 89 Menschen ihr Leben verloren. Auch wenn der sogenannte »Kampf gegen den Terror« von der Politik geführt wird, so müssen es gerade diejenigen in Kunst und Kultur sein, die mit den ihnen zu Gebote stehenden Mitteln auf die eklatanten Verletzungen von Menschenrechten aufmerksam machen. Dies kann auf vielfältige Weise geschehen. Insbesondere die nationalen Mittlerorganisationen, die schon aufgrund ihrer Finanzierung in gewisser Abhängigkeit zur (Außen-)Politik stehen[127], sind dabei in einer heiklen Mission.

Es muss eine Öffentlichkeit geschaffen werden, die unabhängig von politischen und damit einhergehend häufig wirtschaftlichen Interessen, auf Verletzungen und Verfolgungen aufmerksam macht. Dass Künstler und Kulturmanager dies verstanden haben, beweist der von Shermin Langhoff, der Intendantin des Berliner Maxim Gorki Theaters, in verschiedenen großen Medien[128] lancierte offene Brief von 100 namhaften Künstlern, Kulturmanagern und Wissenschaftlern an die Bundeskanzlerin Angela Merkel. In diesem Brief, der als Petition auf der Petitionsplattform www.change.org platziert wurde und innerhalb weniger Stunde mehrere tausend Unterschriften und ein breites Medienecho generierte, bitten die Unterzeichner die deutsche Bundeskanzlerin am 21. Januar 2016 bei ihren, am folgenden Tag anstehenden Gesprächen mit dem türkischen Premierminister Ahmet Davutoglu das Thema Menschenrechtsverletzungen und Meinungsfreiheit in der Türkei offen anzusprechen.

In diesem Brief heißt es:

---

126 N. Trobisch (2013), S. 10 ff. und www.heldenprinzip.de (20.01.2016).
127 Siehe etwa zum Verhältnis von Goethe-Institut und Auswärtigem Amt H. Harnischfeger (2016), S. 101 ff. Wobei das Goethe-Institut aufgrund seines Status als eingetragener Verein noch eine Sonderstellung bei den europäischen Mittlerorganisationen einnimmt und daher möglicherweise über größere Entscheidungsfreiheit verfügt.
128 www.spiegel.de; www.zeit.de (21.02.2016).

»*Die Türkei ist als Partner für Deutschland und Europa unerlässlich. Im Kampf gegen Terror ebenso wie bei dem Bemühen, den vielen Millionen geflüchteten Menschen in der Region eine Perspektive zu ermöglichen. Partnerschaft kann jedoch nicht bedeuten, bei Menschenrechtsverletzungen wegzusehen. Wir appellieren deshalb an Sie, Frau Bundeskanzlerin, sich am Freitag und in den zukünftigen Gesprächen mit der türkischen Regierung für Demokratie, Rechtsstaatlichkeit und Pluralismus in der Türkei einzusetzen.*«

Nach der Unterzeichnung des Atomabkommens mit dem Iran zu Beginn des Jahres 2016 werden wirtschaftliche Sanktionen gegen das Land, das von weiten Teilen seiner Nachbarländer, weiterhin kritisch beurteilt wird, aufgehoben. Zahlreiche der großen deutschen Firmen sind schon vor Ort, um Geschäfte zu machen. Die prekäre Situation von Künstlern und Kulturschaffenden[129] und die Diskriminierung von Frauen im Iran, auf die Menschenrechtsorganisationen immer wieder aufmerksam machen, ist in den Medien selten Thema. Auch hier sind entsprechende Interventionen wünschenswert.

Nicht unerwähnt bleiben soll in diesem Kontext, dass aber auch Kunstinstitutionen teilweise selbst in Praktiken und Projekte involviert sind, die, wenn nicht gegen Menschenrechte dann aber zumindest gegen die Werte verstoßen, die in der westlichen Welt so mantraartig vor sich hergetragen werden.

Bereits vor zehn Jahren erläuterte der international agierende, in Hamburg ansässige Architekt Meinhard von Gerkan bei einer Veranstaltung der ZEIT in Kooperation mit Deutschland Radio und dem Goethe-Institut[130] die Vorteile des Bauens in China. Begeistert zeigte er sich von der Behändigkeit mit der die Bauarbeiter die Bambuskonstruktionen hin und her kletterten und wie schnell und auch günstig alles vorangehe. Fragen nach dem Schutz und der Sicherheit dieser Bauarbeiter oder nach ihren Löhnen sind von Gerkan in diesem Zusammenhang nicht gekommen und bedauerlicherweise auch nicht gestellt worden.

In den vergangenen Jahren hat sich aber ein weltweiter, kultureller Aktivismus entwickelt, der genau diese Fragen stellt. Teil davon ist beispielsweise das Künstlerkollektiv ›Who Builds Your Architecture? (WBYA?)‹[131], das aus der Gulf Labor

---

129 Im Februar 2016 wurde bekannt, dass zwei Künstler der iranischen Heavy-Metal Band »Confess« kurz nach Erscheinen ihres neuen Albums »In Pursuit of Dreams« der Gotteslästerung angeklagt sind. Wieder sind es die sozialen Medien, durch die dieser Umstand schnell Verbreitung fand. Ein erster Bericht fand sich auf dem kanadischen Metal-Blog »Metal Nation News«. Unter dem Hashtag #freeconfess sammeln sich die zahlreichen Unterstützer der Band, der eine Gefängnisstrafe und schlimmstenfalls sogar der Tod droht.
130 Landmarken: Der schlafende Riese ist erwacht – lässt China die Welt erzittern? Am 21. September 2006 im Goethe-Institut Hamburg.
131 http://whobuilds.org/ (10.05.2016).

Artist Coalition[132] hervorgegangen ist. Letztere ist ein Zusammenschluss internationaler Künstler, die sich unter anderem dafür einsetzen, dass bei den Bauten des Guggenheim Museums, des Louvre oder der Zweigstelle der New York University in Abu Dhabi die Rechte der dortigen Arbeiter geachtet und dass sie für ihre Arbeit gerecht entlohnt werden.[133]

Die Kuratoren der Documenta in Kassel, der weltgrößten Ausstellung zeitgenössischer Kunst, schrieben im Juli 2015 einen offenen Brief an ihre königliche Hoheit Sheikh Sultan Bin Tahnoon Al Nahyan, Chairman, Abu Dhabi Tourism and Culture Authority, um sich gegen die Visaablehnung für drei namhafte aber durchaus kritische, dem oben genannten Kollektiv nahestehende Künstler und Wissenschaftler zu wenden.

> »... *We write today to voice our opposition to the ban, and to respectfully request that you lift this unjust ban, since there is no security threat from them at all in our opinion. In the name of art and culture, and freedom of passage for well-meaning people, we ask that you allow Walid Raad, Ashok Sukumaran and Andrew Ross to freely travel to the Emirates and engage in fruitful international dialogue.*
>
> *Regardless of whether we individually support or disagree with the positions taken by members of Gulf Labor, we believe that artists and academics should be allowed to conduct research and work that is done in a meaningful and productive manner. We urge you, as concerned authorities, to lift these bans and return the universe of art to its just place within the realm of the imagination and our shared futures.*
>
> *Sincerely,*
>
> *Rudi Fuchs, artistic director documenta 7, 1982*
> *Catherine David, artistic director documenta 10, 1997*
> *Okwui Enwezor, artistic director documenta 11, 2002*
> *Roger M. Buergel, artistic director documenta 12, 2007*
> *Carolyn Christov-Bakargiev, artistic director documenta 13, 2012*
> *Adam Szymczyk, artistic director documenta 14, 2017«*

---

132 http://gulflabor.org/ (10.05.2016).
133 Gabriele Landwehr, Leiterin des Goethe-Instituts Golf Region (2014), S. 40 wirft in diesem Zusammenhang auch noch die Frage auf, für wen Louvre und Guggenheim ihre Flagship-Museen bauen und wen die überwiegend britischen Kuratoren mit ihren medial bestbeworbenen Ausstellungen und Beratungsleistungen bedienen. Eine Museumskultur muss in der Golf-Region erst entwickelt werden. Die Museologie steht vor großen Herausforderungen und derzeit noch recht wenig Publikum.

Abbildung II.6 Who is Building the Guggenheim Abu Dhabi? Biennale Venedig 2015. Banner der transnationalen Künstlerformation Gulf Labor Artist Coalition, gegründet 2010, Sitz in New York. Quelle: http://gulflabor.org/page/2/#prettyPhoto (04.07.2016)

Kunst und Kultur haben, insbesondere wenn es um viel Geld geht, wie bei den genannten Bauten in Abu Dhabi, nicht immer eine reine Weise, aber Künstler und Kulturschaffende, die dies und andere Verletzungen von Menschenrechten kritisch reflektieren und sich politisch engagieren, haben eine durchaus beachtliche Stimme.

Internationaler Kulturtourismus (Mittelwert 2,6/Median 3,0) ist für die Befragten ein Thema, das sie in der Ausbildung von Kulturmanagern verankert sehen wollen.

Kulturtourismus gilt seit Jahren als weltweiter Megatrend und wird sich allen Prognosen zufolge aufgrund steigender Einkommen und mehr freier Zeit auch in der Zukunft fortsetzen.[134] Die World Tourism Organization (UNWTO) schätzt, dass fast 40 % der Touristen als Kulturtouristen bezeichnet werden können. Nach Berechnungen der OECD waren im Jahr 2007 mithin 359 Millionen Kulturtouristen auf Reisen.[135] Bereits im Jahr 2006 arbeiteten in der Tourismusindustrie weltweit 234 Millionen Menschen, das entspricht 8,7 % der Beschäftigten weltweit.[136]

Nicht nur Städte, Regionen und Länder[137] haben erkannt, dass es sich bei dem Tourismus um einen Wachstumsmarkt handelt, sondern auch Kultureinrichtungen versuchen, insbesondere in Kooperation mit Partnern aus dem Kultur- aber auch aus dem Freizeitsektor, Angebote zu erstellen, die für die Tourismusbranche interessant sind. Zum einen beschert der Tourismus eine bessere Auslastung[138], hilft bei der Erschließung neuer Zielgruppen, steigert den Bekanntheitsgrad und hilft bei der Imageverbesserung.[139] Zum anderen dient er aber auch dem kulturpolitischen Ziel der kulturellen Bildung. Kulturtourismus kann dazu dienen, Menschen, die nur auf Reisen, nämlich jenseits der Zwänge ihres Alltags, ihre von de Botton[140] sogenannte ›Kulturschuld‹ einlösen, nachhaltig für Kultur zu begeistern, ihnen Erfahrungen und Erlebnisse zu vermitteln, die möglicherweise später in ein stärkeres Interesse münden.

Aber auch der ländliche Raum, der gerade in Deutschland kulturell viel zu bieten hat[141], hat den Kulturtourismus für sich entdeckt. Hier müssen manche Städte und Regionen erkennen, dass sie sich noch viel stärker auf den regiona-

---

134 A. Hausmann/L. Murzik (2011), S. 1.
135 OECD (2009), S. 21.
136 OECD (2008), S. 2.
137 Interessant ist die enge Verknüpfung von Kultur und Tourismus, die sich im Zusammenschluss beider in einem Ministerium zeigt, wie beispielsweise in zahlreichen südamerikanischen Ländern und in den arabischen Emiraten.
138 80 % der Besucher in den Museen der Stadt Berlin sind Touristen.
139 A. Hausmann/L. Murzik (2011), S. 1.
140 A. de Botton (2003).
141 R. Henze (2014).

len Tagestourismus fokussieren müssen, da die Attraktivität der Angebotspallette für Übernachtungstourismus nicht ausreicht. Gerade in diesen Regionen können Netzwerke und Zusammenschlüsse von Institutionen aber auch Gemeinden und Landkreisen Möglichkeiten der Attraktivitätssteigerung durch eine Erweiterung des Angebots schaffen[142]. Die Wichtigkeit der Netzwerkbildung ist den Kulturmanagern, wie diese Befragung gezeigt hat, auch durchaus bewusst.

Vor dem Hintergrund, dass das Reiseunternehmen TUI bereits ein Kreuzfahrtschiff mit einem Museum ausgestattet hat und an seinem Hauptsitz eine eigene Abteilung für Kostüm- und Bühnenbild für die entsprechenden Shows unterhält, müssen sich die Kulturschaffenden fragen, ob man den Touristikern diesen wichtigen Markt so einfach überlassen sollte.

Gefragt sind im Kulturtourismus wieder fundierte BWL-Kenntnisse. Es bedarf unter anderem genauer Potential- und Konkurrenzanalysen, gut geplante und auf die entsprechenden Zielgruppen abgestimmte Marketingaktivitäten, Kenntnisse über die Entwicklung des Reise- und Freizeitmarkts sowie zum Vorgehen bei Kooperationen.

Kultur als Instrument der Außenpolitik/Soft Power/Cultural Diplomacy (Mittelwert 2,84/Median 3,0) ist ebenfalls für die Mehrheit der Befragten von solcher Relevanz, dass es seinen Platz im Curriculum haben soll.

In Anbetracht der Tatsache, dass sich diese Befragung primär an Kulturmanager in nationalen Kulturinstitutionen und weniger an Kulturmanager in internationalen Organisationen richtete, ist dieses Ergebnis durchaus erstaunlich. Die große Bedeutung, die diesem Thema beigemessen wird, kann möglicherweise wiederum vor dem Hintergrund des aktuellen politischen Geschehens gesehen werden. Für die politischen Herausforderungen, wie den Kampf gegen den Terror des IS und die hohe Anzahl von Menschen, die aus ihren Heimatländern fliehen, sind nachhaltige Strategien noch nicht gefunden. Einigkeit über Partei- und Ländergrenzen hinweg scheint aber darin zu bestehen, dass insbesondere vor Ort den Menschen geholfen werden muss. Niemand verlässt seine Heimat ohne Not. Kultur im Zusammenhang der Entwicklungszusammenarbeit spielt bereits eine wichtige Rolle[143] und diese wird in Zukunft weiter zunehmen. Dies gilt auch für das Verständnis von Kultur als sanfter Macht. Mittlerorganisationen aber auch unabhängige Stiftungen sind hier gefragt. Trotz aller Kritik, die ihr Gründer, der Bestsellerautor Greg Mortenson, unter anderem wegen finanzieller Ungereimtheiten erfährt, sei hier die Arbeit der Stiftung Central Asia Institute (CAI) mit

---

142 Zu Chancen aber auch Risiken von Kooperationen im Kulturtourismus P. Föhl/Y. Pröbstle (2011), S. 111 ff.
143 U. Jarchow/G. Kramer (2014), S. 36 ff. über ihre Arbeit für die GIZ in einem palästinensischen Flüchtlingscamp in Jordanien.

Sitz in Bozeman, Montana, USA beispielhaft kurz erläutert. Im deutschsprachigen Raum sind die Bücher Greg Mortensons trotz ihres großen internationalen Erfolges relativ unbekannt. Bereits der Titel seines ersten, im Jahr 2008 erschienen und in 47 Sprachen übersetzen Buches, lässt erahnen, worum es geht: »Three cups of tea: One man's mission to fight terrorism and build nations«. Ausgehend von einer persönlichen Begebenheit in einem kleinen Dorf in Pakistan entschied sich Greg Mortenson Mittel für den Bau einer Schule aufzubringen. Dies war der Anfang einer Kampagne, die Geld für den Bau von Schulen in Zentral Asien einwarb und aus der das CAI hervorging. Mittlerweile sind von der Stiftung zahlreiche Schulen in Pakistan, Afghanistan und Tajikistan gebaut worden. Die Mission der Stiftung »To empower communities of Central Asia through literacy and education, especially for girls; to promote peace through education; and to convey the importance of these activities globally« ist es, junge Menschen in dieser Region durch Bildung zu befähigen, eigene Entscheidungen zu fällen und somit nicht zur leichten Beute von Fundamentalisten zu werden, die sie für ihre Zwecke missbrauchen. Sehr verknappt könnte man sagen: »Bücher und Bildung statt Waffen« und man kann schlecht umhin, das unmittelbar einleuchtend zu finden. Die Initiativen des CAI sind ein Beispiel für soft power und wenn nicht der »Macht« der Kultur so doch der von Bildung, die damit eng zusammenhängt. Und es geht dem CAI, auch wenn einige dies nicht mehr populär finden oder für opportun halten, auch um Nation Building. Die Präsenz vor Ort, das Erfahren des ›Anderen‹ in positive Kontexten baut Vorurteile ab oder verhindert bereits ihr Entstehen.[144] Man mag es Nation Building nennen oder im besten Fall »Völkerverständigung« oder gar »Freundschaft«, an der Wichtigkeit der Kenntnis der Region und der Kultur und des damit hoffentlich einhergehenden Verstehens wird sich nichts ändern.

Nach den Anschlägen auf das World Trade Center am 11. September 2001 konnte in den USA ein stark gestiegenes Interesse am Islam und insbesondere an Fragen der Scharia konstatiert werden. Hatten sich vorher nur wenige Experten mit diesen Fragen beschäftigt, rückten sie auf einmal in den Fokus einer Weltöffentlichkeit. Die amerikanische Regierung wurde zunehmend der Tatsache gewahr, dass über Jahre hinweg die wichtige (kulturelle) Kommunikation mit der arabischen und muslimischen Welt versäumt wurde. Die Vorstellung, dass am »Ende der Geschichte« eine Weltordnung nach US-amerikanischem Vorbild stehe, wie es vom Politikwissenschaftler Francis Fukuyama 1992 nach Ende des Kalten Krieges in seinem Buch »The End of History and the Last Man« beschrieben wurde, hatte sich zu Beginn des 21. Jahrhunderts schlagartig erledigt.[145]

---

144 B. Rösler (2015), S. 463.
145 In F. Fukuyama (1992), heißt es »… Western liberal democracy … as the final form of government …«.

Wichtig ist hierbei zu verstehen, dass es sich bei Kultur im Entwicklungszusammenhang und auch in der Außenpolitik nicht um eine Einbahnstraße handelt. Nicht nur »wir« bringen etwas (Know-how, Geld[146]) in diese Länder, sondern auch wir lernen von diesen Ländern – ihre Geschichte, ihre Tradition aber auch ihr Selbstverständnis und ihre Herangehensweisen. Um diesen Lernprozess überhaupt initiieren zu können, sind Experten und Netzwerke vor Ort wichtig. Diese Experten zu finden und die entsprechenden Netzwerke zu bilden, braucht Zeit und Vertrauen. Beides ist langfristig gut investiert. Entwicklungen hinterherzulaufen, ist nicht nur massiv teurer, sondern, wie der internationale Terrorismus zeigt, auch wesentlich dramatischer.

Viel zu lange haben sich Menschen besonders in der westlichen Welt der Illusion hingegeben, die Welt zu kennen. Durch (Fern-)Reisen, die in den vergangenen Jahren für immer mehr Menschen erschwinglich wurden, und Popkultur konnte dieser trügerische Eindruck entstehen. Zu erkennen, dass die Welt wesentlich komplexer und weit schwieriger zu begreifen ist, ist sicherlich ein wichtiger Schritt, um zukünftig mehr lernen und erfahren zu wollen. Dieses Lernen soll im besten Fall nicht nur zu einem Perspektivwechsel, sondern gar zu einer »globalen Verantwortung« führen.[147] Aufschlussreich ist in diesem Zusammenhang Röslers aktuelle Studie zum »Asialink arts residency program«, einem Stipendienprogramm der australischen Regierung, das jährlich vierzig Künstler und Kulturschaffende der verschiedensten Disziplinen für mehrere Monate nach Asien entsendet, um dort Beziehungen zu knüpfen und Netzwerke aufzubauen sowie das Image Australiens in der Region zu verbessern. Die Stipendiaten nahmen nicht nur einen Perspektivwechsel sowie eine kritische Selbstreflexion des Eigenen vor und akzeptieren Pluralismus als positiv und bereichernd, sondern 2/3 von ihnen waren auch der Überzeugung, dass nicht sie es waren, die etwas lehren konnten, sondern dass sie es waren, die durch diesen Aufenthalt in Asien lernten.[148] Als Botschafter eines australischen Images sahen sich nur die wenigsten Teilnehmer des Programms. Rösler sieht aber die Ziele auch des Fördergebers durchaus erreicht. Menschen mit kosmopolitischen Sichtweisen auszustatten, ihre interkulturellen Fähigkeiten und ihre Sensibilität im Umgang mit anderen kulturellen Normen und Werten zu fördern, wird zu einem friedvolleren Umgang miteinander und langfristig auch zu besseren Wirtschaftsbeziehungen führen.[149]

---

146 Wobei besonders die Art und Weise der Finanzierung von Projekten immer wieder kritisch hinterfragt werden muss, damit sie nicht weiterhin die koloniale Logik der Abhängigkeit beinhaltet. A. Hampel (2016).
147 B. Rösler (2015), S. 464.
148 B. Rösler (2015), S. 471.
149 B. Rösler (2015), S. 469.

Der **Kulturgüterschutz** ist mit dem Mittelwert 3,02 und Median 3,0 ebenfalls noch ein wichtiges Thema im Unterrichtskanon des Kulturmanagements, dem sich nach Auffassung der Praktiker auch nicht nur Kulturmanager mit Fokus Museumsarbeit widmen sollten.

Mit der Zerstörung der Stadt Palmyra in Syrien, über die sogar die Bild-Zeitung in Deutschland im Jahr 2015 mehrfach auf der Frontseite berichtete, hat die Zerstörung von Kulturgütern eine bisher so medial noch nicht wahrgenommene Dimension erreicht. Zahlreiche Befragungsteilnehmer arbeiten in Museen oder im Bereich der bildenden Kunst und sind sich der Ausmaße dieser Vernichtung und der sich daraus ergebenden Folgen auch für die Wissenschaft besonders schmerzhaft bewusst. Aber neben der Zerstörung, die auf absurde Art und Weise der Negierung von Geschichte dienen soll, ist auch die Finanzierung des Terrorismus durch den Verkauf von Werken ein Thema, das insbesondere Kulturmanager umtreiben muss. Nicht nur, dass durch illegalen Kunsthandel Geld in Kriegskassen gespült wird, sondern auch der Verlust von Werken, die fortan mehr oder weniger versteckt in privaten Sammlungen existieren, und somit nicht mehr erforscht und der Öffentlichkeit zugänglich gemacht werden können, ist problematisch. Stärker gegen den illegalen Kunsthandel vorzugehen, ist mithin eine berechtigte Forderung, die so an die Politik herangetragen werden muss. Einmal mehr zeigt sich, dass Kulturmanager an politischen Fragen und gegebenenfalls einer entsprechenden Lobbyarbeit nicht vorbeikommen. Insbesondere dann, wenn die Gesetzgebung Realitäten nicht korrekt abbildet oder gar die Arbeit künftig erschwert, wie dies beim neuen, möglicherweise im Jahr 2016 in Kraft tretenden Kulturgüterschutzgesetz nach Auffassung zahlreicher Kunst- und Kulturmanager der Fall sein soll, sind Kulturmanager und ihre Netzwerke gefragt.

Exkurs

Kulturgutschutzgesetz

Die Bundesregierung[150] will die bisher bestehenden Gesetze im Bereich des Kulturgutschutzes in einem neuen, einheitlichen Gesetz zusammenführen und darin auch neues EU-Recht, die Rückgaberichtlinie von Mai 2014, umsetzen. Die Umsetzung der UNESCO-Konvention von 1970 soll verbessert und deutsches Recht an internationale Standards angepasst werden. Ziel des mehr als 160 Seiten starken Entwurfs soll es sein, illegal ausgeführtes Kulturgut anderer Staaten an diese zurückzugeben und deutsches Kulturgut von nationaler Bedeutung besser vor Abwanderung ins Ausland zu schützen. Der erste Punkt, der

---

150 Der »Schutz deutschen Kulturgutes gegen Abwanderung ins Ausland« ist ausdrücklich im Grundgesetz (Art. 73 Abs. 1 Nr. 5a GG) dem Bund als Gesetzgebungskompetenz zugewiesen.

auch die Einfuhr von Raubgütern aus Syrien und dem Irak unterbinden und damit Finanzquellen der Terrororganisationen austrocknen soll, wird nicht beanstandet. Problematischer erweist sich der zweite Punkt, der Ausfuhrbeschränkungen für Werke, die als national wertvolles Kulturgut[151] klassifiziert werden, beinhaltet. Hiermit sind Werke gemeint, die mehr als fünf Jahre in einem deutschen Museum gezeigt wurden, unabhängig von ihrer Herkunft und solche, die älter als 50 Jahre und einen Preis von mehr als 150 000 € haben (so sie ins nicht europäische Ausland ausgeführt werden sollen) bzw. solche, die innerhalb der Europäischen Union ausgeführt werden und älter als 70 Jahre und teurer als 300 000 € sind. Gerade der letzte Punkt stößt bei Sammlern, Künstlern, Kunsthändlern, Auktionatoren und Kuratoren auf Kritik.

Der Künstler Georg Baselitz droht damit, seine Werke aus deutschen Museen zu entfernen, um sich und seine Erben so vor einer Quasi-Enteignung zu retten. Es steht zu befürchten, dass zahlreiche Sammler von Werken moderner Kunst[152] ihre Dauerleihgaben aus Museen zurückziehen und ins Ausland bringen, umso bei einem möglichen Verkauf das deutsche Kulturgüterschutzgesetz zu umgehen. Ist man bei einem Verkauf seiner Werke nur auf den deutschen Markt beschränkt, lassen sich nicht die Preise erzielen, die ein internationaler Markt mit mehr Geld hergeben würde. Auch dürfte die Exportbeschränkung sich negativ auf den Preis auswirken, der mithin nur noch bei einem Bruchteil des international zu erzielenden liegen dürfte. Museen, insbesondere solche der klassischen Moderne, müssen fürchten, tatsächlich nur noch leere Räume präsentieren zu können. Ein ähnliches Gesetz, das in Italien bereits in Kraft getreten ist, hat diese Befürchtungen durchaus bestätigt.[153] Deutsche Auktionshäuser würden diese, als nationales Kulturgut gelisteten Werke, selten bis gar nicht mehr zur Versteigerung angeboten bekommen.

---

151 Nach der schwammigen Definition des § 7 I des Entwurfes zum Kulturgutschutzgesetzes vom 4.11.2015 ist »Kulturgut von der obersten Landesbehörde in ein Verzeichnis national wertvollen Kulturgutes einzutragen, wenn es besonders bedeutsam für das kulturelle Erbe Deutschlands, der Länder oder einer seiner historischen Regionen und damit identitätsstiftend für die Kultur Deutschlands ist und, zweitens, seine Abwanderung einen wesentlichen Verlust für den deutschen Kulturbesitz bedeuten würde und deshalb sein Verbleib im Bundesgebiet im herausragenden kulturellen öffentlichen Interesse liegt. Werke lebender Urheber oder Hersteller dürfen nur mit deren Zustimmung eingetragen werden.«

152 Werke Moderner Kunst befinden sich überwiegend in Privatbesitz, nur wenige gehören dem Staat.

153 In Frankreich und Großbritannien ist in den entsprechenden Gesetzen vorgesehen, dass der Staat innerhalb einer bestimmten Frist ein als nationales Kulturgut klassifiziertes Werk ankaufen kann. Erlischt die Frist, ist das Werk wieder frei verkäuflich. Ein solcher »Kulturgutschutz nach Kassenlage« wird von der Bundesbeauftragten für Kultur und Medien Monika Grütters allerdings abgelehnt. Ein Vorkaufsrecht des Staates ist daher nicht geplant.

Abbildung II.7 Hans Holbein d. J.: Madonna des Bürgermeisters Jacob Meyer zum Hase, 1526/28, Öl auf Nadelholz, Sammlung Würth Inv.: 14910, Foto: Philipp Schönborn, © Archiv Sammlung Würth

Es geht bei der Diskussion um das Kulturgutschutzgesetz demzufolge zum einen um das Kulturerbe der Menschheit, das zahlreichen Kulturmanagern wichtig ist, zum anderen aber auch um viel Geld. Gerade die bildende Kunst hat einen Markt, wie ihn nur wenig andere kulturelle Erzeugnisse aus Deutschland kennen.

Es geht aber auch um die Definition von »Kulturgut nationaler Bedeutung«. Was ist identitätsstiftend für ein weltanschaulich heterogenes Deutschland? Tatsächlich die zwei 2014 aus einem nordrhein-westfälischen Casino für 120 Mio. € versteigerten Werke »Four Marlons« und »Triple Elvis« von Andy Warhol, an denen sich die Diskussion entzündete?[154]

Wer kann und soll diese »nationale Bedeutung« auf Länderebene beurteilen? Expertengremien oder ein einzelner Beamter? Wie ist mit der entstehenden Heterogenität umzugehen? Schon heute stehen beispielsweise in Baden-Württemberg bei Kulturgütern der bildenden Kunst fast ausschließlich Werke der Gotik und der Renaissance auf der Liste, während in Mecklenburg-Vorpommern eine Sammlung mit Werken Günther Ueckers eingetragen wurde.[155]

Ein anerkanntes Kulturgut von nationaler Bedeutung ist die von dem Industriellen Reinhold Würth 2011 für eine nicht verifizierte aber auf mindestens 50 Mio. € geschätzte Summe[156] erworbene Schutzmantelmadonna von Hans Holbein dem Jüngeren aus dem Jahr 1526 (Abbildung II.7). Das Werk, das Deutschland nicht auf Dauer verlassen darf, wird in der Johanniter Kirche in Schwäbisch Hall der Öffentlichkeit präsentiert. Es ist bekannt, dass eine US-amerikanische Sammlung bereits vor Jahren großes Interesse an dem Werk aus Privatbesitz gehabt hat und bereit gewesen wäre, 200 Mio. Dollar dafür zu zahlen.

Die meisten Praktiker halten es für sinnvoll, Fragen zur Zweckmäßigkeit der Trennung von **Hoch- und Populärkultur** zu stellen (Mittelwert 3,08/Median 3,0).

In der Kulturmanagementforschung kommt das Thema nur vereinzelt vor. Für Praktiker ist es hingegen relevant. Kulturmanager sind zunehmend Verwertungszusammenhängen ausgesetzt. Kunst und Kultur müssen sich auf bestimmte Art und Weise rentieren. Dass dies nicht immer und in allen Kontexten funktionieren

---

154 Die Diskussion hatte darüber hinaus aber auch zum Gegenstand, wie damit umzugehen ist, dass Bundesländer in prekären Haushaltssituationen beginnen ihre Kunstwerke zu verkaufen, um die Staatskassen zu füllen und ihren sozialstaatlichen Verpflichtungen nachgehen zu können. Die versteigernde Spielbank war eine hundertprozentige Tochter der landeseigenen NRW-Bank.
155 K. Grabers-von Boehm (2015), S. 6.
156 Das öffentlich geförderte Frankfurter Städel Museum, in dem das Gemälde, das zu den wichtigsten Werken des 16. Jahrhunderts gezählt wird, als Leihgabe hing, hatte durch eine großangelegte Spendenkampagne 40 Mio. € aufgebracht – kam mit diesem Gebot nicht zum Zug.

kann, bedarf keiner Diskussion. Aber das Klammern an überkommenen, wettbewerbsfeindlichen Strukturen[157], wie sie sich in der deutschen Kulturförderung finden, wird nicht zu den Innovationen führen, die die befragten Kulturmanager für wichtig erachten. Auch hier müssen gerade diejenigen, die sich in der staatlich geförderten Hochkultur beheimatet sehen, aus der Komfortzone raus. Es gilt zumindest in Teilen von der Popkultur zu lernen.[158]

Interessant ist in diesem Zusammenhang auch die in Kulturkreisen emotional geführte Diskussion um TTIP. Das Freihandelsabkommen TTIP, das noch im Jahr 2016 unterzeichnet werden soll[159], ist gefährlich für die Kulturnation Deutschland und ihre Errungenschaften, so die einhellige Meinung aus Kulturkreisen.[160] Auch in dieser Befragung nannten einige Teilnehmer nach den Herausforderungen der Globalisierung befragt TTIP als eine solche. Vereinfacht und verkürzt geht es dabei um die Furcht vor Konkurrenz und damit einhergehend den Untergang der Kulturnation. Kaum jemand aus einer anderen Branche als der Kultur kann das wirklich nachvollziehen. Der Ausschluss von Konkurrenz ist Protektionismus und der hat bis dato nicht nur noch nie funktioniert, sondern steht im Widerspruch zum Wesen der Kunst. Das, was beispielsweise US-amerikanische Kunst und Kultur in vielen Teilen der Welt so attraktiv macht, ist gerade diese Mischung unterschiedlicher Kulturen und Traditionen, die mit einer gewissen, in Europa unbekannten Leichtigkeit daherkommt.[161] Gutes wird sich durchsetzen. Ist die Angst vor dem Abkommen nicht mithin ein Eingeständnis, dass man an der Wettbewerbsfähigkeit der eigenen Ideen zweifelt? Ideen, die sich bis dato kaum einem Wettbewerb haben stellen müssen? Mit J.P. Singh[162] wäre zu fordern, die Energie dahingehend zu verwenden, Kunst und Kultur ebenso wie die Erzeugnisse der Kreativwirtschaft auf einem internationalen Markt erfolgreich zu machen[163] anstatt sie zu schützen. Robertson hat ein solches Vorgehen, das lokale Kulturpro-

---

157 Die erbittert, emotional bis polemisch geführte Diskussion um das Buch »Der Kulturinfarkt« (2012), von D. Haselbach/A. Klein/P. Knüsel/S. Opitz macht deutlich, wie sehr die Autoren einen Nerv getroffen haben.
158 Für den Musikbereich erläutert M. Terkessidis (2015), S. 174, dass der Unterschied zwischen Underground und Mainstream wenig sinnvoll ist, denn auch die Industrie setzt nicht mehr nur auf einzelne Zugpferde, die dann gegebenenfalls weniger erfolgreiche Musiker der Firma quersubventionieren, sondern stellt ein diversifiziertes Angebot bereit.
159 So zumindest der Wunsch des amtierenden aber im Jahr 2016 scheidenden US-amerikanischen Präsidenten Barack Obama. Die designierten Kandidaten äußern sich hinsichtlich TTIP deutlich verhaltener beziehungsweise aus dem Lager der Republikaner ablehnend.
160 A. Kämpf (2015), S. 20 ff.
161 J. Nederveen Pieterse (2004), S. 54.
162 J.P. Singh (2010), S. 154 f., kritisch dazu D. Crane (2002), S. 15 und A. Beale (2002). Anders als Singh argumentiert auch J.J. Hernández-Acosta (2013), S. 127 für die Länder Südamerikas durchaus für Quoten insbesondere im Bereich der audio-visuellen Medien.
163 R. Henze (2014), S. 39 ff.

dukte für einen globalen Markt aufbereitet, als ›Glocalization‹ bezeichnet.[164] Der Begriff ist jedoch nicht durchweg positiv konnotiert, da wieder der Markt und die möglichst globale Verwertbarkeit und nicht die Einzigartigkeit des Produkts, das sich gegebenenfalls auf ein allgemeinverständliches Niveau bringen lassen muss und damit doch wiederrum nicht authentisch ist, im Vordergrund steht.

Auch geht mit der Angst um »nationale« Kunst und Kultur ein Unterschätzen der »Kunden« einher. Vielfach hat sich gezeigt, dass nationales Kulturgut nicht im Mainstream untergeht. »Domestic Music« ist bei den Verkaufszahlen weltweit konstant mit über 50 % führend. Trotz Al-Jazeera und CNN bleibt das Fernsehen weitegehend national[165] wenn nicht sogar lokal. Mehr als die Hälfte der Kinoeinnahmen etwa in Frankreich und in Tschechien werden mit nationalen Produktionen erzielt, in Japan und Indien sind es sogar über 80 %.[166] Es darf mithin bezweifelt werden, ob Wettbewerb, wie er insbesondere unter der Federführung Frankreichs schon seit Jahrzehnten bei Abkommen wie beispielsweise GATT (General Agreement on Tariffs and Trade) von der EU bekämpft wird, tatsächlich zu dem antizipierten Verlust der nationalen Identität führt. Zumal fraglich ist, ob die nationale Identität[167] sich nicht schon wie seit jeher aus einer Vielzahl anderer Gründe mit Zeitablauf dynamisch ändert als aufgrund des Umstandes, dass sonst noch mehr Menschen noch mehr amerikanische Fernsehserien oder Filme anschauen würden.[168]

Die Unterscheidung zwischen Hoch- und Populärkultur, wobei letztere meist auf den Aspekt des Konsums reduziert wird, ignoriert auch die Gegebenheiten etwa in vielen Ländern Lateinamerikas wo »Freizeit« und die damit zusammenhängenden Aktivitäten wie etwa Kinobesuche zur kulturellen Identität gehören.[169]

---

164 Robertson (1995), S. 28.
165 Am deutschen Fernsehformat »Wetten Dass …« und der vielfach daran geäußerten, hämischen Kritik seitens der Gäste aus Hollywood wurde deutlich, dass dieses langjährige Flaggschiff der deutschen Fernsehunterhaltung in anderen Ländern sicher nicht ein ebensolcher Erfolg beschieden worden wäre.
166 F. Martel (2011), S. 31.
167 Viele Länder (beispielsweise Mexiko, Brasilien, Nepal, Bhutan, Singapur, Australien und in Teilen sicher auch Spanien und Kanada) würden ihre Kultur schon von vornherein als hybride bezeichnen und kaum mit nationaler Identität argumentieren wie es beispielsweise Frankreich oder Japan tun. Kulturpolitik für nationale Identitätspolitik zu nutzen, steht auch einer Förderung von Diversität, wie sie etwa durch die 2005 UNESCO Konvention gefordert wird, entgegen. C. Figueira (2015), S. 169.
168 B. T. Edwards (2016), macht darauf aufmerksam, wie Erzeugnisse der amerikanischen Popkultur, die schon lange nicht mehr als Statussymbole gesehen werden, in der arabischen Welt kopiert, von ihrem amerikanischen Ursprung gelöst, in andere, regionale Kontexte gesetzt und mit neuen Bedeutungen versehen, zirkuliert werden.
169 J. J. Hernández-Acosta (2013), S. 130.

Der enge Hochkulturbegriff ist dort durch den Kolonialismus implementiert worden, hat aber wenig mit eben der Identität in den jeweiligen Ländern zu tun.

Auch ist es eine sehr europäische Attitude, zu glauben, dass Hochkultur und Popkultur unvereinbar nebeneinander existieren müssen. Die US-amerikanische Serie »Breaking Bad«,[170] die in Deutschland viel Aufmerksamkeit und positive Resonanz sowie mittlerweile ein Nachahmer-Format[171] erfahren hat, ist ein Beispiel dafür, dass es gelingen kann, ein Hochkulturpublikum ebenso zu binden, wie eine breitere Zuschauergruppe, die vielleicht tatsächlich »nur« Unterhaltung sucht. Die Serie setzt sich unter anderem kritisch mit dem amerikanischen Gesundheitssystem oder der zunehmenden Armut weiter Bevölkerungsteile auseinander. Die Schauspieler sind hochgelobt. Kulturprodukte dürfen und müssen, wenn sie langfristig erfolgreich sein wollen, Kunst und Unterhaltung verbinden und von vorneherein für mehrere Zuschauerperspektiven gemacht sein.[172] So besteht eine Chance, Menschen mit sehr unterschiedlichen Bedürfnissen der Freizeitgestaltung zu erreichen und dies ist das erklärte Ziel der Kulturmanager, die sich um Konkurrenz, wie hier belegt, Gedanken machen.

Projekte wie Yellow Lounge[173], die Stars der klassischen Musik gemeinsam mit DJs und VJs in Clubs präsentieren oder Kunstausstellungen im Berliner Club Berghain bringen erfolgreich zwei vermeintlich parallele Welten zusammen und sprechen ein überwiegend junges Publikum an.

Bei zahlreichen Kulturmanagern werden Hoch- und Populärkultur in der täglichen Arbeit immer gleichberechtigt nebeneinanderstehen. In soziokulturellen Zentren, bei Festivals oder im Hallenmanagement sind Angebote aus beiden Bereichen selbstverständlicher Teil der Angebotspallette.

---

170 Die erste Qualitätsserie der USA waren die »Sopranos« – eine Serie, der es unter anderem aufgrund der zahlreichen Perspektiven, aus denen die Geschichte erzählt wurde und der Einbindung diverser Gruppierungen und Personen, gelungen ist, über Klassen-, Alters- und Geschlechtergrenzen hinweg ein breites Publikum anzusprechen. 21 Emmy-Awards und fünf Golden Globes verdeutlichen den Erfolg.
171 »Morgen hör ich auf« mit Bastian Pastewka im ZDF, der allerdings zahlreiche Kritiker attestierten, die Standards, die amerikanische Serien wie »Breaking Bad«, »True Detective« oder »House of Cards« setzen, nicht zu erreichen.
172 D. Diederichsen (2012), S. 29.
173 www.yellowlounge.org (18. 05. 2016).

bbb) Themen, die nach Auffassung der Kulturmanager aus dem nicht deutschsprachigen Ausland in der Kulturmanagementausbildung eine Rolle spielen sollten

Bei den befragten Kulturmanagern aus 43 weiteren Ländern sieht das Befragungsergebnis ähnlich aus. Auch sie erachten die genannten Themen in der Ausbildung von Kulturmanagern für wichtig. Insgesamt sogar noch etwas wichtiger als die Vergleichsgruppe. Eine Differenzierung zwischen den einzelnen Themen im Sinne einer Rangfolge vorzunehmen, ist kaum möglich. Sämtliche Themen wurden im Median mit 2,0 bewertet.

An den ersten drei Positionen mit Mittelwerten von 2,23, 2,27 und 2,30 finden sich auch in diesem Sample die praxisrelevanten Themen **Logistik, Finanzierung und Antragsstellung sowie juristische Fragen.**

Etwas weiter vorn bei der Wertung der Wichtigkeit findet sich in dieser Gruppe im Vergleich zur Gruppe der Praktiker aus Deutschland, Österreich und der Schweiz mit einem Mittelwert von 2,34 das Thema Menschenrechte und Meinungsfreiheit. Dies kann darauf zurückzuführen sein, dass diese Thematik einige der Befragungsteilnehmer in diesem Sample in der eigenen Arbeit unmittelbar betrifft, beziehungsweise sie in ihren Ländern Menschrechtsverletzungen und eingeschränkte Meinungsfreiheit erlebt haben oder noch erleben müssen. Es kann daher nicht verwundern, dass Befragungsteilnehmer aus dem Yemen, Uganda, Togo und aus Afghanistan die Wichtigkeit mit 1 also als sehr hoch angeben.

Fast gleichauf ist das Thema **Multicultural Education** mit einem Mittelwert von 2,35. Zahlreiche Länder, insbesondere auf dem afrikanischen Kontinent, haben eine multi-ethnische Bevölkerung, die teilweise nicht einmal eine gemeinsame Sprache spricht.

Ähnlich wie bei der großen Bedeutung, die die Befragungsteilnehmer dem Thema Menschenrechte und Meinungsfreiheit zuerkennen, so ist auch die hohe Wertung für Kultur als **Soft Power und Cultural Diplomacy** mit einem Mittelwert von 2,41 zumindest in Teilen mit der tatsächlichen Betroffenheit durch diese Art und Weise der Außen(kultur)politik zu erklären. Viele Kulturmanager können von den Bemühungen der internationalen Organisationen profitieren, wenn es denn gelingt, dass originelle und den spezifischen Wissensbeständen des jeweiligen Landes entsprechende Vorhaben gefördert werden und nicht nur Projekte, die zu Vergaberichtlinien, die aufgrund ihrer Allgemeingültigkeit wenig mit den Gegebenheiten vor Ort zu tun haben, passen.

Der **Kulturgüterschutz** wird im Mittelwert mit 2,49 bewertet. Auch hier spielt der Faktor rein, dass es in den Herkunftsländern einiger Befragungsteilnehmer um den Schutz des kulturellen Erbes der Menschheit schlecht bestellt ist und die Kulturmanager entsprechend besorgt sein dürften. Aber natürlich auch, dass die entsprechenden Ereignisse eine weltweite mediale Präsenz erfuhren und Kulturmanager überall auf der Welt wegen der Gefährdung des kulturellen Erbes alarmiert sind.

Das durchaus schwierige Thema **kulturelle Identität** ist mit dem Mittelwert von 2,51 nicht ganz so präsent wie bei den Kulturmanagern aus Deutschland, Österreich und der Schweiz. Dies mag damit zusammenhängen, dass dieser Terminus gerade in der deutschen Diskussion zu einem sogenannten »Buzzword« geworden ist, ohne das keine kulturpolitische Diskussion mehr auskommt.

Die Themen **Kulturtourismus, Unterscheidung zwischen Hoch- und Populärkultur sowie Innovationsmanagement** liegen mit einem Mittelwert von 2,52 und einem Median von 2,0 gleichauf und sind damit etwas höher bewertet worden als von der Vergleichsgruppe der Kulturmanager aus Deutschland, Österreich und der Schweiz. Die etwas höhere Bewertung des Kulturtourismus mag damit zusammenhängen, dass gerade einige der ärmsten Länder Afrikas das enorme Potential des Tourismus erkannt haben. Für viele Länder in Afrika, aber auch in Lateinamerika und Asien stellt der Tourismus mittlerweile die größte Quelle des Exporteinkommens dar.[174]

3 Bewertung und Ausblick

Das Internationale Kulturmanagement fristet in Forschung und Lehre noch ein Nischendasein. Dies ist vor dem Hintergrund, dass über 40 % der befragten Praktiker aus dem deutschsprachigen Raum und über 60 % der Befragten aus 43 weiteren Ländern ihre Tätigkeit als international bewerten, nicht nur erstaunlich, sondern vielmehr fahrlässig, da eine Vorbereitung für die vielfältigen Herausforderungen durch die Hochschulen und Universitäten somit fast vollständig fehlt. Darüber hinaus steht zu vermuten, dass diese Prozentsätze aufgrund weltweiter Trends in Zukunft noch steigen werden.

- Die Anzahl der internationalen Musik- und Kunstfestivals wie auch der Festivals in den darstellenden Künsten nimmt – bedingt durch den Wunsch vieler Städte und Regionen, sich damit aufzuwerten beziehungsweise einen Wiedererkennungswert zu schaffen – stetig zu.[175] Internationale Mega-Events etwa im Sport sind ohne kulturelles Rahmenprogramm kaum denkbar.

---

174 J. P. Singh (2010), S. 103.
175 Ein Beispiel für ein Musikfestival, das mittlerweile international agiert, ist das 1994 in Barcelona gegründete Sónar Festival für elektronische und experimentelle Musik. Das Brand Sónar ist mittlerweile in vielen Ländern bekannt und wird als Franchise für diverse musi-

Bewertung und Ausblick

- Der Kulturgütermarkt wird aufgrund des Auftretens neuer, zahlungskräftiger Akteure zunehmend international und gehört bereits zu einem der umsatzstärksten und profitabelsten Märkten der Welt.[176]
- Der Entertainmentmarkt ist seit Jahren expansiv und sieht zahlreiche, in vielerlei Hinsicht nicht unproblematische Zusammenschlüsse, die große und weltweit agierende Konzerne entstehen lassen.
- Projekte, wie beispielsweise die Europäische Kulturhauptstadt und das UNESCO creative cities Netzwerk, fragen immer mehr internationale (Ko-)Produktionen nach. Aber auch die Schlüsselpositionen bei der Organisation solcher Veranstaltungen oder in internationalen Organisationen werden zunehmend mit internationalem Personal besetzt, das über entsprechende Erfahrungen und große Netzwerke verfügt.[177]
- Die Sogwirkung urbaner Metropolen wird noch zunehmen und die Stadtplanung und die Kulturentwicklungsplanung in den sogenannten globalen Mega-Cities[178], aber besonders auch in den ländlichen Regionen, die weniger hybrid sind, vor Herausforderungen stellen.
- (Hoch-)Kultureinrichtungen, und hier besonders Museen, werden sich, wie die Guggenheim Museen oder der Louvre, zunehmend internationalisieren und daher entsprechend internationales und mobiles Personal benötigen.
- Aufgrund des gestiegenen Wohlstandes in zahlreichen Ländern, ist mit einer weiteren Zunahme des internationalen Kulturtourismus, den viele Kulturmanager als Chance begreifen, zu rechnen.
- Internationale Organisationen wie auch Mittlerorganisationen erkennen zunehmend, dass es ihnen nicht länger um den Export von Kulturgütern ins Ausland, sondern um internationales »Capacity Building« gehen muss, was wiederum internationale Projekte fördert.
- Die weiter voranschreitende Digitalisierung wird ebenfalls ihren Beitrag zur zunehmenden Internationalisierung des Sektors leisten.[179]

---

kalische Ereignisse vertrieben. In der bildenden Kunst ist ein ähnliches Konzept mit den Guggenheim Museen bekannt geworden.
176 Im Ranking der einflussreichsten und teuersten Künstler der Welt finden sich Künstler aus Ländern des globalen Südens jedoch nur vereinzelt.
177 Die Leitung der dänischen Kulturhauptstadt Aarhus 2017 übernahm nach Stationen in den USA und Australien 2013 die Britin Rebecca Matthews.
178 Siehe hierzu S. Sassen (1996; 2002); B. Barber (2016), S. 34 f. sieht bei der zunehmenden Obsoleszenz des Nationalstaates die Städte, die begründet auf Handel und Mobilität schon immer multikulturell gewesen sind, stark an Bedeutung gewinnen, ähnlich R. Hambleton (2015), S. 173 ff. der den Bedeutungszuwachs der Städte und lokalen Regierungen mit ihrer stärkeren Bürgernähe begründet.
179 J. Stainers/S. Travers/M. J. Chung (2011), S. 16.

Über 60 % der Kulturmanager arbeiten in Zusammenhängen, die als transkulturell bezeichnet werden können. Auch wenn interkulturelles Kulturmanagement schon länger in der Kulturmanagementforschung insbesondere im Zusammenhang mit Audience-Development ventiliert wird, so zeigt die Befragung, dass das Kulturmanagement gerade im Hinblick auf die Thematik des internationalen und transkulturellen Kulturmanagements zukünftig stärker als bisher auf einen kritischen Diskurs oder, wie es DeVereaux formuliert, »discourse of practice«[180] setzen muss.

a) Discourse of Practice

Die Beobachtung DeVereauxs, dass sich das Kulturmanagement zu einem Fach entwickelt hat, in dem Reaktion die Norm und Proaktion die Ausnahme ist, ohne Reflexion darüber, wie die bestehende Praxis in einen weiteren Kontext einzuordnen ist[181], scheint bedauerlicherweise korrekt. Die zahlreichen Aussagen der Kulturmanager aus Deutschland, Österreich und der Schweiz zu ihren Bemühungen um die Integration von Flüchtlingen, denen es Teilhabe zu ermöglichen gilt, müssen in diesen kritischen Diskurs einbezogen werden.

Nicht nur diese Befragung, sondern auch ein Blick auf die Spielpläne der Theater dieser Republik zeigt, dass kaum eine noch so kleine Bühne sich des Momentums entziehen kann und das Thema Migration aufgreift, beziehungsweise partizipative Ansätze verfolgt.[182] So gut gemeint diese Bemühungen um »Teilhabe«, wie es viele Praktiker formulierten, sind, so müssen sie dennoch nicht nur hinsichtlich ihrer Strategie[183] und Nachhaltigkeit[184], sondern auch dahingehend kritisch gewürdigt werden, ob sich hinter der Partizipation nicht lediglich das Absegnen eines von der beschriebenen homogenen Parallelgesellschaft bereits detailliert geplanten Vorhabens durch »Betroffene« verbirgt[185] und ob sich durch Instru-

---

180 C. DeVereaux (2009), S. 65–72.
181 C. DeVereaux (2009), S. 66.
182 So soll es bereits vorgekommen sein, dass Kulturprojekte gar nicht mehr an ihre avisierte Zielgruppe kamen, da die Flüchtlinge bereits von einer anderen Kulturinitiative in Beschlag genommen wurden F. Kröger (2016), S. 24.
183 Dass diese Strategie insbesondere für sogenannte Engagement-Arbeit auch vielen Museums-Beschäftigten mangelt, die unter der Kurzfristigkeit der zahlreichen Projekte leiden, offenbarte eine Untersuchung von B. Lynch (2011), S. 6 in Großbritannien. Besonders negativ wurde von den Museums-Mitarbeitern angemerkt, dass nach Abgabe der Berichte an die Fördergeber kaum mehr Zeit für die Organisation bleibt, aus den gemachten Erfahrungen zu lernen und die begonnenen Netzwerke auszubauen, da bereits das nächste Projekt ansteht.
184 G. Wolfram (2015), S. 20.
185 M. Terkessidis (2015 a), S. 81.

mentalisierung die »Außenseiterrolle« nicht sogar weiter perpetuiert.[186] Tania Canas, Arts Director und Mitglied der australischen Organisation RISE[187], hat eine Liste mit zehn Punkten verfasst, die sich Kulturschaffende, die mit Flüchtlingen und Asylsuchenden arbeiten wollen, anschauen sollten.[188] Canas macht den Unterschied zwischen Präsentation und Repräsentation deutlich und fordert unter anderem folgende Fragen zu stellen: »Your project may have elements of participation but know how this can just as easily be limiting, tokenistic and condescending. Your demands on our community sharing our stories may be just as easily disempowering. What frameworks have you already imposed on participation? What power dynamics are you reinforcing with such a framework? What relationships are you creating (e.g. informant vs expert, enunciated vs enunciator)?«[189]

Wie schon die so häufig verwendeten Termini ›Identität‹, ›Partizipation‹ und ›Diversität‹, so ist auch das Wort ›Teilhabe‹ komplex und bedarf einer näheren Auseinandersetzung und kritischen Reflexion.[190] Haftet der paternalistischen anmutenden Teilhabe doch an, dass es nach wie vor um das Spiel derjenigen geht, die schon länger dabei sind und die Regeln bestimmen. Mitspielen darf nur, wer diese Regeln akzeptiert. Längerfristig muss die Einwanderungsgesellschaft, die Deutschland nunmehr ist, ein neues Spiel lernen, dessen Regeln von vielen unterschiedlichen Menschen mitbestimmt werden. Dass diese Entwicklung für zahlreiche Menschen mit Ängsten und Sorgen etwa um die Erhaltung der eigenen Privilegien behaftet ist[191], muss ernstgenommen und entsprechend – auch von Kulturinstitutionen – moderiert werden. Erstaunlich ist allerdings, dass dieses Thema bei zahlreichen Kulturinstitutionen überwiegend erst mit der großen Migrationswelle des Jahres 2015 wirklich Fahrt aufgenommen zu haben scheint. Migration ist jedoch schon lange kein Randthema mehr in der Gesellschaft.[192] Die

---

186 I. Pilic/A. Wiederhold (2015), S. 23.
187 www.riserefugee.org (23.06.2016).
188 T. Canas (2015), http://riserefugee.org/10-things-you-need-to-consider-if-you-are-an-artist-not-of-the-refugee-and-asylum-seeker-community-looking-to-work-with-our-community/# (23.06.2016).
189 T. Canas (2015), http://riserefugee.org/10-things-you-need-to-consider-if-you-are-an-artist-not-of-the-refugee-and-asylum-seeker-community-looking-to-work-with-our-community/# (23.06.2016).
190 In spanischsprachigen Ländern wird anstatt von ›kultureller Teilhabe‹ von ›Democratización Cultural‹ gesprochen – ein Ausdruck, der in diesem Zusammenhang passender erscheint.
191 Der große Zulauf den Pegida und die AfD in Deutschland erfahren, wie aber auch der zum Front National in Frankreich oder der Lega Nord in Italien spiegelt diese Ängste wider. Khair spricht in diesem Zusammenhang von einer ›neuen Xenophobie‹ in Westeuropa T. Khair (2015), S. 59; T. Khair (2016).
192 Das Ballhaus Naunynstraße in Berlin-Kreuzberg, das vor ihrem Wechsel ans Maxim Gorki Theater von Shermin Langhoff geleitet wurde, spricht in diesem Zusammenhang von

Demographie in Großstädten spricht schon seit Jahren eine deutliche Sprache. In zahlreichen deutschen Großstädten hat die Mehrheit der Kinder unter sieben Jahren einen Migrationshintergrund.[193]

Der komischen Oper Berlin fiel allerdings auch erst im Jahr 2012 auf, dass im Kinderchor des Hauses nicht ein einziges Kind türkischer Herkunft sang. Der ebenfalls erst 2012 eingestellte erste türkische Mitarbeiter dieser Institution startete einen Aufruf im türkischsprachigen Radio, worauf sich in kürzester Zeit 200 Familien meldeten, um ihre Kinder anzumelden.[194] 25 Kinder mit türkischen Wurzeln singen seit der Spielzeit 2012/2013 in dem renommierten Chor.

Wenn man sich die Kulturinstitutionen in ihrer personellen Zusammensetzung anschaut, so darf zu Recht bezweifelt werden, wie solche Homogenität auf einmal ernsthaft und auf Dauer Vielfalt generieren soll[195], aber es muss auch gefragt werden, ob ein gewisses »Unter sich sein« nicht auch lange Zeit durchaus gewollt und angenehm war.[196] Mittlerweile haben jedoch mehr Menschen mit Migrationsgeschichte den Weg in die Kulturinstitutionen[197] und teilweise sogar in Leitungsfunktionen gefunden. Es muss allerdings darauf geachtet werden, diese Personen nicht auf ihre Herkunft zu reduzieren und zu meinen, sie könnten sich nur zu Themen ein bestimmtes Land und die Menschen gleicher Nationalität oder

---

postmigrantischem Theater – nämlich Theater insbesondere von und für Menschen, die selbst über keine eignen Migrationserfahrungen verfügen und vielfach deutsche Staatsbürger sind, aber dennoch häufig in Zusammenhängen, die mit Migration zu tun haben, agieren beziehungsweise in diese Zusammenhänge gedrängt werden, obwohl sie in dieser Gesellschaft längst angekommen sind. Der Begriff des ›Postmigrantischen‹, den das Ballhaus Naunynstraße derart geprägt hat, dass er mittlerweile international Verwendung findet, ist allerdings als »Label« für eine Gesellschaft, die sich schon jenseits der Migration und der anerkannten Vielfalt weiteren, daraus resultierenden Themen zuwenden kann, nicht unumstritten.

193 Nur etwa 7 % der Lehrer in Deutschland haben einen Migrationshintergrund. Für diese bietet beispielsweise die Fulbright Kommission mit »Diversity and Integration in the Classroom« ein zweiwöchiges Fortbildungsprogramm an und die Gemeinnützige Hertie Stiftung unterstützt seit 2008 mit Stipendien und Programmen Erzieher und Lehrer mit Migrationshintergrund – das Horizonte-Programm endet jedoch 2017.
194 M. Terkessidis (2016), Deutsch, Bildungsbürger, 40 plus – wer gestaltet Kultur für wen?, Vortrag auf der 8. Integrationskonferenz der Stadt Erlangen am 29.01.2016. 2014 hat die komische Oper Berlin ein Buch über die interkulturelle Öffnung des Hauses »vor und hinter den Kulissen« veröffentlicht »Selam Opera!: Interkultur im Kulturbetrieb«.
195 D. Hesmondhalgh/A. Saha (2013), S. 183; B. Wagner (2012), machte darauf aufmerksam, dass auch Kunstjurys lange Jahre homogen und teilweise mit den immer gleichen Personen besetzt wurden.
196 R. Henze (2012), S. 180. Bereits vor 30 Jahren machte P. Bourdieu (1987), mit umfangreichen Studien darauf aufmerksam, dass die Künste als Mittel der gesellschaftlichen Integration wenig geeignet sind, sondern vielmehr ein Mittel der Unterscheidung darstellen.
197 Im Museumsbereich allerdings häufig nur über Stipendienprogramme.

Ethnie betreffend fundiert äußern. Künstler, insbesondere Schriftsteller, werden häufig auf Themen aus ihrem Herkunftsland festgelegt und darauf, Themen beizusteuern, die den »Appetit auf das Andersartige« bedienen.[198]

Bemühungen um Diversität, die Puwar beobachtet und die Diversität zu einem Begriff machen, der »overwhelmingly means the inclusion of people who look different« und allein dazu beitragen, »etwas Andersartigkeit in die Organisation zu bringen«, führen noch zu einer Perpetuierung der Vormachtstellung einer Ethnie, die Purwar als »institutional whiteness« bezeichnet.[199] Manche Autoren sprechen in diesem Zusammenhang gar von einem »Benetton Model der Diversität«, in dem Diversität zu einem ästhetischen Stil oder zu einer Möglichkeit wird, Organisationen ein besseres Image zu verpassen.[200]

In der Diskussion um die Mono-Perspektive der Kultureinrichtungen, darf aber nicht vergessen werden, dass Diskriminierung nicht ausschließlich auf Nationalitäten oder Ethnien beschränkt ist. Ungleichheiten bestehen nach wie vor auch aufgrund von Behinderung, sexueller Orientierung oder aufgrund des Geschlechts[201].

Um ›Integration‹, einen weiteren schwierigen Begriff, der in dieser Befragung von den Kulturmanagern häufig genutzt wurde, ging es Hartmut Esser mit sei-

---

198 N. Haak (2013), S. 38.
199 N. Purwar (2004), S. 1.
200 S. Ahmed (2012), S. 53.
201 Das Institut für Museumsforschung in Berlin hat herausgefunden, dass der Frauenanteil unter den Museumsleitungen gestiegen ist. Wurde 2012 nur etwas mehr als jedes dritte Museum von einer Frau geleitet, waren es 2014 fast gleich viele Museumsleiterinnen wie Museumsleiter: 45,8 % Frauen standen 48,9 % Männern gegenüber. 1,3 % der Häuser wurden von einer Doppelspitze bestehend aus einem Mann und einer Frau geleitet. Dieser Trend zeichnet sich auch in Frankreich ab. Das Französische Kulturministerium veröffentlichte im Januar 2015 Zahlen, die belegen, dass 31 % Frauen an der Spitze von Museen stehen, in staatlichen Museen sind es sogar 41 % und in Kunstzentren 61 % (A. Mohal (2016), S. 4)). Bei genauerem Hinsehen erkennt man allerdings rollenspezifische Zuweisungen, die sich etwa in den Wochenarbeitszeiten oder dem Anstellungsverhältnis bemerkbar machen. Teilzeitstellen haben in Deutschland mehrheitlich Museumsleiterinnen inne, nur etwa jede dritte Teilzeitstelle wird von einem Mann ausgefüllt. Interessant ist auch ein Blick auf die Museumsgattung. Im Bereich der bildenden Kunst sind es überwiegend Frauen, die die Direktorenposten besetzen. Ähnlich sieht es aus bei den kulturgeschichtlichen Spezialmuseen sowie bei den Volks- und Heimatkundlichen Museen. Anders ist das Geschlechterverhältnis bei den Schlössern und Burgen sowie bei den Naturkundehäusern und den naturwissenschaftlichen und technischen Museen – von diesen hat nur etwa jedes Dritte eine Frau an der Spitze. Zur Benachteiligung von Frauen im Literaturbetrieb siehe K. Derbyshire http://www.zeit.de/kultur/2016-04/schriftstellerinnen-literaturbetrieb-frauenquote-10-nach-8 (02.04.2016). Die hier beschriebenen Zustände und Zahlen müssen insbesondere vor dem Hintergrund zu denken geben, dass es an qualifizierten Frauen, die in die Kunst wie aber auch in das Kulturmanagement streben, nicht mangelt. Gerade im Studium stellen sie mit großem Abstand die Mehrheit dar. Siehe hierzu V. Dubois (2016), S. 38.

ner Eingliederungstheorie bereits in den 1970er Jahren. Auch Integration definiert sich über Anpassung und darüber, dass diejenigen, die sich integrieren sollen oder wollen, wie auch immer geartete »Defizite« ausgleichen müssen. Inwieweit dieses Konzept noch tragfähig ist, beziehungsweise ob es dies jemals war, muss – eigentlich schon seit über 30 Jahren – diskutiert werden. Auch ist in den zahlreichen Beiträgen der Befragten nicht immer deutlich, dass Integration durchaus im Widerspruch zu der ebenfalls häufig ins Feld geführten Diversität steht. Denn Diversität zielt »auf die Institution selbst ... nicht auf die Personen, die in diesen Institutionen nicht der Norm entsprechen. Zum anderen steht nicht eine bestimmte Gruppe im Zentrum des Konzepts, sondern das Individuum. Hierin besteht der Unterschied zum Ansatz der Integration. Dieser geht weiterhin davon aus, dass es ein großes Ganzes gibt mit einer Normgruppe und abweichenden Gruppen. Das Ziel ist erreicht, wenn die abweichenden Gruppen in der Norm aufgehen und so ein idealer, aber letztlich nie da gewesener Ursprungszustand wiederhergestellt wird«.[202] Der Widerspruch zwischen Integration und Diversität ist aber nicht nur zahlreichen Praktikern, sondern auch Kulturpolitikern noch nicht geläufig, wie sich an der Aussage der Bundesbeauftragten für Kultur und Medien Monika Grütters zur Verleihung des BKM Preises Kulturelle Bildung im Juni 2015 erkennen lässt: »Kulturelle Bildung fördert die Integration – und die Integration fördert mit Sicherheit die kulturelle Vielfalt.«[203]

Einige Kulturmanager nannten als Mittel der Integration partizipative Ansätze. Nun kann partizipative Kunst, die spätestens seit den 90er Jahren ein nahezu globales Phänomen, aber in den vergangenen Jahren besonders in Europa exponentiell gewachsen ist[204], per se nichts Schlechtes sein. Doch auch hier bedarf es der Differenzierung. Eine Partizipation, wie sie etwa der Regisseur Christoph Schlingensief in den 90er Jahren in seinen (Selbst-)Inszenierungen eingesetzt hat, hat ihm im Sinne von Aufmerksamkeit viel, der Sache der Minderheiten, die er partizipieren ließ, möglicherweise weniger gebracht.[205] Spivak bezweifelt in ihrem Grundlagenwerk der postkolonialen Theorie vollständig, dass Partizipation den sogenannten »Subalternen« in irgendeiner Form einen Mehrwert zu bringen imstande ist. Minderheiten würden sich durch ihr Engagement von »ihresgleichen« entfernen oder vollständig lösen, weil sie eine Rolle in einem rationalen Gespräch übernehmen, das wiederrum nach den Regeln derer geführt wird, die es vermeintlich begonnen haben und über entsprechende Privilegien verfügen.[206]

---

202 M. Terkessidis (2010), S. 15.
203 https://www.bundesregierung.de/Content/DE/Rede/2015/06/2015-06-02-gruetters-preis-kulturelle-bildung.html (21.06.2016).
204 C. Bishop (2012), S. 2.
205 M. Terkessidis (2015), S. 181.
206 G. C. Spivak (1988).

Bewertung und Ausblick

Es ist nicht auszuschließen, dass viele der sicher gut gemeinten partizipativen Ansätze derzeit noch relativ wenig mit ›Self-empowerment‹ oder ›Selbstrepräsentation‹ gemein haben. Es wäre allerdings eine unzulässige Verkürzung, der Kunst und Kultur eine solche Möglichkeit und den Kulturschaffenden eine solche Fähigkeit von vornherein abzusprechen. Das vom Deutschen Historischen Museum in Berlin geschaffene Angebot »Multaka: Treffpunkt Museum« ist einer von mehreren vielversprechenden Ansätzen. Das Museum bildet sechs Flüchtlinge aus Syrien zu Guides aus, die in arabischer Sprache durch das Museum führen. Die Zeit nach dem Zweiten Weltkrieg mit dem anschließenden Wiederaufbau Deutschlands steht im Zentrum der jeweiligen Führungen. Geflüchtete werden hier zu Akteuren (möglicherweise sogar mit konkreten Jobchancen) und zu Vermittlern einer ihnen möglicherweise bis dato fremden Geschichte, die sie aus ihrer Sicht den Besuchern vermitteln können. Die Besucher wiederum werden ihre Eindrücke und Erfahrungen in die entsprechenden Communities weitertragen. Erwähnenswert sind in diesem Zusammenhang auch der bereits 1999 gegründete Hajusom e. V. aus Hamburg, der »seine Arbeit als friedensbildend und als künstlerische Intervention im Konfliktfeld der aktuellen Migrationspolitik«[207] versteht, die Arbeiten von Gintersdorfer/Klaßen, die seit 2005 mit Künstlern aus Hamburg und der Elfenbeinküste arbeiten und einen Beitrag zum transkulturellen Austausch leisten[208], die Projekte der Choreografin Constanza Macras, die überwiegend türkisch-stämmige Kinder aus Neukölln als Mitglieder auf Augenhöhe in ihr Tanzensemble integriert, das Projekt »KulTür auf! Wir schaffen Zugang« des JugendtheaterBüros Berlin[209] sowie die Arbeit des KunstSozialRaum Brunnenpassage[210] in Wien.

Für die zahlreichen Diskussionen, die sich unter anderem an den hier erwähnten, komplexen Begrifflichkeiten[211] aufhängen, müssen besonders Universitäten

---

207 http://www.hajusom.de/deutsch/hajusom/ueber-hajusom/ (11.04.2016). O. Kontny schreibt über die Arbeit von Hajusom (2014), S. 22 »Wer sich je gefragt hat, ob Kunst empowerment sein könnte, der findet hier die Antwort« und auf S. 35 »Und wenn so gut wie alle an Hajusom beteiligten Akteur_innen als Erwachsene einen erfolgreichen Lebensentwurf in Hamburg realisieren, dann hat das Projekt nicht etwa einen Beitrag zur Integration geleistet, sondern zur Emanzipation«.
208 www.gintersdorferklassen.org (16.05.2016)
209 http://www.grenzen-los.eu/jugendtheaterbuero/kultur-auf-2/uber-das-projekt/ (11.04.2016)
210 Zu den transkulturellen Handlungsstrategien der Brunnenpassage siehe I. Pilic/A. Wiederhold (2015).
211 Das Arts Council Irland hat in einer Publikation »Cultural diversity and the arts – language and meaning« den bemerkenswerten Versuch unternommen, zahlreiche der hier erwähnten Begrifflichkeiten wie beispielsweise Diversity, Multiculturalism, Interculturalism, Minority Ethnic, Assimilation und Integration zu definieren: http://www.artscouncil.ie/Arts-in-Ireland/Arts-participation/Arts-and-cultural-diversity/ (11.04.2016)

und Hochschulen während aber auch nach dem Studium den entsprechenden Rahmen und theoretischen Unterbau schaffen. So sehr Kulturmanager Handwerkszeug – überwiegend aus der Betriebswirtschaft aber auch aus der Juristerei – für die tägliche Arbeit benötigen, wie eine große Mehrzahl der Befragten betonte, so sehr müssen sie, schon zur Legitimierung dessen was sie tun, in die Lage versetzt werden, eben nicht zur zu reagieren, sondern Entwicklungen zu gestalten und Themen in größere auch theoretische Zusammenhänge zu stellen. Gerade für die Disziplin des Kulturmanagements, die in Teilen auch als Dienstleister für die Praxis verstanden werden kann, ist es wichtig, den kritischen Blick von außen auf eben diese Praxis zu bewahren. Eine solche Perspektive kann denknotwendig derjenige nur schwerlich einnehmen, der in diese Praxis tagtäglich involviert ist.[212] Dass jede Praxis auf Theorie gründet, auch wenn sich die Praktiker dessen nicht zwingend immer bewusst sind, schrieb bereits Peter Drucker.[213]

Daher muss die Wissenschaft den kritischen Diskurs über Bedeutung, Werte und Interpretationen[214] mit der aber insbesondere auch über die Praxis unterstützen, in der Lehre – die Ausbildung zum Kulturmanager findet aus triftigen Gründen an Universitäten und Hochschulen und nicht als Berufsausbildung on-the-job statt – wie aber auch durch Veröffentlichungen und Konferenzen.

Konferenzen, wie die am 9. und 10. Januar 2014 am Deutschen Theater Berlin vom Institut für Kulturpolitik der Stiftung Universität Hildesheim und der Kulturloge Berlin veranstaltete Konferenz »Mind the Gap – Zugangsbarrieren zu kulturellen Angeboten und Konzeptionen niedrigschwelliger Kulturvermittlung« zeigen jedoch, dass auch die Wissenschaft nicht über Stereotype erhaben ist. Diese Tagung wurde durch eine künstlerische Intervention eines losen Bündnisses von selbstverwalteten Gruppen (u. a. dem JugendtheaterBüro Berlin), das sich mittlerweile das »Bündnis kritischer KulturpraktikerInnen nennt«[215], gestört. Mit der Intervention »Mind the trap« wollten die überwiegend jungen Menschen unter anderem darauf aufmerksam machen, dass an der Diskussion ihrer Auffassung nach einmal mehr nur die üblichen Verdächtigen teilnehmen, die gesammelt auf der einen Seite des »Gaps« stehen und eben nicht auf der anderen, über die während der Veranstaltung intensiv gesprochen werden sollte und der man einmal mehr ein Defizit unterstellt, das behoben werden muss, damit Kultur entsprechend gewürdigt und genossen werden kann.

Diese Intervention hatte für das JugendtheaterBüro Berlin Konsequenzen. Die mit dem Deutschen Theater bestehende Kooperation wurde nicht fortgeführt. Um

---

212 C. DeVereaux (2009 a), S. 156.
213 P. Drucker (1985), S. 26.
214 C. DeVereaux (2009a), S. 165.
215 https://mindthetrapberlin.wordpress.com/ (10. 05. 2016)

Abbildung II.8 Mind the Trap © JugendtheaterBüro Berlin

den kritischen Diskurs auf allen Ebenen und mit allen Beteiligten ist es nach wie vor nicht gut bestellt.

Dieser kritische und auch theoriegeleitete Diskurs, der disziplinübergreifend und möglichst nationenübergreifend stattfinden muss, ist für die Arbeit in internationalen wie transkulturellen Zusammenhängen aber eminent wichtig. Nicht nur zur dringend notwendigen Begriffsschärfung, die durch verschiedene Übersetzungen in diverse Fremdsprachen noch zusätzlich erschwert wird, sondern auch um bei allem Fokus auf die Praxis und die Bewältigung der durchaus zahlreichen administrativen Herausforderungen in der täglichen Arbeit, auf die Studiengänge definitiv vorbereiten müssen, die entscheidenden Fragen nicht zu vergessen, die Kunst- und Kulturinstitutionen legitimieren.

Wesentliche Fragen, auch im aktuellen Zusammenhang, müssen daher lauten: Was kann Kunst und Kultur bei der Bewältigung der derzeitigen Herausforderungen tatsächlich leisten? Was muss sie leisten? Muss sie überhaupt etwas leisten?

Hilft es Flüchtlingen und/oder der Gesellschaft, wenn Lessings »Nathan der Weise« als das Stück der Stunde in fast jedem Theater stattfindet?[216] Gibt es nicht

---

216 Das Theater Erlangen lud im März 2016 die ehrenamtlichen Flüchtlingsbetreuer in die Inszenierung von »Nathan der Weise« ein und schrieb »wir erhoffen uns neben der positiven

zeitgemäßere Stücke und junge Autoren, die Diversität dergestalt abbilden, dass sie entsprechend diverse Zuschauer besser ansprechen? Wem hilft es, wen provoziert es, wen regt es zum Nachdenken an, wenn in der Stemann-Inszenierung der »Schutzbefohlenen« von Elfriede Jelinek ein Chor von Flüchtlingen aus dem jeweiligen Aufführungsort auftritt?[217] Ist es überhaupt Aufgabe von Kunst und Kultur zu »helfen«? Können Theater, Museen und soziokulturelle Zentren in einem sozialen Sinne überhaupt Integrationsfaktoren sein?

Antworten auf diese Fragen sind schwer zu finden. Aber die Diskussion darüber ist notwendig. So notwendig wie die Erkenntnis, dass Kunst und Kultur nur dann wirklich nachhaltig wirken können, wenn sie sich Themen auch über einen längeren Zeitraum widmen und nicht nur ad hoc auf Anforderungen gesellschaftlicher oder politischer Natur oder auf geänderte Zuschauerbedürfnisse reagieren. In diesem Punkt müsste sich der Kunst- und Kultursektor von der (Kultur-)Politik, die immer auf soziale und politische Entwicklungen reagiert und ihre Ziele an sozio-kulturellen Veränderungen ausrichtet, wie es Bonet und Négrier[218] formulieren, möglicherweise stärker emanzipieren – was jedoch aufgrund der bestehenden, finanziellen Abhängigkeiten schwierig ist.

Gewinnbringend wäre es auch, wenn sich die Besucherforschung mit der bereits 2002 von Audéoud aufgestellten Hypothese auseinandersetzen würde, die besagt, dass auch die potentiellen Publika in Europa kein Interesse an internationalen Inhalten (offensichtlich mit Ausnahme von Inhalten der Popkultur) verspüren, was entsprechende Auswirkung auf die Mobilität von Künstlern, Produktionen und Werken zeitigt.[219] Die hier vorgestellte Befragung zeigt tatsächlich ein

---

Zeichensetzung für ehrenamtliches Engagement auch einen Werbungseffekt für das Theater«.
217 Die Namen der Flüchtlinge finden im Gegensatz zu allen anderen Akteuren im Programmheft keine Erwähnung. Mit »Selbst«-Repräsentation hat dies weniger zu tun als damit, die Flüchtlinge auf den Umstand ihrer Flucht und der Migration zu reduzieren. Provoziert hat dieses Stück in der Inszenierung von Tina Leisch am 14. April 2016 allerdings tatsächlich 30 bis 40 sich »Identitäre« nennende Rechtsextreme (stehen seit 2012 unter der Beobachtung des österreichischen Verfassungsschutzes), die an diesem Tag die Bühne des Audimax der Universität Wien stürmten, Kunstblut verspritzen und Multikulti tötet Slogan ins Publikum schrien. Die Flüchtlinge aus Syrien, Afghanistan und dem Irak, die an dem Abend auf der Bühne standen, entschlossen sich nach Ende der Störung und Minuten der Angst, das Stück zu Ende zu spielen.
218 L. Bonet/E. Négrier (2011), S. 577
219 O. Audéoud (2002), S. 26. Audéoud listet in seinem Text zahlreiche Hindernisse auf, die der Mobilität von Künstlern innerhalb Europas im Weg stehen. Vierzehn Jahre nach Erscheinen seiner Studie kann bei der Lektüre konstatiert werden, dass sich in diesem Bereich – gerade was die Unterstützung (finanzieller aber auch ideeller Natur) von Künstlern anbelangt – viel getan hat. Viele Hindernisse (beispielsweise mangelnde Information/fehlende Netzwerke/Probleme beim Anerkennen von ausländischen Diplomen) sind mittlerweile weitgehend

im internationalen Vergleich geringeres Interesse deutschsprachiger Kulturmanager an Reisen und Kooperationen außerhalb des näheren geografischen Umfelds. Die Problematik, die Audéoud aufzeigt, ist die eines sogenannten »Henne-Ei-Problems«. Könnte es nicht auch sein, dass aufgrund mangelnden Angebots kein Interesse generiert werden kann? Und muss es nicht Aufgabe des (öffentlich geförderten) Kulturmanagements als solches sein, Publikum zu entwickeln und aufgrund der entsprechenden Angebote von dem vielfachen Nutzen des kulturellen Austauschs zu überzeugen?[220] Und ist dieser Austausch nicht sogar zwingend, weil sich das Publikum bereits in den Jahren seit der Studie von Audéoud hybride entwickelt und schon lange nicht mehr von homogenen Interessen beziehungsweise Desinteressen ausgegangen werden kann?

b) Eurozentrismus versus globale Herausforderungen

Wichtig ist es, den bestehenden Eurozentrismus zu durchbrechen. Zukünftig werden Kulturmanager und ihre Institutionen noch mehr lernen müssen. Und dabei sind die unumgänglichen Fremdsprachenkenntnisse sowie die Gewissheit, dass Organisationen die Gesellschaft zukünftig besser abbilden müssen, möglicherweise noch am einfachsten zu erlangen. Schwieriger und zeitintensiver wird sich lokales und nationales Wissen anderer Länder erschließen lassen, das aber nicht nur für Kulturmanager, die in internationalen Kontexten agieren, zunehmend bedeutsam wird. Der Blick über die europäischen Nachbarländer hinaus wird notwendig, um Antworten auf eine Vielzahl drängender Fragen zu finden, darunter nicht nur solche, die mit aktuellen politischen Gegebenheiten zu tun haben, sondern beispielsweise durchaus auch solche, die mit stärkerem Wettbewerb um die Aufmerksamkeit eines zunehmend polyglotten Publikums zusammenhängen. Studien legen die Vermutung nahe, dass interkulturelle Erfahrungen die Kreativität des Menschen aufgrund der notwendigen Anpassungsleistung fördern.[221] Kulturmanager aus dem deutschsprachigen Raum verlassen ihre Komfortzone – ihren Kulturbegriff und sogar ihren Sprachraum – im internationalen Vergleich jedoch noch zu selten. Es steht zu befürchten, dass genau dies tatsächlich zu einem

---

ausgeräumt worden – die Schwierigkeiten, die allerdings auf den zahlreichen Sprachen und den unterschiedlichen Rechtssystemen (Steuern, Pensionsansprüche, Urheberrechte) innerhalb Europas basieren, bleiben jedoch zu großen Teilen bestehen.
220 C. DeVereaux/M. Griffin (2006), S. 5. Allerdings wäre es zu kurz gegriffen, in diesem Kontext nur die Kultureinrichtungen in die Pflicht zu nehmen. Bereits Kindergärten und Schulen müssen hier entsprechend arbeiten. Die Curricula in vielen Ländern sehen aber kaum künstlerische oder musische Fächer vor.
221 W. W. Maddux/A. D. Galinsky (2009), S. 1047–1061.

Wettbewerbsnachteil bei zunehmender internationaler Konkurrenz, die zahlreiche Befragungsteilnehmer umtreibt, beziehungsweise zu einem Verhaftetsein in nationalen Stereotypen führt.

Darüber hinaus kommen notwendige gesellschaftliche Entwicklungsprozesse, wie sie Rösler beschreibt, ohne Austausch gar nicht in Gang. Anhand ihrer Forschung weist sie nach, dass die Tätigkeit in einem anderen Kulturkreis häufig zu einem fortgeführten interkulturellen Dialog führt, der im besten Fall das Potential hat, einen Perspektivwechsel herbeizuführen und die internationalen Arbeitsstrukturen und sogar ganze Kunstformen zu verändern beziehungsweise neue entstehen zu lassen. Ein kosmopolitisches Neu-Denken der sozialen Zusammenhänge, das durch den Aufenthalt im Ausland und die damit einhergehende Auseinandersetzung mit anderen Arbeits- und Herangehensweisen seinen Anfang nimmt, kann in einem noch nuancierteren Schaffen von Kunst münden. Eine Kunst, die es so möglicherweise vermag, das Publikum mit anderen Werten und Traditionen vertraut zu machen.[222]

Womit ein Thema angesprochen wäre, das die Kulturmanagementforschung bis dato fast vollständig den Kulturwissenschaften überlassen hat: Die Erforschung der Kulturproduktion. Der Produktion von Kunst auch in der Kulturmanagementforschung mehr Aufmerksamkeit zu schenken, ist vor dem Hintergrund bedeutsam, dass die Art und Weise der Entstehung logischerweise Einfluss auf das Werk und damit auf das Wissen und die Werte hat, die durch es in der Gesellschaft zirkuliert werden.[223] Rassismus wie aber auch Sexismus oder Homophobie in der Produktion von Kunst und Kultur aufzudecken, beziehungsweise sich damit kritisch auseinanderzusetzen, bedeutet, sich sozialer Ungleichheit aktiv zu stellen.[224]

Das Thema Rassismus wurde schon im Vorfeld der 88. Verleihung der Academy Awards beim »Lunch der Nominierten« im Januar 2016 wieder laut. Unter den Nominierten war, wie auf dem Foto (Abbildung II.9) erkennbar, kein einziger Schwarzer.[225] Die afro-amerikanische Präsidentin der Academy verkündete daraufhin Reformmaßnahmen, um den Stimmanteil der dominierenden Gruppe älterer weißer Männer zu reduzieren.

---

222 B. Rösler (2015), S. 476.
223 D. Hesmondhalgh/A. Saha (2013), S. 183.
224 D. Hesmondhalgh/A. Saha (2013), S. 183.
225 Spike Lee, dessen Filme sich häufig mit dem Rassismus in den USA auseinandersetzen und der mit einem »Ehren-Oskar« ausgezeichnet werden sollte, bleib der Veranstaltung am 28.02.2016 fern, um gegen den Mangel an ethnischer Vielfalt zu demonstrieren.

Abbildung II.9 Lunch der Nominierten bei den Academy Awards 2016

Gerade der Mediensektor einschließlich des Journalismus ist fast vollständig mono-ethnisch[226], was weitreichende Konsequenzen auf die gesendeten Inhalte hat. Es handelt sich hierbei mitnichten um ein singuläres US-amerikanisches Problem oder eins allein der Medien. Rassismus im Alltag wie aber auch in der Wissenschaft (insbesondere auch in der deutschen) wird eindrücklich von Kilomba thematisiert.[227]

Es würde darüber hinaus nicht nur die interkulturelle Sensibilität fördern, sondern bestehende Diskurse bereichern, wenn Kulturmanager stärker gewahr würden, dass die eigenen, omnipräsenten und durchaus zahlreichen »Baustellen« in anderen Ländern keine (mehr) sind, beziehungsweise andere Themen die Agenden der Kollegen im Ausland füllen. Aufschlussreich an dieser Fragebogenstudie ist unter anderem die Erkenntnis, dass die Themen »Migration« und »kulturelle Identität« in anderen Ländern nicht für ebenso wichtig erachtet werden, vielmehr sogar als europäische, wenn nicht gar deutsche Besonderheit wahrgenommen werden.[228] Viele Länder der Welt haben Migrationswellen in ihrer Geschichte erlebt[229]

---

226 Nur 1 % der Journalisten der deutschen Tagespresse sind nach R. Geißler/K. Enders/V. Reuter (2009) nicht deutscher Abstammung.
227 G. Kilomba (2013).
228 Siehe Fallstudie auf S. 171.
229 Hier unter anderem mit Frankreich und Großbritannien Länder in unmittelbarerer Nachbarschaft, die als Erbe ihrer kolonialen Vergangenheit einen großen Zustrom von Menschen erlebt haben und weiterhin erleben. Während der britische Ansatz im Prinzip eher ein in den 1970er Jahren in Nordamerika entstandener, multikultureller ist, versucht Frankreich mit bescheidenerem Erfolg eine Integration durch Assimilation. Zur Definition von Assimilation und zur (Im-)Migration in den USA siehe D. FitzGerald (2015), S. 124 ff. Bei Spanien und Italien handelt es sich um Länder, deren Situation der deutschen dahingehend eher ver-

und die Auseinandersetzung mit diversen Publika, die teilweise zwar die gleiche Nationalität, aber keine gemeinsame Sprache und verschiedene Ethnien haben, ist beispielsweise in zahlreichen afrikanischen oder südamerikanischen Ländern eher die Regel als die Ausnahme. Hier den Austausch zu suchen, von den Erfahrungen der Kollegen zu lernen, sollte erklärtes Ziel sein, setzt allerdings voraus, dass die Kompetenzen und Erfahrungen der Kollegen anerkannt werden. Dass Kulturmanager aus Afrika wie aber auch aus dem arabischen Raum häufig den Eindruck haben, dass ihre spezifischen Wissensbestände, Erfahrungen und Kompetenzen sowie die vor Ort geführten Diskurse in westlichen Ländern nicht relevant sind, spricht eine eindeutige Sprache und zeugt von einer Ignoranz, die sich in einer globalen Welt aus einer Vielzahl von Gründen niemand leisten kann. Hier wird es zum Wohle aller Beteiligten Aufgabe insbesondere derjenigen in Mittlerorganisationen, Organisationen der Entwicklungszusammenarbeit aber auch derjenigen, die an Ko-Produktionen oder internationalen Projekten beteiligt sind, sein, sich noch weiter vom »Geberland« zum lernwilligen Partner zu entwickeln. Die Bereitschaft dazu und die notwendige Sensibilität scheinen bei den befragten Praktikern vorhanden zu sein.

Im Studium gibt es neben Kursen zur interkulturellen Kompetenz, die durchaus zahlreich angeboten werden und den fast schon obligatorischen Auslandsaufenthalten weitere Möglichkeiten, den Fokus auf Länder und Themen zu legen, die außerhalb der Komfortzone liegen. Kooperationen mit Partnerhochschulen und Universitäten sowie mit Praktikern aus dem Ausland müssen ausgebaut und intensiviert werden. Themen wie Machtasymmetrien, Ungleichheit, Rassismus, der teilweise in neuer Terminologie daherkommt[230], aber auch Sexismus dürfen gerade im Kontext des internationalen Kulturmanagements nicht ausgeklammert werden.

Wie dieses inter- und transkulturelle Lernen nicht nur der Praktiker, sondern auch der Wissenschaftler zukünftig vonstattengeht und wie die, vermutlich zu

---

gleichbar ist, als sie sich relativ abrupt der Situation massiver Immigration gegenüber sehen. Eine Welle der Migration mit anderen Vorzeichen erlebte Deutschland allerdings bereits seit den 60er Jahren, als die sogenannten »Gastarbeiter« mit insgesamt neun Anwerbeabkommen nach Deutschland gelockt und durchaus freundlich empfangen wurden. Als diese dann aber nicht – wie erwartet – nach getaner Arbeit wieder in ihr Herkunftsland fuhren, sondern blieben und ihre Familien nach Deutschland holten, kamen überkommene Vorstellungen an ihre Grenzen und neue Formen des Zusammenlebens warten seither weiterhin auf ihre Etablierung.

230 Weshalb sich der Terminus »Neuer Rassismus« etabliert hat. Bei Reden rechtspopulistischer Politiker kann man häufig beobachten, dass trotz des offensichtlich rassistischen Gedankenguts sprachlich kein Bezug zu Begriffen wie »Rasse« hergestellt wird.

großen Teilen digitale, internationale Kommunikation möglicherweise auch zwischenmenschliche Beziehungen verändert[231], wird spannend zu begleiten sein.

c) Auf- und Ausbau von Netzwerken

Im Fokus des Lernens steht auch die von zahlreichen Praktikern aus dem In- und Ausland angesprochene Netzwerkbildung. Zwar haben Netzwerke durch den rasanten Aufstieg der sozialen Medien einen erheblichen Bedeutungsgewinn und enorme Verbreitung erfahren, die Netzwerkgesellschaft ist jedoch schon seit Erscheinen des Buches »The rise of the Network Society« von Castells im Jahr 1996 vielbeachtetes und diskutiertes Thema. Und bereits 1999 widmete sich Suteu den europäischen Kulturnetzwerken in ihrer Veröffentlichung »Networking Culture: the Role of European Cultural Networks«. Sie beobachtete bereits 1989 einen enormen Zuwachs an Netzwerken im Bereich Kultur in Europa und führte dies auf eine zunehmende Vereinheitlichung des Marktes für Kunst und Kultur, auf den Fall der Mauer und die Öffnung vieler osteuropäischer Staaten sowie auf das bereits damals zu Tage tretende Verschwimmen der Grenze zwischen Professionellen und Amateuren sowie zwischen Künstler und Publikum zurück.[232]

Netzwerke sollen in erster Linie dem Informationsgewinn dienen. Wissen und Information sind neben Geld und dem Beherrschen von Technik und Technologien Machtmittel, weshalb in zahlreichen Ländern der Zugang zu Informationen aus dem Internet und damit einhergehend auch die Vernetzung staatlicherseits untersagt oder strikt reglementiert wird. Die Bedeutung von Informationen und Netzwerken etwa für den »Arabischen Frühling«, der im Dezember 2010 mit Protesten in Tunesien seinen Anfang nahm und mit viel Hoffnung auf Wohlstand, Arbeit, Bildung, aber auch auf die Verbesserung der Menschenrechtssituation in zahlreichen arabischen Ländern verknüpft war, wird als relativ hoch eingeschätzt.

Den Kulturmanagern aus dem deutschsprachigen Raum geht es allerdings nicht um den Umsturz politischer Systeme und auch nur vereinzelt um »weak ties« im Sinne der Netzwerktheorie, sondern vielmehr um professionelle Netzwerke, die der Berufstätigkeit dienlich sind. Das Engagement in eher (kultur-)politischen Netzwerken ist ausbaufähig. Auch internationale Netzwerke werden relativ wenig frequentiert. Die Anzahl deutscher Kulturmanager auf der Webseite World Cultures Connect (WWC) ist verschwindend. Nur wenige der Befragten kennen das Netzwerk überhaupt. Interessante (Weiterbildungs-)Angebote ausländischer Institutionen für internationale Kulturmanager sind vielfach ebenfalls unbekannt.

---

231 Siehe zu diesem Thema: N. K. Baym (2015).
232 C. Suteu (1999), S. 41.

Die große Zahl von interessanten Angeboten und hilfreichen Publikationen für Praktiker im Internet ist – wie auch die Recherche zu diesem Buch ergab – schier überwältigend. Komplexität zu reduzieren, ist demzufolge schwierig, aber notwendig, denn Netzwerke generieren, so die Auffassung Castells, Innovation. Professionelle aber auch persönliche Netzwerke können bei der Bewältigung und Gewichtung der Informationsflut behilflich sein.

Eine Umfrage im Jahr 2011 zur Nutzung von Social Media durch deutsche Theater[233] hat ergeben, dass es bei den Mitarbeitern, die nicht mehr der Generation der sogenannten ›Digital Natives‹ zuzurechnen sind, besonders an der Kenntnis der geeigneten Instrumente im Internet fehlt. Mithin kann es nicht verwundern, dass die Kulturmanager in dieser Befragung die Ausbildung von Medienkompetenz als besonders wichtig ansehen und diese Aufgabe den Hochschulen und Universitäten zuschreiben. Und diese Aufgabe ist in vielfacher Hinsicht keine triviale. Sie ist aber eine notwendige, denn es steht zu befürchten, dass deutsche Kulturmanager mangels ausreichender Kenntnis, manchmal allerdings auch mangels Affinität, von Informationen und Kommunikationen, die nicht mehr nur auf Facebook oder Twitter, sondern unter anderem auch in den Communities von Pinterest, Instagram und Snapchat stattfinden, ausgeschlossen sind. Das Internet im Allgemeinen und Social Media im Besonderen werden auch in der Kulturmanagementforschung zu selten als Informations- und Lerntools wahrgenommen, sondern zu häufig noch auf ihre Funktionen im Marketing und etwas aktueller im Crowdfunding reduziert.

Professionelle Netzwerke, häufig in Organisationsformen wie Verbänden und Vereinen, bieten den Mitgliedern unter anderem entsprechende Angebote über Newsletter, die aktuelle Trends und Entwicklungen im jeweiligen Sektor aufgreifen und sie organisieren Workshops und Konferenzen, bei denen sich die Mitglieder etwa einmal im Jahr persönlich treffen. Trotz der durch die Digitalisierung eröffneten, kostengünstigen Möglichkeiten des kontinuierlichen Austausches mit diversen Partnern über Ländergrenzen und Zeitzonen hinweg, scheint der persönliche Kontakt für die Kulturmanager nach wie vor wichtig. Auf Konferenzen wird etwa über Pinnwände für Visitenkarten und die schon selbstverständliche Teilnehmerliste durchaus Aufwand betrieben, das sogenannte ›Netzwerken‹ zu erleichtern. In den meisten Tagungsprogrammen findet sich ein Hinweis auf »ausreichend Zeit zum Netzwerken«. Neben dem Erkenntnisgewinn etwa durch Best Practice Beispiele oder durch Fachvorträge geht es bei diesem Netzwerken für viele Kulturmanager auch um Akquise. Auf Konferenzen oder Veranstaltungen können potentielle Partner für gemeinsame Projekte oder gar Kunden für die eigenen Angebote gefunden werden. Der einmal jährlich stattfindende ›KulturInvest‹

---

233 R. Henze (2011).

Bewertung und Ausblick

Kongress in Berlin ist eine solche Netzwerkveranstaltung, die jährlich zahlreiche Praktiker aus dem deutschen Sprachraum anzieht, die sich überwiegend mit den pragmatischen und für die tägliche Arbeit wichtigen Themen wie Finanzierung, Marketing, Fundraising, Sponsoring oder Immobilienmanagement auseinandersetzen. Die Teilnahme an solchen Veranstaltungen oder die Mitgliedschaft in professionellen Netzwerken ist in zahlreichen Fällen durchaus kostenintensiv.[234]

Ein Impuls für mehr internationale Vernetzung im Kulturmanagement und für eine Erweiterung der Agenda über die Grundlagen der Disziplin hinaus, muss besonders von denjenigen in Forschung und Lehre ausgehen. Erstaunlich ist, dass in dieser Hinsicht bis heute relativ wenig geschehen ist. Schon im EU Programm ›Culture 2000‹ wurde als zweiter von vier Punkten »support for instruments (such as networks) encouraging multiplication of mulilateral cultural activities« genannt. An der Förderbereitschaft, wie in diesem Fall durch die EU, kann es nicht gelegen haben[235].

Der Wissenschaft muss es über Disziplingrenzen hinweg gelingen, die Themen der Praxis aufzugreifen und in einen kritischen wie auch internationalen Diskurs zu bringen, sowie neue Impulse in die Praxis zu geben. Die Praktiker, die vielfach eng mit Universitäten und Hochschulen verbunden sind oder sogar mit ihnen kooperieren, werden dafür durchaus aufgeschlossen sein.

Ein Vorhaben, das in diese Richtung geht, ist das von der Europäischen Union im Rahmen des ›Horizon 2020‹ Programms geförderte, internationale sowie interdisziplinäre Projekt ›Cultural Base Social Platform on Cultural Heritage and European Identities‹. In diesem Vorhaben setzten sich Wissenschaftler verschiedener Disziplinen und Praktiker gemeinsam in Workshops und bei sogenannten Stakeholder Konferenzen mit Fragen zum kulturellen Erbe und zur europäischen Identität auseinander.[236]

Wenn es unter anderem gelingt,

- im Kulturmanagement den kritischen und durchaus theoriegeleitenden Diskurs mit der Praxis über die Praxis weiter auszubauen,
- auch mit Hilfe der neuen Medien und zu bildender und aufrechtzuerhaltender Netzwerke disziplin- und länderübergreifend zu forschen, zu lehren und zu arbeiten,

---

234 Eine Mitgliedschaft bei ENCATC kostet etwa 500 € im Jahr (Stand 4.02.2016). Die Teilnahmegebühr für die zweitägige KulturInvest Veranstaltung in Berlin schlägt ohne Frühbucherrabatt im Jahr 2016 mit 650 € zu Buche.
235 Kritisch angemerkt werden muss an dieser Stelle, dass die Netzwerkaktivitäten überwiegend nur in ihrer Entstehungsphase gefördert wurden. Netzwerke langfristig zu unterhalten, erfordert allerdings auch ein entsprechend langfristiges Engagement des Förderers.
236 http://culturalbase.eu/ (29.04.2016).

- dass sich die deutschen Kulturmanager mehr als bisher aus der staatlich finanzierten Komfortzone heraus in Kontexte bewegen, die den eigenen Kulturbegriff immer wieder herausfordern. Sie sich Widersprüchen stellen, lokale Wissensbestände schätzen und Unterschiede in der Herangehensweise akzeptieren und analysieren aber auch dann deutlich Stellung beziehen, wenn dies nötig ist,
- die Angst vor dem Mainstream, der nicht zwangsläufig zu einer Zerstörung des Lokalen und Regionalen führt, zu überwinden und sich mit dem Phänomen weniger emotionsgeladen zu beschäftigen,
- nicht nur auf aktuelle Entwicklungen zu reagieren, sondern vorzudenken und mit nachhaltigen Strategien längerfristig an gesellschaftlich relevanten Themen zu arbeiten,[237]
- dass die Fördergeber stärker auch außereuropäische Koproduktionen oder gemeinsame Projekte fördern und zwar in einer Art und Weise, die den steten Willen zum Lernen vom jeweils anderen manifestiert und fordert und mit alternativen/experimentellen Finanzierungsstrukturen arbeitet,
- dass in der Ausbildung von (internationalen) Kulturmanagern nicht ausschließlich auf interkulturelle Kompetenz und Sprachkenntnisse gesetzt, sondern Globalisierung und ihre zahlreichen Auswirkungen zum Thema gemacht und zumindest die wichtigsten Begrifflichkeiten dieses Kontextes erläutert und diskutiert werden,
- internationale Kooperationen mit Hochschulen und Universitäten außerhalb Europas und mit Praktikern und Wissenschaftlern weiter auszubauen,
- die zunehmende Diversität der Studierenden als Chance für die Lehre zu begreifen und sich die Lehre des Kulturmanagements entsprechend den neuen Herausforderungen stellt, was neben neuen Inhalten insbesondere auch das Erarbeiten ganz neuer Formate und Begleitprogramme sowie das Bemühen um eine größere Diversität des Lehrpersonals umfasst,

wird das internationale Kulturmanagement nicht nur den wichtigen und notwendigen Platz in der Ausbildung von Kulturmanagern finden, sondern die Kulturmanagementforschung wie auch die Praxis wird von der stärkeren Auseinandersetzung mit den Themen der Globalisierung und Internationalisierung profitieren.

---

237 Wo sind heute noch die Theaterstücke zur sogenannten Griechenlandkrise, die Anfang 2015 omnipräsentes Thema in den Medien war und eine entsprechende Resonanz auch in der Kulturszene gefunden hatte?

Wiederholungs- und Vertiefungsfragen

1) Was unterscheidet das Konzept der Diversität von Integration?
2) Definieren Sie Audience-Development. Welche Alternativen dazu gibt es? Warum hat das Audience-Development die Erwartungen nicht erfüllen können?
3) Nennen Sie Beispiele für gelungenes Community-Development.
4) Wie würden Sie kulturelle Identität definieren?
5) Wie würden Sie Ihre Identität definieren?
6) Welche Schwierigkeiten bereitet der Terminus ›Migrant‹?
7) Was bedeutet kulturelle Teilhabe? Warum stößt der Begriff auf Kritik?
8) Definieren Sie kulturelle Bildung.
9) Definieren Sie soft power. Mit welchen Indices kann man versuchen, die soft power eines Landes zu messen?
10) Welche weltweiten Trends werden die Bedeutung des internationalen Kulturmanagements noch verstärken?
11) Welche Argumente werden gegen das Freihandelsabkommen TTIP angeführt?
12) Welche zwei Ziele verfolgt das geplante Kulturgutschutzgesetz?
13) Was versteht man unter ›Nation Branding‹? Ist dieses Konzept noch zeitgemäß?
14) Welche Aufgaben hat das Creative Europe Desk?
15) Wie funktioniert das EU Programm »Creative Europe« und welche Kritik wird dagegen vorgebracht? Welche anderen Finanzierungsmöglichkeiten bestehen für grenzüberschreitende Kulturprojekte? Wo findet man entsprechende Informationen?
16) Welche Kritik wird an der Weltbank und am Internationalen Währungsfonds im Zusammenhang von ›Kultur & Entwicklung‹ geübt?
17) Welche Aufgaben können Kulturmanager im Zusammenhang von ›Kultur & Entwicklung‹ in Ländern des globalen Südens und in anderen Transformationsländern übernehmen?
18) Welche Schwierigkeiten bereitet der Begriff »Entwicklung« und insbesondere der des »Entwicklungslands«?
19) Welche gesellschaftliche Aufgabe hat Kunst in Zeiten von Krisen?
20) Warum werden (internationale) Netzwerke an Bedeutung zunehmen?
21) Warum ist die Internationalisierung und Diversifizierung des Personals in manchen Sparten Ihrer Meinung nach weiter fortgeschritten als in anderen?
22) In der Literatur wird häufig das Ende des Nationalstaats vorhergesagt. Beschreiben Sie, warum dies nicht völlig unrealistisch ist und auch welche Gefahren damit gegebenenfalls einhergehen können.

23) Welche Kritik wird an partizipativen Projekte geübt? Ist diese Kritik Ihrer Auffassung nach berechtigt?
24) Was verstehen Sie unter »Empowerment« und »Selbstermächtigung«? Nennen Sie Beispiele für Projekte, die solche Selbstermächtigungsprozesse initiieren bzw. vorantreiben.
25) Welche Ziele verfolgt die 2005 UNESCO Convention on Cultural Diversity?
26) Was versteht man unter »Neuem Rassismus«?

Fallstudien- und Erfahrungsberichte

Die Managementlehre ist ohne die sogenannten »case studies« oder auch »hypotheticals« kaum denkbar. Im Kulturmanagement finden sie sich mit einiger zeitlicher Verzögerung zunehmend.[1] Insbesondere für Praktiker und Studierende bieten sie schnelle Orientierung. Ihre Authentizität erhöht die Glaubwürdigkeit unter den ›peers‹, die sich eine Thematik nicht neu erarbeiten müssen, sondern an möglichst knapp aufbereitete Informationen über Lektionen, die in ähnlichen Situationen von Kollegen schon gelernt wurden, kommen.

Die hier dargestellten Fallstudien und Erfahrungsberichte sollen und können nur bedingt zur Lösung von Herausforderungen des (internationalen) Kulturmanagements beitragen. Dazu sind die Themen zu komplex und vielfältig. Auch soll nicht der Eindruck entstehen, dass eine Fallstudie zwingend die Lösung für ein spezifisches Problem ist. Sie zeigt eine Vorgehensweise auf, die in der spezifischen Konstellation funktioniert oder eben nicht funktioniert hat. In anderen Kontexten mag die für diesen Kulturmanager oder diese Institution richtige Vorgehensweise aus unterschiedlichen Gründen nicht zum Erfolg führen. Dennoch geben die »lessons learned« Orientierung, aber keine Rechtssicherheit wie Staines, Travers und Chung gleich zu Anfang ihres Handbuchs für internationale Ko-Produktionen in einem Disclaimer schreiben:

> »… Any information given is of general nature and cannot substitute for the advice of a legal professional, particularly in the matters of contract. The authors and publishers disclaim all liability in respect of such information.«[2]

---

1 Von Wissenschaftlern wie J. Caust (2015) oder M. Dragicevic Sesic und S. Dragojevic (2005) aufbereitet oder als Handreichungen von und für Praktiker wie beispielsweise das Co-Production Manual von J. Staines/S. Travers/M. J. Chung (2011).
2 J. Staines/S. Travers/M. J. Chung (2011), S. 4.

Womit ein wichtiger Aspekt angesprochen ist. Gerade bei den – von zahlreichen Praktikern als besonders wichtig eingeschätzten – juristischen Kenntnissen müssen Kulturmanager zwangsläufig an Grenzen kommen. Die in diesem internationalen Kontext auftretenden Problemstellungen sind teilweise so komplex, dass Juristen zu Rate gezogen werden müssen. Es ist allein zeitlich nicht machbar, Kulturmanagern im Studium diese juristischen Kenntnisse zu vermitteln. Zu wissen, wann und wen man gegebenenfalls um Expertise und Beistand bittet, ist entscheidend.

Die Fallstudien in diesem Buch sollen dazu dienen, die Bandbreite von Themen des internationalen Kulturmanagements aufzuzeigen und Erfahrungen oder Vermutungen, die im Verlauf des Buches geäußert wurden, zu hinterlegen. Die Gefahr, dass Erfahrungsberichte, nationale und kulturelle Stereotypen bedienen, liegt nahe. Daher auch an dieser Stelle der Hinweis, dass die im Folgenden geschilderten Erfahrungen, wenn auch von Experten mit umfangreicher Kenntnis in den jeweiligen Ländern gemacht, nicht verallgemeinerungsfähig sind. Sie schildern subjektives Erleben aus internationalen Kontexten, um auf die Vielfalt der Themen und Herausforderungen, die Tätigkeiten in internationalen Zusammenhängen mit sich bringen, aufmerksam zu machen und die interkulturelle Sensibilität und Empathie zu schärfen.

Erfolgsgeschichten werden gerne ausführlich berichtet, aber über die häufig als Herausforderungen getarnten Schwierigkeiten sprechen nur die Wenigsten. Das Verschweigen von Fehlschlägen und Misserfolgen kann unter anderem mit der Angst Förderer und Unterstützer zu verlieren, begründet werden und offenbart damit auch einen Fehler im System der internationalen Kooperationsarbeit und von deren Finanzierung, denn es sind bekanntlich Fehler aus denen gelernt wird.[3]

Mehrere Bitten um Fallstudien wurden abschlägig beschieden oder nicht beantwortet.

Eine selbständige Kulturmanagerin beschrieb ehrlich ihr Dilemma:

> »*Es fällt mir dazu eine Menge ein, aber dies als interkulturelle Fallbeispiele heranzuziehen, ist fast nicht möglich, denn es würde Kollegen und Kolleginnen bloßstellen. Beispiel: Ich selbst vermeide die Zusammenarbeit mit französischen und italienischen Partnern, weil ich einige Male wiederkehrende schlechte Erfahrungen gemacht habe, die interkulturell leicht zu erklären sind, und dennoch eine ›geschäftsschädigende‹ Dimension annehmen können. Natürlich würde ich nie sagen, dass es sich dabei um generelle nationale Eigenheiten handelt, aber wenn es immer wieder auftritt …*«

---

3 A. Hampel (2016), S. 160.

Mein großer Dank gilt all denjenigen, die sich trotz der geschilderten Schwierigkeiten mit ihren Fallstudien und Erfahrungen an diesem Projekt beteiligt haben und die damit auch Willens sind, ihr Wissen mit anderen zu teilen.

Die Fallstudien oder Erfahrungsberichte sind im Folgenden in vier Kategorien gegliedert.

Zu Beginn stehen die Erfahrungen von Kulturmanagern, die aufgrund ihrer Tätigkeit häufig in internationalen Kontexten agieren.

An zweiter Stelle finden sich zwei Fallstudien, die die zunehmend wichtige Rolle von internationalen Kulturmanagern als Übersetzer oder als Broker zwischen Kulturen beschreiben.

Es folgen Fallstudien, die sich mit einer Tätigkeit in Afrika befassen und nicht aus der Perspektive von jemandem geschrieben wurden, der aus einem anderen Land kommend dort für einen begrenzten Zeitraum arbeitet, sondern von der Südafrikanerin Belisa Rodrigues, die durch ihre Tätigkeit für das African Arts Institute und das Arterial Network über umfassende Erfahrungen auf dem Kontinent verfügt.

Zum Abschluss finden sich vier Fallstudien von Kulturmanagern aus den Sparten Musik, Tanz, Theater und Museum, die den juristischen beziehungsweise logistischen Teil ihrer Tätigkeit abbilden, der von zahlreichen Kulturmanagern in der Befragung als überaus relevant bezeichnet wurde.

1 Arbeiten im Ausland

a) Unternehmenskultur

Wieso schickt Ihr Eure Angestellten und kommt nicht selbst?
Ein Beitrag von Astrid Thews

Winter 2015. In einem Jour Fixe unseres in Kairo basierten sozialen Unternehmens Mahatat for contemporary art besprechen wir alle gemeinsam, welche nationalen und internationalen Konferenzen und Netzwerkevents anstehen, bei denen wir gerne vertreten wären. Innerhalb des Teams rotieren wir, wer wo hinreist, je nach Kompetenz, Interesse und geschätztem individuellen Arbeitsvolumen. Einerseits möchten wir, dass Mahatat von verschiedenen Gesichtern nach außen vertreten wird; andererseits verstehen wir die Teilnahme an Konferenzen als Weiterbildungsmöglichkeit für alle Team-Mitglieder. Der Buchhalter, der seit Januar 2012 bei Mahatat arbeitet, möchte uns bei einem nationalen Event vertreten und meldet sich an. Einige Stunden nach seiner Anmeldung ruft der Veranstalter des Events bei meiner ägyptischen Geschäftspartnerin an. Er möchte wissen, wieso weder sie noch ich selbst teilnähme, sondern wir ›nur‹ unseren Angestellten schicken. Meine Partnerin versucht ihm unser Konzept zu erklären und betont, dass wir all unseren Kollegen – sie vermeidet das Wort ›Angestellte‹ – vertrauen und wir uns nach Teilnahme an Veranstaltungen über diese informieren und austauschen. Der Veranstalter versteht dies nicht so recht. Wir merken, dass der Veranstalter gekränkt ist und das Gefühl hat, wir nehmen den Event nicht Ernst. Uns ist bewusst, dass in den meisten ägyptischen Organisationen im Kulturbereich sowie in der Zivilgesellschaft der/die Geschäftsführer/in der/die alleinige Entscheidungsträger(in) und Hauptrepräsentant(in) der Organisation ist. Wir wissen, dass wir daher auf Unverständnis stoßen, wenn wir auf Worte wie ›Angestellte‹ bewusst verzichten und bei der Repräsentation rotieren. Auch ist uns bewusst, dass das gelegentlich als Führungsschwäche ausgelegt wird.

Für mich persönlich ist es nach wie vor wichtig, an unseren Werten innerhalb der Organisation festzuhalten und uns für Weiterbildungsmöglichkeiten und Verantwortung aller Teammitglieder einzusetzen. Für meine ägyptische Geschäftspartnerin ist das ebenfalls wichtig. Letztendlich kommt Unverständnis darüber auf, wenn die Unternehmenskultur in anderen Organisationen grundsätzlich verschieden ist. Dies ist zwar in Ägypten eher der Fall als in Deutschland; jedoch habe ich durch die enge Zusammenarbeit mit meiner ägyptischen Partnerin gelernt, dass ›Kultur‹ auf Organisationsebene die größere Rolle spielt als die ›nationale Kultur‹, wenngleich letztere natürlich Einfluss nehmen kann.

Dieser Bericht von Astrid Thews über ihre Tätigkeit für Mahatat for contemporary art in Kairo greift einige Aspekte auf, die in der Auswertung der Befragung schon zur Sprache kamen. Aufschlussreich ist unter anderem, wie wichtig für Organisationen die Teilnahme an Konferenzen und Netzwerktreffen ist. Insbesondere für Organisationen, die als Dienstleister oder Projektpartner agieren, ist die Bildung von (internationalen) Netzwerken und die Akquise von neuen Partnern existentiell, wie auch von den Kulturmanagern in der Befragung hervorgehoben wurde. Aber es geht bei diesen Veranstaltungen auch um die notwendige Weiterbildung. Praktiker haben die Bedeutung des lebenslangen Lernens erkannt. Entsprechende Angebote auf wissenschaftlichem Niveau zu schaffen, wird zukünftig noch wichtiger werden und ein Betätigungsfeld, das originär den Hochschulen und Universitäten und weniger den hier derzeit dominanteren Mittlerorganisationen zufällt.

Wesentlich ist in diesem Bericht der Fokus auf dem Thema Unternehmenskultur. Wird die deutsche Behördenstruktur von vielen als hierarchisch empfunden, so vermag die hier geschilderte Erfahrung aus Ägypten eine andere Perspektive zu eröffnen.

Der geschilderte Zwiespalt, den Konferenzveranstalter nicht zu brüskieren, aber an den »Werten innerhalb der Organisation« festzuhalten, ist ein durchaus verallgemeinerungsfähiger. Wie geschildert, bedarf es zur Auflösung desselben nicht nur interkultureller Kompetenz und Sensibilität, sondern auch eines gewissen Beharrungsvermögens.

Ein ähnliches Beispiel zu unterschiedlichen Organisationsstrukturen beziehungsweise Kommunikationswegen bei zwei europäischen Institutionen ist das Folgende:

Drum prüfe wer sich ewig (oder mittelfristig) bindet
Ein Beitrag von Sarah Herke

Eine junge Kulturmanagerin aus Kiew, die für eine Architekten-Organisation arbeitet, sieht in der Teilnahme an einem unserer Programme die Chance, sich in den hierarchischen Strukturen ihrer Organisation zu behaupten. Nach langen, internen Auseinandersetzungen mit ihrem Vorgesetzten setzt sie durch, dass sie die volle Entscheidungshoheit über das Projekt bekommt. Gemeinsam mit einem Partner aus den Niederlanden, der für eine Geografen-Vereinigung arbeitet, entwirft sie einen Projektplan und ist alsbald bereit, erste Aktivitäten durchzusetzen. Doch die Kommunikation mit dem Partner in Utrecht ist langwierig, es geht nicht recht voran. Hat der Partner das Interesse an der Zusammenarbeit verloren? Sie ist frustriert, der Enthusiasmus für die Projektumsetzung sinkt.

Bei einem Zwischentreffen hatten wir Gelegenheit, mit beiden zu sprechen und nach Gründen zu forschen. Der Niederländer war nun seinerseits irritiert, als er von der Frustration der Projektpartnerin hörte. Für ihn seien langwierige Kommunikationsprozesse normal, denn in seiner Organisation würden alle Entscheidungen kollektiv getroffen – beginnend bei Finanzfragen bis hin zu einzelnen Implementierungsschritten.

In diesem Fall haben wir es auch mit einer kulturellen Problemstellung zu tun, die sich allerdings nicht auf unterschiedliche nationale Kulturstandrads bezieht, sondern unterschiedliche Organisationskulturen.

Zu verstehen, wie Entscheidungsprozesse in der Partnerorganisation ablaufen, schützt vor Frustration und macht zudem deutlich, welche Personen innerhalb der Partnerorganisation bei der Projektplanung und -umsetzung miteinbezogen werden müssen.

In diesem konkreten Fall begann die ukrainische Kulturmanagerin, ihre E-Mails an alle Organisationmitglieder zu richten. Dies beschleunigte die Entscheidungsprozesse, da ihr Partner nicht mehr das Kommunikationsnadelöhr war.

b) Stellenwert der Arbeit

Über die Zusammenarbeit mit seinen thailändischen Kollegen berichtet Florian Reinold vom Heinrich Böll Institut in Bangkok in einem Telefonat im Januar 2016. Auch er konstatiert durchaus andere Organisationsstrukturen. Seiner Erfahrung nach wird Arbeit in Thailand viel emotionaler gesehen als in deutschen Büros. Arbeit ist ein wesentlicher Bestandteil des Selbst. Man arbeitet nicht, um zu leben, sondern man lebt durchaus auch bei der Arbeit in dem Sinne, dass man die vielen Stunden, die man damit zubringt, als wichtig, sinnstiftend und möglichst schön empfinden will. Dies führt nach Auffassung von Reinold dazu, dass Änderungen am Arbeitsplatz, wie beispielsweise ein nicht funktionierender Computer, als dramatischer empfunden werden als in Deutschland, wo man sich rasch mit dem Ersatzgerät abfindet und weiterarbeitet. Ein sich Abfinden mit dem Unvermeidbaren fällt den thailändischen Kollegen aufgrund der stärkeren Involviertheit schwerer. Wenn die Gehaltserhöhung vertraglich an die Inflation gekoppelt ist, anstatt Inflation allerdings eine Deflation eintritt, so würde nach Auffassung von Reinold in Deutschland kaum ein Arbeitnehmer auf die Idee kommen, diesen Vertragsgegenstand nochmals zur Grundlage intensiver Diskussionen mit dem Vorgesetzten zu machen. Anders in Thailand.

Ähnlich wie ein britischer Kollege im Rahmen der Befragung sieht auch Reinold in Thailand wenig Verständnis für die starren Regularien, denen NPOs unterliegen. Mithin fällt es den thailändischen Kollegen auch schwer, eben diese Anforderungen an Partner vor Ort zu kommunizieren. Da man selbst nicht von der Notwendigkeit dieser Vorgaben überzeugt ist und sich größere Flexibilität in der Handhabe wünscht, will man auch anderen nicht etwas abverlangen, was aus eigener Perspektive wenig sinnvoll, allerdings für die Berichtspflichten der Stiftung in Deutschland wesentlich ist. Reinold sieht Führungspersonen häufiger gefragt. Zum einen, um die Notwendigkeiten zu erläutern, zum anderen, um häufig selbst die entscheidenden Telefonate oder Gespräche zu führen. Dies hat auch mit dem, von mehreren Personen im Zusammenhang mit ihren Tätigkeiten im asiatischen Raum genannten »Gesicht wahren« zu tun. Der lokale Mitarbeiter will es sich mit Kollegen in anderen Organisationen vor Ort nicht verderben oder diese gar in Schwierigkeiten bringen und deshalb muss der zumeist ausländische Vorgesetzte unangenehme Wahrheiten oder Aufgaben kommunizieren.

Reinold hält länderspezifische Seminare zur interkulturellen Kompetenz für eine sinnvolle Vorbereitung auf längere Auslandsaufenthalte. Über diejenigen, an denen er bereits zu seiner Studienzeit in Passau teilgenommen hat, kann er ausschließlich Positives berichten. Er gibt allerdings zu bedenken, dass er meist nicht nur über großes Interesse an der jeweiligen Region, sondern teilweise schon über Erfahrungen vor Ort verfügt hat. An diesem Interesse scheint es ihm vielen der sogenannten Expats, die von großen Firmen in die Region entsendet werden, häufig zu mangeln, was, wie er beobachtet, häufig zu Frustration und Unverständnis über die ungewohnten Abläufe führt.

c) Gesicht wahren

Exhibiting ›Richard Rogers: From the House to the City‹ as a pop-up show within the Urban Redevelopment Authority's atrium space in Singapore
Ein Beitrag von Vicki Macgregor

As a curator within an architectural practice, Rogers Stirk Harbour + Partners, my role is to curate and deliver an international program of exhibitions explaining the practice's design theory and the process of design through the display of original sketches, drawings, models, prototypes and film to a wider general public. In particular, I organised and co-curated the touring exhibition ›Richard Rogers: From the House to the City‹ which was shown at the CaixaForum in Barcelona and Madrid, the Taipei Fine Arts Museum, the Urban Redevelopment Authority in Singapore, the ifc shopping centre in Hong Kong and finally the Capital Museum in Beijing.

As part of the exhibition tour, I worked with the Urban Redevelopment Authority in Singapore to prepare an exhibition within their office's atrium space. I had never prepared an exhibition outside of a museum environment prior to this project and never in Singapore.

One area of my responsibility involved building relationships with all of the stakeholders including the staff in the venue who were not museum trained, private sponsors from local businesses, local government officials and local production teams. Clear communication with the whole team was key to the project so it was important to understand any cultural differences between the British culture and the Singaporean culture. One specific aspect of communication I had never experienced in business was ›losing face‹.

To help build the show, we hired a local production firm, Kingsmen, which had experience of building exhibitions in museums and non-museum spaces in Asia. In addition to building the show they could organise a large number of newly printed graphic materials. Kingsmen were commissioned to produce all of the captions – seven at A3 sized theme descriptions, 70 project descriptions panels at A4 sized and over 200 small labels for the individual objects – all of which were aluminium panels using a colour silkscreen printing technique. The production team was given samples of the captions from previous exhibitions in Europe so that they could see the level of detail and quality we required.

Correspondence with Kingsmen was mostly carried out via emails but during the lead up to the exhibition I was based on site in Singapore. I would regularly meet with the production team to ensure all aspects of the build and production were carried out. I was assured that all items would be delivered and to the high standard that we required. With three days until the opening, we still did not have all of the captions.

With one week to go to the opening of the exhibition, I met with the production manager to find out how things were going and ask why the captions hadn't arrived. I was told they would be delivered the next day. The next day the captions were still not on site. This type of questioning and promises of the captions continued for a few more days. Kingsmen could not provide the quantity of silkscreen captions we required in the time frame and so instead of saying no, they said yes so as not to lose face. The day before the opening, there were still a large number of captions missing from each section of the exhibition.

The project manager arranged for the graphic designer and I to visit the factory to see for our own eyes what was going on. The factory was not how I had imagined it. It was one person sitting in a kitchen making one silkscreen panel at a time. It was clear from the production we were not going to have all of our captions for the opening but agreed with the production team to prioritise key captions. All of the thematic and project descriptions were to be complete and as many of the small object captions.

The exhibition opened without all of the captions in place but a plan to ensure all of the captions were produced and positioned after the opening was agreed and closely supervised.

The lessons I learned were to identify the cultural differences in each country before the project begins. Therefore, I attended ›Working Effectively Across Cultures‹ workshop run by Culture wise in London. I found the workshop really useful and added to the practical knowledge I'd already gathered from my experience of working in Singapore. For exhibitions since Singapore, I have arranged to meet with the team in the venue and outline how you work and the cultural differences that we may come across in order to agree how we would like to collaborate and work together. I would encourage a transparent approach and make the team feel like they can bring any foreseen issues to the table. Meeting potential suppliers face-to-face before the exhibition and build up a relationship is key. Schedule regular communication via Skype or video conference with suppliers and consultants to ensure they are meeting deadlines. Also, visit the factories before committing to the contract to ensure the supplier can meet the demand. Revisit deadlines to ensure everyone is on schedule.

Auch Vicki Macgregor macht darauf aufmerksam, wie wichtig eine entsprechende Vorbereitung auf die internationale Zusammenarbeit beziehungsweise auf die Arbeit im Ausland ist. Das auch von ihr geschilderte ›Gesicht wahren‹, ist für viele eng mit Ländern Asiens verknüpft.

Zenaida des Aubris, die in einer Vielzahl von Ländern als Kulturmanagerin tätig war, schreibt dazu.

Losing face is defined as ›to not maintain your reputation and the respect of others‹ or ›to do something which makes other people stop respecting you‹.

But it is much more than that. After having worked for over thirty years not only in the Far East but Europe and the United States as well, I have come to realize how very important the real meaning of losing face is. It is not only about you losing your reputation, but most essentially, making sure that your business or relationship partner does not lose face. In other words, always think of how your actions will be affecting his/her status. Making disparaging remarks about him or her will not only hurt them, but will undoubtedly boomerang back to you. I have come to the conclusion that ›losing face‹ is not only important in Asia but has universal meaning and is part of every culture. Dealing in a respectful and polite manner with your partners is the only way to further your own agenda. You will and will reach your goal much faster by looking at a problem from your business partner's viewpoint, than by trying to push an opinion or standpoint through at all costs in a way that works in your own culture. Inform yourself first, read up on customs and manners of the society you will be working with. Step back and look around you, ›feel‹ the atmosphere and act accordingly.

Conclusion: Take small steps to build trust, to create empathy, work at breaking down the natural initially skeptical attitude toward strangers. After all, you probably feel the same way about them as they do about you – show your goodwill and make them feel that you understand and appreciate their way of doing things. Trying to impose new methods by force will invariably end in failure. If there is one thing that I have learned, it is that there is always more than one way of doing things.

In diesen Kontext passt eine Erfahrung, die des Aubris während ihrer Tätigkeit in Spanien gemacht hat:

d) Bedeutung des Lokalen und Regionalen

Local Pride
Ein Beitrag von Zenaida des Aubris

Although I have experienced many cases of how respecting local history and culture pays off, one stands out. While working at the newly built opera house Palau de les Arts in Valencia, Spain, I once made an off-hand remark about the trencadís technique being applied to the huge surface of the building's exterior. This is the broken porcelain tile shard technique made famous by the legendary architect Antonio Gaudí in his buildings in Barcelona. Since there is a very strong rivalry between the Catalans and Valencians, I was seriously rebuked and told that this technique actually originated and was perfected in Valencia, since the tile industry is very strong in this province.

Conclusion: Find out what the local tradition, heritage and culture deems as important and respect it.

e) Zensur/politische Einflussnahme

Michael Schindhelm berichtete in einem Telefonat im November 2015 von seinen Erfahrungen mit Zensur und politischer Einflussnahme auf Projekte. Ein Thema, das in vielen Ländern mit undemokratischen Strukturen, ein zentrales ist. Wesentlich für einen Kulturmanager ist in diesen Zusammenhängen das Netzwerk beziehungsweise das lokale Team vor Ort. Die Menschen aus dem jeweiligen Land können die Sensibilitäten und politischen Gegebenheiten am besten einschätzen und wissen, was und gegebenenfalls wie das Projekt machbar sein könnte. Das Team funktioniert mithin als Modell für die Gesellschaft. Die Erfahrungen, Kenntnisse und das Wissen der Teammitglieder sind das wichtigste Kapital für den Kulturmanager, der als Fremder kommt. Schon aus diesem Grund ist die Politik zahlreicher Organisationen, lokale Mitarbeiter quasi als Zuarbeiter für Experten aus dem Heimatland der Organisation oder als bessere Hilfskräfte anzustellen, problematisch.

Zentrale Fragen müssen schon zu Beginn der Arbeit lauten: Was teilen wir? Was trennt uns?

In manchen Gesellschaften kann das Trennende durchaus in der Öffentlichkeit thematisiert werden. In anderen Gesellschaften, insbesondere in denen Asiens, wäre dies wenig ratsam und höchstwahrscheinlich ein Todesstoß für sämtliche Vorhaben.

f) Übertragbarkeit von Konzepten

Im Verlaufe dieses Buches wurde schon mehrfach angesprochen, dass Konzepte, die sich in einem Kontext bewährt haben, nicht zwingend in einem anderen wieder einwandfrei funktionieren müssen.

Always trust the locals
Ein Beitrag von Sarah Herke

Zwei Kulturmanagerinnen aus Polen und der Ukraine taten sich im Rahmen eines unserer Programme zusammen, um gemeinsam mit der Direktorin eines Stadtmuseums einen Prototypen zur Neuausrichtung der Zielgruppenorientierung umzusetzen. Während das Museum in einer kleineren Stadt im Südosten der Ukraine verortet ist, kamen die beiden anderen Kulturmanagerinnen aus Warschau und Kiew, hatten das Kuratieren studiert und bereits einige Erfolge im Bereich der Zielgruppenbindung erreicht. Sie sahen sich zu Recht als junge Experten auf ihrem Gebiet und wollten nun all ihr Wissen und ihre Expertise in diesem Projekt anwenden.

Sie fuhren also in die kleine Stadt und begannen mit der Arbeit. Die Direktorin hatte bereits einen ersten Finanzplan vorgelegt, der zu einiger Irritation führte. Selbstbewusst strichen die beiden die Kaffeepausen für die Museumsbesucher aus dem Kostenplan und taten dieses Element als »sowjetische Tradition« ab, die einer Neuausrichtung der Zielgruppenorientierung im Weg stünde.

Die Direktorin bat uns um Hilfe. Konkret war sie besorgt, dass sie ihr Publikum verlieren würde, wenn sie anfinge, Einladung zum Verweilen und zum Austausch nach dem Museumsbesuch für ihre Besucher zu streichen. Dies war allerdings nur ein Symptom für eine größere Herausforderung. Die beiden jungen Expertinnen aus den Hauptstädten hatten, ohne den lokalen Kontext zu erfahren, begonnen, ihr Wissen und ihre Erfahrung aus der Arbeit in Millionenstädten mit einem kunst- und kulturerfahrenen Publikum auf das Stadtmuseum einer Kleinstadt zu übertragen. Bedenken der Direktorin, die das Museum über Jahre hinweg erfolgreich geleitet hatte, wurden nicht berücksichtigt – oder schlimmer – man unterstellte ihr eine Geisteshaltung, gegen die anzugehen sich die beiden jungen Damen auf die Fahne geschrieben hatten.

Auch in diesem Beispiel zeigt sich, dass es bei der Zusammenarbeit über Grenzen hinweg wichtig ist, offen für die Realität des Partners zu sein. Man kann noch so gut mit Methoden und Instrumenten ausgebildet und ausgerüstet sein und dennoch grandios scheitern, wenn man sich nicht auf den lokalen Kontext einlässt, in dem man arbeiten möchte. Dies gilt selbstverständlich nicht nur für internationale Zusammenhänge. Vorgehensweisen in Metropolen werden und müssen zwangsläufig andere sein als etwa im ländlichen Raum.

Um dem vorzubeugen, lohnt es sich, den Partner in der Planungsphase des Projekts oder der gemeinsamen Aktivität zu besuchen, Treffen mit anderen Kulturakteuren oder »Stakeholdern« des Partners zu planen und abseits von offiziellen Gesprächen auch das inoffizielle »Küchengespräch« zu suchen, um herauszufinden, was den Partner antreibt und welche Herausforderung er oder sie selbst vor Ort sieht. Das schafft Vertrauen und Wertschätzung und bildet so die Basis für eine fachliche Zusammenarbeit, bei der es dann natürlich auch zu fruchtbaren Auseinandersetzungen kommen kann und soll.

g) Politische Implikationen der kulturmanagerialen Tätigkeit

Anders als in vielen anderen Branchen ist der Gegenstand des Kulturmanagements, nämlich die Kunst, nur in den seltensten Fällen unpolitisch. Die Arbeit mit Kunst und mit Künstlern kann mithin politische Tragweite und Relevanz haben, die in vielen Fällen problematisch ist und den Kulturmanagern moralische Entscheidungen abverlangt, die möglicherweise unpopulär sind. Wie wichtig Werte und Überzeugungen insbesondere im Hinblick auf das Potential der Kunst für sozialen Wandel gerade bei Personen mit Führungsaufgaben in der Kultur sind, heben auch Rowntree, Neal und Fenton[4] hervor, die mit zahlreichen Führungspersonen in internationalen Kultureinrichtungen im Rahmen ihrer Forschung gesprochen haben.

Welche politische Rolle zeitgenössische Kunst spielen kann
Ein Beitrag von Diana Hillesheim

Manifesta ist die europäische Biennale für zeitgenössische Kunst, die in den 90er Jahren gegründet wurde, um Ost- und Westeuropa auch auf der Ebene der visuellen Künste zusammenzuführen. Seit der ersten Ausgabe in Rotterdam in 1996 reiste Manifesta nach Luxemburg, Ljubljana, Frankfurt am Main, Donostia-San Sebastian, Nicosia (musste jedoch abgesagt werden), Süd-Tirol in Italien, Murcia, Genk/Limburg in Belgien und 2014 schließlich nach St. Petersburg in Russland. Im Moment ist das Team im Hauptbüro in Amsterdam und im lokalen Büro in der Schweiz vollauf mit den Vorbereitungen für die Eröffnung der 11. Ausgabe der Manifesta in Zürich im Sommer 2016 beschäftigt. Wir haben auch bereits angefangen, die ersten Schritte für die Manifesta 12 in Palermo, Sizilien 2018 aufzusetzen.
  Dem Konzept von Manifesta ist das Hinterfragen der europäischen Identität und der DNA Europas inhärent. Wo verlaufen heute die Grenzen Europas? Kann

---

4   J. Rowntree/L. Neal/R. Fenton (2011), S. 14.

sich ein »neutrales« Land wie die Schweiz, das sich im Herzen Europas befindet, gegenüber den umliegenden Ländern und bezüglich aktuell großer Problematiken wie Migration und Arbeitslosigkeit aus den gemeinsamen Diskussionen und Anstrengungen heraushalten? Manifesta steigt tief in die gegenwärtigen Diskurse ein und versucht, durch künstlerische und kuratorische Stellungnahmen Position zu beziehen.

Von 2012 bis 2014 beschäftigte sich Manifesta in der 10. Ausgabe unter anderem mit der Fragestellung, wie viel Einfluss ein internationales Kunstevent auf ein politisch prekäres Umfeld haben kann. So gab Manifesta im Februar 2013 bekannt, dass die Jubiläumsedition in Zusammenarbeit mit der Hermitage in St. Petersburg in Russland stattfinden soll.

Ein paar Monate später wurde das sogenannte »Gesetz gegen Homosexuellen-Propaganda« von der Duma, dem russischen Parlament, verabschiedet, das positive Äußerungen über Homosexualität in Anwesenheit von Minderjährigen oder über Medien wie das Internet unter Strafe stellt.

Das Team der Manifesta hat sich nach langen Überlegungen dann doch dafür entschieden, zwar im Schutz der Hermitage, eines der größten und bedeutendsten Museen der Welt, aber eben doch in einem der politisch problematischsten Länder Europas weiter zu arbeiten – und bekam dafür erwartungsgemäß immer auch wieder viel Kritik – vor allem von außerhalb Russlands. Kasper König, einer der bekanntesten Kuratoren weltweit, war zum Kurator der nomadisierenden Biennale bestimmt worden und begann sogleich, nach Künstlerpositionen zu suchen, die seines Erachtens die Situation in Russland gut widerspiegeln könnten.

Im August 2013 wurde schließlich ein erster Boykottaufruf durch einen irischen Kurator gestartet, der immerhin rund 2 100 Befürworter fand. Sie fanden, dass Manifesta und damit die Kunstwelt der russischen Regierung mit einem Verschieben oder Aussetzen des Events deutlich machen sollte, dass die »Anti-LGBT-Gesetzgebung« von der westlichen Welt nicht geduldet wird. Das Manifesta Team reagierte auf den Boykott, indem es deutlich machte, dass gerade ein solches Kunstevent eine kritische Diskussionsplattform für Künstler, Kunstkritiker und Meinungsmacher bieten kann, sowohl russischer Herkunft als auch aus dem internationalen Ausland. Wir wollten diejenigen sein, die aufzeigen, wie man als Veranstalter eines Kunstevents in politisch prekären Situationen handeln kann und in Ländern agiert, die Menschenrechte verletzen und keine Kritik dulden.

Inzwischen hatte sich die außenpolitische Situation in Russland noch weiter verschärft. Es folgte ein zweiter Boykott im März 2014, der dazu aufforderte, die Manifesta abzusagen, wenn nicht die russischen Separatisten und Truppen die Ukraine verlassen würden. Die Phase der Krim-Annexion, die nach den eskalierten Bürgerprotesten im Zuge des »Euromaidan« folgte, war ein weiterer Schritt, der die politische Lage und die Position von Manifesta in Russland zunehmend prekärer machte. Kasper König antwortet damals: »Es ist und sollte unser Ziel sein, eine Ausstellung zu machen, die die begrenzten Mittel der Kunst nutzt, um eine Debatte anzuregen, Fragen aufzuwerfen, und die eine langfristige Wirkung hat – auch nachdem die Türen schließen ...«

Eine Künstlergruppe aus St. Petersburg bezichtigte Manifesta weit vor der Eröffnung, künstlerische Arbeiten aufgrund der russischen Gesetzgebung zu zensieren und Werke nicht oder in veränderter Weise zu zeigen. Dieser inhaltlich haltlose Vorwurf führte zu einer ausgeweiteten und wichtigen Debatte über Zensur in Kunstausstellungen in Russland und anderen Ländern.

Der Direktor der Hermitage sagte damals gegenüber der Süddeutschen Zeitung: »Manifesta ist mehr als eine Ausstellung – sie ist ein öffentliches Ereignis, ein Veranstaltungsprogramm – das wird eine Herausforderung für das russische Publikum und auch für die Künstler sein, die auf die Stadt und das Museum reagieren. Zudem: Was in der Eremitage geschieht, wird von der Stadt wahrgenommen.« Diese Aussage ermutigte uns und bestätigte uns in unserer Auffassung, dass Manifesta gerade durch Ausharren und Weitermachen – statt durch eine Absage – Position beziehen kann. So wurde Manifesta trotz aller Proteste und Boykotte am 27.6.2014 feierlich eröffnet.

Nach dem tragischen Abschuss der MH17 Maschine nur einen Monat später im Juli 2014, bei dem 298 Passagiere, davon zwei Drittel Niederländer, umkamen, gab es auch in den Niederlanden, dem Heimatland der Manifesta, einen großen Aufschrei gegen die Biennale in Russland. Ein bekannter Kunstredakteur forderte in einem offenen Brief in der Zeitung den unmittelbaren Ausstieg von Manifesta aus Russland. Die Manifesta Direktorin Hedwig Fijen argumentierte daraufhin, dass es gerade in solchen Momenten wichtig sei, als Kunstinstitution im Dialog mit der russischen Öffentlichkeit zu bleiben. »Kunst spricht ein breites, kritisches und unabhängiges Denkvermögen an, nicht nur einen politischen Dialog. Künstlerpositionen können dabei sowohl als Mittler, aber auch als Brücke gesehen werden. Manifesta will dafür eine Bühne sein. Gerade jetzt!«

Manifesta 10 schloss ihre Türen am 2.11.2014 mit beinah 90 000 Besuchern im Generalstabsgebäude, dem Hauptausstellungsort, und 1,2 Millionen Besuchern, die einen Teil der Ausstellung im Winterpalast der Hermitage sehen konnten. Man sah Richters »Ema« nackt die Treppe herabsteigen. Marlene Dumas hatte für die Manifesta 10 schwule russische Berühmtheiten wie Pjotr Tšaikovski portraitiert. Nicole Eisenmann zeigte in ihren Malereien eindeutige Referenzen auf ihre Homosexualität, und Kristina Norman installierte sogar eine Metallversion des Maidan-Baumes, dem Symbol des »Euromaidans«, auf dem großen Platz vor der Hermitage – um nur einige Beispiele mehr oder weniger eindeutiger politischen Stellungnahmen zu nennen, neben all den Symposien, Kunstvermittlungsaktivitäten und Rahmenprogrammpunkten.

Manifesta 10 im Jahr 2014 hatte somit eine ungeahnte politische Dimension und Relevanz erreicht und konnte mit dem Biennale-Programm vielen, vor allem den einheimischen Besuchern, eine sehr besondere Erfahrung bieten. Die Anstrengungen und der emotionale Aufwand, die damit verbunden waren, waren es aus unserer Sicht alle male wert und haben uns noch einmal gezeigt: Es ist nicht naiv, an die politische und soziale Einflusskraft der Kunst zu glauben.

Vor einer ähnlichen Entscheidung wie Manifesta in Russland stand auch das Goethe-Institut in den 60er Jahren in Yangon in Myanmar (auch als Burma oder Birma bekannt). Nur sechs Monate nach dem Militärputsch durch Ni Win wurde das gerade drei Jahre alte Institut in dem damals florierenden und kulturell bedeutsamen Staat 1962 wieder geschlossen. Die Schließung war nach Auskunft des heutigen Institutsleiters Franz Xaver Augustin eine Reaktion auf eine sich dramatisch verschärfende Zensur und auf die wachsende Abwehr von ausländischen Einflüssen. »Für die damalige Institutsleitung gab es Hinweise (wie etwa die Absage bereits zugesagter Stipendien (DAAD, Fulbright)), dass man sich in Südostasien auf andere Länder, wo die Angebote des Goethe-Instituts mit größerer Bereitschaft angenommen wurden (vor allem in Indonesien, wo es bald drei Institute gab), konzentrieren sollte«.

Diese Haltung des Goethe-Instituts ist kritisch zu sehen. Frankreich und Großbritannien haben sich damals dafür entschieden, ihre Institute unter dem Dach der jeweiligen Botschaften weiterzubetreiben. Gerade in Diktaturen können solche Institutionen einen einigermaßen sicheren Hafen für die Bevölkerung bieten und sind die wenigen, wenn nicht gar einzigen kulturellen Zentren in diesen Ländern. Viele Menschen, die in der DDR gelebt haben, berichten von der Wichtigkeit etwa des Ostberliner Institut Français als Treffpunkt aber auch im gewissen Sinne als Tor zur Welt. Die Literaturnobelpreisträgerin Herta Müller, die unter der Diktatur Ceausescus in Rumänien aufwuchs, betont oft die Bedeutung, die das Goethe-Institut in Bukarest für sie hatte. Auch in der Zeit als die Militärjunta in Griechenland herrschte oder Franco in Spanien und Pinochet in Chile waren Goethe-Institute Anlaufstellen für Oppositionelle.

Auch nach Auffassung von Franz Xaver Augustin war die schnelle Schließung des Instituts in Myanmar aus heutiger Sicht und mit den Erfahrungen, die bald darauf mit Instituten unter den Dächern der örtlichen Botschaften etwa in China und Kuba gemacht wurden, ein Fehler. Das Institut wurde erst im Jahr 2014 durch den Bundespräsidenten Joachim Gauck wiedereröffnet.

h) Sprache und Übersetzung

Über die große Bedeutung von Sprache wurde bereits im vorangegangenen Kapital ausführlich gesprochen. Zenaida des Aubris fügt dem bisherigen noch eine weitere Facette hinzu. Die Übersetzung muss nicht nur als solche korrekt, sondern auch in den entsprechenden Zusammenhang eingebettet sein. Möglicherweise müssen Texte nochmal komplett neu und anders verfasst werden, wenn sie in anderen Kontexten Verwendung finden sollen.

Lost in Tanslation in China
Ein Beitrag von Zenaida des Aubris

While I was intendant of the newly built Grand Theater in Hangzhou, China, I was called in to the municipal cultural director's office for an urgent meeting. This gentleman and I had had many meetings already, as he was responsible for giving the official approval to all the events and performances I had planned to be performed in the coming season. Much to my surprise, he started talking about Hans Christian Andersen, the great Danish fairy-tale author of such classics as »The Ugly Duckling« and »The Little Match Girl«, and the exhibit I wanted to put on around the guest performance of the Royal Danish Symphony Orchestra's tour in the coming months.

I was given a very stern lecture about the People's Republic of China not wanting to support any performances that contained religious beliefs. It seems that the translator had not put the author's name in the right context and his middle name – Christian – caused the confusion. The municipal cultural director and I had a good laugh once this misinterpretation was cleared and I was given the ok to go ahead with the plans. In fact, I was then told of the high regard in China of H. C. Andersen, as he is known there.

Conclusion: Always make sure that translations are not only correct but put into the context that makes them understandable to the reader.

Auch die Erfahrungen mit der in diesem Buch präsentierten Fragebogenstudie fallen in die Kategorie Sprache und Übersetzung. Die Schwierigkeit wie aber auch die Wichtigkeit des korrekten Begriffsverständnisses wurde eingehend dargestellt. In internationalen Zusammenhängen gewinnt die korrekte Übersetzung der durchaus komplexen Begrifflichkeiten nochmals zusätzliche Relevanz.

Eine Anmerkung aus Kanada zu dem im englischen Fragebogen benutzten und durchaus problematischen, da pauschalierenden Begriff »migrants« lautete folgendermaßen:

»You use the word migrant to talk about newly arrived people in your country who might be interesting in your work. That sounds too much like refugees and the crisis that you are having in Europe actually. In Canada and the US we talk about immigrants or better New Arrivals or New Canadians. As a country that receives huge numbers of immigrants a year, we have evolved our ways of speaking that is less evocative and hence more politically correct«

Diese Aussage ist in mehrfacher Hinsicht aufschlussreich. Zum einen scheint die größte Migrationsbewegung, die die Welt seit dem Ende des Zweiten Weltkriegs erlebt, aus kanadischer Sicht eine rein ›Europäische Krise‹ zu sein. Zum anderen war das Wort ›migrants‹ nach langen Diskussionen mit Experten aus dem In- und Ausland trotz seiner Widersprüchlichkeiten, Heterogenität und Konstruiertheit gewählt worden, um eben nicht ausschließlich Flüchtlinge, sondern die Migration insgesamt, die in der überwiegenden Mehrzahl der Fälle aber tatsächlich von Vertreibung, Krieg und Gewalt[5] getrieben ist, abzubilden und Unterrepräsentation für einen Befragungskontext operationalisierbar zu machen.[6]

Dennoch ist die getroffene Wortwahl schwierig und insbesondere bei dieser Kulturmanagerin aus Kanada auf Ablehnung gestoßen. Dass Sprache implizit Vorurteile und Standpunkte transportieren kann, ist mittlerweile eine gut erforschte Gewissheit.[7] Bereits Ludwig Wittgenstein formulierte, dass die Grenzen unserer Sprache, die Grenzen unserer Welt sind. Umso mehr ist mit Sprache sensibel umzugehen und auf lokale Kontexte zu achten. Offensichtlich existieren in den USA und Kanada Begrifflichkeiten, die im hiesigen Diskurs noch nicht den analogen Niederschlag gefunden haben. Dies wurde bereits bei dem Begriff multikulturell diskutiert, der im anglo-amerikanischen Kontext üblicher und positiver konnotiert ist als in Europa. Der Begriff »Neue Deutsche« für Flüchtlinge in Deutschland hat sich bis dato nicht recht etabliert, auch wenn es Gruppierungen verschiedener Ethnien gibt, die ihn tatsächlich für sich nutzen. Es steht allerdings zu vermuten, dass er nicht zwingend mehrheitsfähig wird. Viele der Menschen, die derzeit nach Deutschland kommen, werden möglicherweise nie ›Deutsche‹, weil sie das Land gegebenenfalls wieder verlassen müssen oder gar wollen oder weil sie sich dafür entscheiden, die deutsche Staatsbürgerschaft, die für viele einen wesentlichen, wenn aber nicht zwingend entscheidenden Teil des Deutschseins ausmacht, nicht annehmen möchten.[8]

---

5 Zu den verschiedenen Formen der sogenannten »neuen Migration«, die zu den »klassischen« Migrationsgründen wie Arbeitsmigration, Flucht oder Auswanderung hinzukommen, siehe L. Pries (2001).
6 So auch I. Pilic/A. Wiederhold (2015), S. 12.
7 S. Ahmed (2012); W. Ngugi (1986).
8 R. Henze (2016).

Darüber hinaus stehen die »Neuen Deutschen« trotz der vermeintlich einladenden Terminologie doch wieder in Abgrenzung zu den »Alten Deutschen«. Die Differenzierung bleibt, auch wenn die Intention, die sich in der Wortwahl ausdrückt, durchaus positiv zu bewerten ist.

Das wesentliche Problem mit Sprache besteht möglicherweise darin, dass sie – obwohl dies in vielerlei Zusammenhängen versucht wird – Unklarheiten im eigentlichen Gedanken oder Konzeptlosigkeit schlicht nicht kaschieren kann. Müsste nicht zuerst geklärt werden, was das eigentlich beinhalten soll, dieses Deutscher, Kanadier oder Amerikaner sein?

Politische Korrektheit[9] im Umgang mit Sprache, so wichtig wie sie ist, ist aber leider auch kein Garant dafür, dass politisch korrekt gehandelt wird. Der Umgang mit Minderheiten und indigener Bevölkerung etwa in den USA und Kanada belegt dies.[10]

i) Schnelle Entscheidungsfindung und klare Kommunikation

Das Beispiel, das Sioned Hughes aus Großbritannien beisteuert, ist insofern wichtig, da es eine Erfahrung schildert, die ein alltägliches Erleben von Kulturmanagern, die ausländische Gäste oder Mitarbeiter von Partnerorganisationen zu Gast haben, schildert. Es ist gar nicht zwingende Voraussetzung selbst zu reisen oder im Ausland zu arbeiten, um Entscheidungen treffen zu müssen, die weitreichende Konsequenzen für eine Vielzahl von Personen im In- und Ausland haben. Auslöser für solche Entscheidungen können manchmal durchaus apart sein.

How to deal with the unforeseen
Ein Beitrag von Sioned Hughes

Sometimes, something goes wrong at the very last minute, over which you have no control. Back in 2010, the Icelandic volcano Eyjafjallajökull erupted two days before a delegation of museum curators from across the Russian Federation were due to arrive in the UK for a 10-day study visit. The resultant ash cloud led to the closure of most European airspace, creating the highest level of air travel disruption since the Second World War. On the first day of eruptions, as soon as it became clear that air travel was disrupted, the project partners in Moscow and London spoke and im-

---

9   Zum »schlechten und insbesondere humorlosen Beigeschmack« der dem Begriff »politisch korrekt« durchaus auch anhaften kann Siehe E. Shohat/R. Stam (2014), S. 11.
10 Ein Blick in US-amerikanische Gefängnisse und auf die Hautfarbe der Insassen ist in diesem Zusammenhang aufschlussreich A. Loomba (2015), S. 113.

mediately took the decision to postpone the study visit. Next, all museums and organisations due to meet or host the group were alerted to the postponement, with just a note that a fuller update would be sent as soon as possible. The most difficult aspect to manage was the logistical arrangements – particularly all the hotel accommodation that had been booked in London and the Midlands for 11 people. The standard contract for group accommodation bookings means that cancellation so close to the arrival date results in a 100 % cancellation charge. This was hugely difficult to manage as this also constituted the major expenditure within the budget – if the money were lost, the project would not be able to go ahead at a later date. After several difficult days, and many phone calls to the various hotels, it was eventually agreed that the bookings could be shifted to a later date within 12-months, or all monies would be lost. Happily, the airspace cleared, and the project went ahead as planned two months later in June 2010.

This case study shows the importance of clear decision-making. The postponement was decided in a very short phone call on the first day of disrupted air travel. This was particularly important as the Russian participants were from across the Russian Federation, and some had significant travel within the Russian Federation to reach Moscow before departing for London. A quick decision meant that all participants, partners and hosts could be updated within a very short amount of time on the day. The case study also emphasizes the need for good communication. It was easy to postpone the professional program – the ash cloud had such an international impact that everybody was very supportive. The hotels proved more difficult but persistent and polite communication, and the knowledge that the bookings would be confirmed again shortly, eventually won the day.

The study visit was delivered by Visiting Arts, in partnership with British Council Moscow and the Vladimir Potanin Foundation. The study visit was a prize for the winners of the best submission to the Vladimir Potanin Foundation's *Changing Museums in a Changing World* competition.

j) Das ambivalente Verhältnis zu Mittlerorganisationen und solchen der Entwicklungszusammenarbeit vor Ort

Mittlerorganisationen und solche der Entwicklungszusammenarbeit verfügen über die finanziellen Mittel, Kunst- und Kulturprojekte zu verwirklichen, die möglicherweise sonst gar nicht oder nicht in dieser Form realisiert werden könnten. Die Abhängigkeiten sind hierbei in beide Richtungen – gegenüber dem »Geschmack« des jeweiligen Gastlandes wie aber auch gegenüber den Vorstellungen der jeweiligen Organisation, die den Förderbedingungen zugrunde liegen – nicht unerheblich, wie schon bei der Auswertung der Befragung im zweiten Kapitel deutlich wurde. Auch der Aspekt, dass Kulturmanager insbesondere in Ländern des globalen Südens noch zu oft den Eindruck gewinnen, dass ihre spezifischen Wissensbestände und Erfahrungen kaum bis gar nicht geschätzt werden, wurde in den Antworten der Kulturmanager hervorgehoben. Eine ähnliche Erfahrung schildert Astrid Thews.

Sollen wir uns um die ägyptische Organisation kümmern, damit die auf den Beinen bleibt?
Ein Beitrag von Astrid Thews

Herbst 2015. Ich habe mich zu einem Vortrag und Netzwerktreffen zum Thema Social Entrepreneurship angemeldet. Das Treffen wird in Kairo von einem Zusammenschluss internationaler Entwicklungsorganisationen organisiert, dementsprechend sind die gut fünfzig Gäste Vertreter diverser internationaler Organisationen, der ägyptischen Zivilgesellschaft und einiger Start-Ups. Nach dem Vortrag findet ein informeller Austausch und Netzwerken statt. Als ich mich mit einigen Deutschen unterhalte, erwähne ich, dass ich vorhabe, nach Deutschland zurückzugehen. Sie fragen mich, wie es mit Mahatat weitergehen wird. Ich erkläre, dass ich gerade meine Nachfolge einarbeite und weiterhin aktives Board-Mitglied bliebe. Meine Gesprächspartner fragen mich, ob es gut wäre, wenn sich von ihrer Seite jemand um die Organisation kümmern würde, ›damit die auf den Beinen bleibe.‹ Etwas verdutzt entgegne ich, dass Mahatat vielleicht ein passender Dienstleister oder Projektpartner wäre, wenn künstlerische Methoden gefragt seien und sammle Visitenkarten und gebe die Nummer meiner Geschäftspartnerin heraus.

Ähnliche Situationen sind mir seit 2012 in Kairo immer wieder begegnet. In einem Land wie Ägypten erhält die unabhängige Kunstszene viel internationale Förderung durch Kulturpartnerschaftsprojekte oder im Rahmen der Entwicklungszusammenarbeit. Nur von wenigen internationalen Organisationen werden die ägyptischen Organisationen dabei als gleichwertige, wenn auch weniger zahlungsfähige Organisationen betrachtet. In den meisten Fällen, in denen unternehmensintern bereits zwischen ›nationalen‹ und ›internationalen‹ Mitarbeitern unterschieden wird, wird jedoch teilweise ein impliziter und teilweise ein expliziter qualitativer Unterschied zwischen ägyptischen und internationalen Organisationen gemacht. Um diesem Vorurteil entgegen zu wirken, halte ich es für besonders wichtig, regelmäßig auf die Kompetenzen von diversen ägyptischen Organisationen und sozialen Unternehmen hinzuweisen und Gleichwertigkeit zu betonen.

k) Lehren und Lernen in internationalen Kontexten

Viele Kulturmanager auch aus Europa machen sich in der Überzeugung auf in die Welt, den Kulturmanagern in anderen Ländern insbesondere denen des globalen Südens etwas vermitteln zu können. Diese Überzeugung mag darauf gründen, dass Kulturinstitutionen in ihrer Art und Weise zu operieren doch ähnlich sein müssen – schließlich sind Theater und Museen europäische Errungenschaften, die entweder während der Kolonialzeit in die Welt exportiert oder nach deren Ende nach westlichem Vorbild gestaltet wurden.[11] Auch das Festivalformat wurde Ende des 19. Jahrhunderts in Europa erdacht.[12] Es soll nicht ausgeschlossen werden, dass diese Experten tatsächlich Grundlegendes über Marketingstrategien oder Audience-Development-Konzepte vermitteln können. Neben einer aufwendigen Anpassung von Lehrinhalten und insbesondere einer soliden Vorbereitung auf den jeweiligen auch historischen und politischen Kontext des Landes, darf nicht vernachlässigt werden, dass Lehr- und Lernmethoden andere sein können und die Kulturmanager vor Ort mit Anpassungsschwierigkeiten zu kämpfen haben.[13] Wichtig ist allerdings auch in diesem Zusammenhang darauf hinzuweisen, dass es sicher zahlreiche Variationen im Lehr- und Lernverhalten gibt, die unzähligen Stereotypen, die zum Lernverhalten und zur Lehre in anderen Ländern existieren, aber nicht zwingend korrekt sind.[14] Die Autonomie des Lernenden oder die Anregung zum kritischen Denken und Diskurs, sind mitnichten nur Bestandteile des »westlichen« Lehrkanons. Tatsächlich existierende Unterschiede, wie etwa ein stärker Fokus auf Wiederholung und Auswendiglernen, haben nicht nur ihre pädagogische Berechtigung im jeweiligen Kontext, sondern bereichern auch die Lernerfahrung aller Beteiligten, wenn sich Lehrende darauf entsprechend vorbereiten und einlassen.[15]

Wir sind so demokratische Trainingsformen hier in Menufeya nicht gewöhnt.
Ein Beitrag von Astrid Thews

Sommer 2014. Mahatat ist durch die in der gesamten arabischen Region tätige Organisation ›Culture Resource (Mawred)‹ beauftragt worden, einen dreitägigen Workshop zur Veranstaltung von Kunstevents im öffentlichen Raum für junge Er-

---

11　V. Durrer/R. Henze/I. Ross (2016); J. M. MacKenzie (2009).
12　V. Teissl (2014), S. 153.
13　J. Ross (2016), S. 54 f.
14　S. Marginson/E. Sawir (2011), S. 69.
15　P. Ninnes/C. Aitchison/S. Kalos (1999), S. 323 f.

wachsene in der Provinz Menufeya im Nildelta zu halten. Da Kunst im öffentlichen Raum unsere Expertise ist und wir schwerpunktmäßig im Nildelta arbeiten, sagen wir zu. Wir beschließen, weitestgehend auf digitale Präsentationen zu verzichten und bereiten den Workshop auf Flipcharts und Handouts vor. Als wir am Vortag des Workshops anreisen, sehen wir uns den vorgesehenen Trainingsraum an und stellen fest, dass dieser einem Theater gleicht und nicht besonders zur aktiven Teilnahme einlädt, eher zu einer Vorlesung. Wir lassen also runde Tische bringen und Stühle, um Gruppenarbeiten zu ermöglichen. Als die zehn Teilnehmer am ersten Workshop-Tag kommen, sind sie von den vorbereiteten Sitzgruppen etwas überrascht, lassen sich aber nach einiger Zeit darauf ein. Durch Stromausfälle an allen drei Tagen müssen meine Kollegin und ich regelmäßig umdisponieren und mit allen Teilnehmern suchen wir kühle, aber helle Räumlichkeiten im Hotel. Wir sind also froh, dass wir methodisch weitestgehend stromunabhängig geplant und vorbereitet haben. Zusammen mit den Teilnehmern legen wir die Reihenfolge der relevanten Themengebiete fest und gleichen zu Tagesende jeweils Erwartungen ab und legen neue Ziele für den darauffolgenden Tag fest. Am ersten Tag dauert es lange, einfache Gruppenarbeitsaufträge den Anfang 20-jährigen zu erklären. Häufig fragen die Teilnehmer zum Abschluss einer Diskussion, was nun ›die richtige Antwort‹ sei. Zum Workshop-Abschluss erfragen wir Feedback. Vor allem im Gedächtnis bleibt mir folgende Aussage eines Teilnehmers: ›Wir sind so demokratische Trainingsformen hier in Menufeya nicht gewöhnt. Also wir sind nicht gewöhnt, mitzubestimmen. Aber das hat uns gefallen.‹

Durch Sozialisation in unterschiedlichen politischen Kontexten und daraus resultierenden Bildungssystemen gehen Menschen sehr unterschiedlich mit Partizipation und Erwachsenenbildung um. Flexible Zeitplanung ist daher in interkulturellen Kontexten besonders wichtig; keine Lernmethode sollte als bekannt vorausgesetzt werden. Es ist hilfreich, einige einfache Erklärungen zu Methoden parat zu haben, die gegebenenfalls herangezogen werden können. Zeit für Reflexion am Tagesende ist ebenfalls wichtig. In interkulturellen Kontexten würde ich aufgrund von möglichen Sprachschwierigkeiten und unterschiedlichen Ausdrucksformen hierfür großzügig planen. In jedem Fall würde ich auch Präsentationsfolien ausdrucken, um auch bei Stromausfall in Gebieten mit schlechterer Stromversorgung (oder aber Gerätedefekten) souverän weiterarbeiten zu können.

2 Internationales Kulturmanagement als (trans-)kulturelle Übersetzungsleistung

Wir sind die Guten
Ein Beitrag von Sarah Herke

Niemand geht davon aus, selbst zu »den Bösen« zu gehören. Besonders deutlich zu sehen war dies vor einigen Jahren in der moldauischen Hauptstadt Chisinau. Wir suchten einen Ort für unsere Abschlussveranstaltung, ein Kulturfestival mit fünfzig internationalen Kulturmanagern, die die Ergebnisse ihrer einjährigen Zusammenarbeit präsentieren sollten.

Als Ort bot sich ein altes Museum an. Bis auf einen Raum in diesem riesigen Gebäudekomplex wurde das Museum seit einigen Jahrzehnten nicht genutzt, gehörte der Stadt und war jüngst von einem nationalen Kulturinstitut gepachtet worden. Wir gründeten eine Gruppe von Personen in Chisinau, die damit beauftragt war, die Möglichkeiten unseres Festivals in diesem Gebäude auszuloten. Die Reaktion war verhalten aggressiv. Unsere Teilnehmer unterstellten der städtischen Administration von Beginn an ein kalkuliertes Interesse daran, das Gebäude verfallen zu lassen. Die Architektin, die von Amts wegen hinzugezogen werden musste, um unsere »Umbauten« für das Festival zu genehmigen und zu überwachen, wurde hierfür als lebender Beweis präsentiert. Die freie Kulturszene zog sich auf die Meinung zurück, dass die Verwaltung über Jahrzehnte nichts getan hätte, um das denkmalwürdige Gebäude zu schützen und sah es als Schikane an, dass nun, wo sich endlich jemand des Gebäudes annehmen wolle, eine Architektin auf Schritt und Tritt dabei sein müsse. Alsbald waren die Fronten so verhärtet, dass eine Vermittlung unserseits notwendig schien.

In den Gesprächen mit der Stadtverwaltung und dem Pächter zeichnete sich dann ein ähnliches Bild des Misstrauens. Das Gebäude sei wichtiger Teil der städtischen Geschichte und man sei besorgt, dass es durch unsachgemäße Umbauten und Nutzung Schaden nehmen könne. Man habe Aktivitäten der beteiligten Organisationen gesehen und misstraue ihrem architektonischen Fachwissen. Dabei habe man eine Vision davon, dass das Museum bald wieder ein zentraler Ort des kulturellen Lebens werden könne. Der bisherige Verfall sei bedauerlich, allerdings der Mittelknappheit geschuldet. Dass eine Zwischennutzung die Gebäudesubstanz erhalten und das Museum als zentralen Kulturort etablieren könne, leuchtete der Stadtverwaltung und dem Pächter umgehend ein.

Während einer Ortsbegehung standen sich dann beide Seiten gegenüber. Als internationaler – und quasi neutraler – Vermittler war es mir damals an diesem Punkt möglich, naiv beide Standpunkte zusammenzufassen, die inhaltlich gleich lauteten: Ein Gebäude im zentralen Teil der Stadt soll vorsichtig und sorgfältig umgenutzt werden, um ein Angebot für junge Menschen zu schaffen. Auf dieser Grundlage einigten sich beide Seiten auf einen temporären Mietvertrag. Die Zwischennutzung besteht bis heute.

Das Fazit aus diesem Fallbeispiel ist, dass der Kulturmanager auch ein »Übersetzer« sein kann. Insbesondere »internationale Kulturmanager« haben in lokalen Kontexten oft den Vorteil, als neutrale Person wahrgenommen zu werden und die Dinge mit einigem Abstand betrachten zu können. Oft braucht es nicht mehr, als allen Parteien zuzuhören und die Schnittmengen zu identifizieren. Haben wir verstanden, was die Menschen antreibt und was ihre Motivation ist, stellen wir fest, dass niemand aus schlechten Motiven heraus handelt. Es bedarf aber oft einer Übersetzung, um eine Zusammenarbeit mit anderen möglich zu machen.

Die von Sarah Herke beschriebene, mediierende Funktion des Kulturmanagers ist eine ganz wesentliche nicht nur im internationalen Kontext, der sich die Kulturmanager bewusst sein müssen.[16] Aufgrund ihrer vermeintlichen Neutralität aber auch aufgrund ihrer vielfältigen kulturellen Erfahrungen, können sie eine Mittlerposition einnehmen, beziehungsweise müssen damit rechnen, dass man ihnen eine solche zuerkennt.

Internationale Erfahrungen und die Arbeit in verschiedenen transkulturellen Kontexten kann Kulturmanager befähigen, Herausforderungen, die in internationalen Kontexten auftreten (können), zu antizipieren und rasch Strategien zur Überwindung etwaiger Schwierigkeiten gemeinsam mit den Projektbeteiligten, die über einen solchen Erfahrungsschatz nicht oder noch nicht verfügen, zu entwickeln.

Das liebe Geld
Ein Beitrag von Sarah Herke

Im Rahmen einer unserer Programme brachten wir einen Kulturmanager aus dem Vereinigten Königreich mit einem Photographen und Kulturmanager aus der Türkei zusammen. Gemeinsam wollten sie ein Projekt umsetzen, das die Geschichten von Geflüchteten aus Syrien erzählt und ihre Fluchtroute aus Syrien über die Türkei, verschiedene Länder der EU bis nach Großbritannien nachzeichnet.

Beiden Kulturmanagern war das Projekt eine Herzensangelegenheit. Im Rahmen des Programms verwalteten sie ein gemeinsames Projektbudget. Da es administrativ einfacher schien, die Finanzverwaltung in Großbritannien anzusiedeln, entschieden sie sich hierfür. Über den Zeitraum von einem Jahr schien die Zusammenarbeit reibungslos zu funktionieren, was uns erstaunte, da beide eini-

---

16 R. Henze (2014), VIII ff.

ge Hürden zu nehmen hatten: Der türkische Kulturmanager sprach nur rudimentär englisch, während der andere Muttersprachler war. Während der Türke Chef einer mittelgroßen Organisation und bedeutend älter war, war der Brite bei einer größeren Organisation angestellt, aber noch am Beginn seiner beruflichen Laufbahn. Dennoch schafften sie es, Entscheidungen gemeinsam zu treffen und strategisch die Interessen beider Organisationen zu berücksichtigen.

Erst bei der Projektabrechnung kam es zu Schwierigkeiten. Es stellte sich heraus, dass weit mehr Projektkosten auf türkischer denn auf britischer Seite angefallen waren. Allerdings wurde ein Großteil unserer Projektförderung für die Deckung der britischen Kosten verwandt.

In einem klärenden Gespräch stellte sich heraus, dass aus Sicht des türkischen Kulturmanagers eine Eigenleistung unabdingbar war, da er selbst so sehr an den Sinn des Projektes glaubte und es sich für ihn nicht richtig angefühlt hätte, Teile seiner eigenen Lohnkosten auf das Projekt zu schlagen. Gleichzeitig hatte der britische Kulturmanager ohne mit der Wimper zu zucken alle realen Kosten auf das Projekt gebucht. Arbeitsessen in London gehörten genauso dazu wie anteilige Lohnkosten der Buchhaltung, während es für den türkischen Kulturmanager eine Selbstverständlichkeit war, Arbeitsessen mit dem britischen Kollegen im Sinne der Gastfreundschaft aus eigener Tasche zu zahlen und seine eigene Arbeitsleistung nicht dem Projekt anzulasten.

Wir haben daraus gelernt, Teilnehmer unserer Programme so früh wie möglich für unterschiedliche Einstellungen zu Geld zu sensibilisieren. Nach wie vor gehört es für viele Menschen im NGO-Bereich scheinbar zum »guten Ton«, die eigene Arbeit auch finanziell zu unterstützen. Damit es in der Zusammenarbeit mit Partnern – gleich ob international oder lokal – hier nicht zu Zerwürfnissen kommt, sollte das schwierige Thema »Geld« thematisiert werden. Eine einfache Methode hierzu kann es sein, den Projektpartner eine Geldbörse zu geben und sie beschreiben zu lassen, was sie mit diesem Objekt verbinden. Das delikate Thema bekommt so einen Rahmen und Raum zu Austausch. Gibt es keine externe Moderation, so ist es sinnvoll, sich vor Augen zu halten, dass das Übernehmen von Rechnungen nicht notweniger Weise ein Ausdruck von relativem Wohlstand, sondern vielmehr von Gastfreundschaft und dem Beweis einer tiefen Verbundenheit zur eigenen Arbeit darstellen kann.

3   Erfahrungen aus Afrika

Die folgenden Erfahrungen und Fallstudien hat Belisa Rodrigues, die bis Anfang 2016 beim African Arts Institute in Kapstadt tätig war, in Zusammenarbeit mit Dounia Benslimane von der Association Racine in Marokko und der kanadischen

Praktikantin beim African Arts Institute in Kapstadt Katherine Griffin zusammengetragen. Sie spiegeln ihre Erfahrungen in zwei Organisationen mit pan-afrikanischem Mandat in den letzten sechs Jahren wieder.

Einprägsam ist ihr Eingangskommentar, mit dem sie die Kompetenzen beschreibt, die Kulturmanager, die in Afrika arbeiten, haben sollten:

> »As a cultural manager operating in various African countries, you have to be a chameleon!
> In other words, you have to be able to adapt, be flexible, brilliant and cautious → this boils down to your project planning and risk management strategies.«

Die Anforderungen sind mithin hoch, die Aufgaben komplex und selten vorhersehbar, die tägliche Arbeit mitunter sogar gefährlich.

a) Zugang zu Internet und Elektrizität

Ähnliche Erfahrungen wie Astrid Thews in Ägypten etwa im Hinblick auf die Stromversorgung und die Internetverbindung schildert auch Belisa Rodrigues. Das Internet ist in manchen Regionen Afrikas entweder noch überhaupt nicht vorhanden oder unzuverlässig und langsam. Es ist vielfach aber auch prohibitiv teuer, was wiederum einiges über die jeweiligen Regierungen verrät.

Internet Access
In 2014, the African Arts Institute was asked to conduct a training for cultural managers in Zimbabwe. The local organiser would arrange all logistics, and we were tasked with managing the programme and delivering the training itself. One of the conditions of the training was that internet would be available, as the cultural managers had specifically requested training on ICT and Social Media for cultural managers.

From experience, I knew that I would need a plan B to deliver the ICT and Social Media training without internet. I thus downloaded (grabbed) all videos that were going to be used in my presentation; I also created a snap shot of important webpages that were going to be used to demonstrate particular exercises.

We arrived in Zimbabwe, and were taken to a remote village outside Harare, where a new art centre was built but had not had their internet installed yet (despite the assurances from their side). This made the participants extremely anxious, as many of them were looking forward to the session on ICT and Social Media.

I had already prepared for this eventuality, and also came up with another idea – to use internet-enabled smart phones. As it happened, only 4 out of the

14 participants had a smart phone, and I bought internet data. The group was split into 4, and we managed to go through the whole ICT session by demonstrating facebook, twitter, pinterest, and other applications this way. The participants were satisfied with the outcome of the session despite the constraints!

Electricity Outages
Electricity cuts are a real threat to business and educational training across many African countries. In Cameroon, during the Cultural Management training held in 2014, the organiser (Doual'art) cited an electricity outage which forced them to conduct the training outdoors. Her comment was: »We adapt!«

A Cultural Entrepreneur from Ghana cited electricity shortages, sometimes blackouts for days at a time as a major threat to his business. He is a documentary film maker, and has to invest in a generator to continue his operations…this is expensive to buy and run in his country.

As a cultural manager operating in these contexts, you have to prepare for all eventualities – exercises, training, workshops, projects have to be conducted in a manner that relies very little on these external factors (internet and electricity).

b) Gesundheitsrisiken

Der Ebola-Virus sorgte in vielen Teilen der Welt Anfang des Jahres 2015 für Aufregung und Ängste. Die dramatischen Bilder von sterbenden, isolierten Menschen in Westafrika gingen durch sämtliche Medien. Viele westliche Organisationen haben ihre Mitarbeiter entweder aus den Gebieten zurückgeholt beziehungsweise gar nicht erst in Risikogebiete entsandt.

When travelling across the continent, you have to have many documents and precautionary measures in place – yellow fever certificate for certain yellow fever zones; anti-malaria tablets; ebola screenings etc.

Travelling in these contexts can be extremely stressful as a cultural manager. You are dealing with a lot of complexity, so you must really have a strong local network and travel insurance to cover you for emergencies.

Last year I was asked to attend a Board Meeting in Senegal during the height of the Ebola scare. The entire organisation was willing to send their members to Senegal despite the health risks. The main issue for me was why take the risk if you have the power to move the meeting elsewhere? A simple project management decision for me would be to move the meeting to another country as no payments had been made at that stage. The core issue for many, however, was the fear of being seen as an ›Afro-pessimist‹ and succumbing to ›western media‹ fear mongering.

This ›cultural debate‹ clouded the very real pragmatic project management decision ie. to move the meeting to safeguard the group against exposure to ebola. I managed to convince the organisation to move the event, and everyone was really happy about this decision as it turned out. One of the key deciding factors for me was my on the ground experience of travelling in the region – where I noticed that the ebola screening process was flawed. In other words, not everyone was screened all of the time, leaving room for error. This epidemic spread too quickly for the systems to catch up with it!

Thank goodness it is now under control and travelling to these areas can resume.

Be prepared, but not scared.

Aufschlussreich an diesem Erfahrungsbericht ist insbesondere, dass afrikanische Kulturmanager einmal mehr den Eindruck haben, sich »dem Westen« und der »Panikmache« der westlichen Medien, so berechtigt sie in diesem Fall gewesen ist, widersetzten zu müssen. Eine Veranstaltung in einem Ebola-Gebiet durchzuführen, um ein Zeichen zu setzen, erscheint als ausgesprochen emotionaler und verzweifelter Akt, der dankenswerterweise von Rodrigues, die die Gefahren aufgrund ihrer Reiseerfahrungen einschätzen konnte, unterbunden wurde.

c) Politische Implikationen

Viele der Erfahrungen, die Rodrigues wie auch ihre Kollegen in den letzten Jahren gemacht haben, stehen im Zusammenhang mit den – durchaus sehr unterschiedlichen – politischen Gegebenheiten in den afrikanischen Ländern, in denen sie arbeiten. Themen wie Meinungsfreiheit und Korruption spielen hierbei eine wichtige Rolle.

Lack of Political Will

Generally speaking, African governments fail to support the arts and culture sector. A case in point was recently felt during the African Creative Economy Conference in Cameroon where the Culture Minister was suddenly replaced with another Minister one day before the conference. The main issue with this was a lack of proper handover, the dishonouring of budget agreements and other contracts as it related to free accommodation for conference participants.

This is not the first time, and will not be the last time that government departments, cabinets etc. shuffle without due warning which affects major sponsorship and hosting agreements for cultural events!

Freedom of expression

In 2010 I was travelling with 18 journalists (from all over Africa) to Zimbabwe for the Harare International Festival of the Arts (HIFA). At this time, there was a heightened censorship around artists and media personal alike.

To lessen any suspicion surrounding the journalists, they had to stipulate on their migration forms that they were »writers« or »novelists«. Two of the journalists were detained for visa reasons, but it could have also been related to their job description.

Later that year, the Censorship Board announced a Festivals Policy giving power to government to censor any act it deems unsavoury/defamatory to government etc.

Censorship/Self-censorship and working with activists means that you have to be sensitive to the cultural policy and other laws relating to this area.

Our Moroccan partner, Racines, mentioned that their Mauritanian participant was not allowed to leave his country to attend the Cultural Management training due to his activism – he was in fact detained as a result!

Mobility in Africa

In general the top conversation at any workshop or training will centre around the arduous VISA regulations and requirements when travelling within Africa, especially if you are an African national. This is an ongoing discussion, and affects the participation of key players in important forums on and outside of the continent. Bear this in mind, and remain sensitive and savvy when dealing with home affairs, embassies and the like – often it is the relationships you form with your Ministry/Embassies/Home Affairs that gets you through these bureaucratic process!

Cross border trading

Unfortunately, corruption is a big issue in many African countries, and thus, any trading activity that you would like to undertake, you need to do a thorough due diligence when operating in these contexts. The Arterial Network produced numerous publications/toolkits (Arts Fundraising, Project Management, Arts Advocacy etc.) that were physically distributed across the continent from our head-office in South Africa. This was no small task, as each parcel had to be weighed, packaged, and a country contact had to be willing to travel to the airport and sign for the release of the package from customs in their country. What we did not anticipate were the unbudgeted excise and duties costs; the suspicion surrounding the packages; and in some cases bribery that was solicited from our contacts in order to release our parcel.

This exercise taught us that the cost of distribution as well as the opportunity cost of our staff managing the complexity behind this task, is extremely high.

Our learning: in future we have opted to partner with professional distributors who will be able to act like a depot on our behalf; in addition to this, we have also partnered with an online »print on demand« distributor who is able to print and deliver as and when a book is needed. *However, one must be always mindful that e-version or e-books, although a good alternative to physical copies, are not always accessible across many parts of the continent due to sparse and prohibitively expensive internet costs.*

Your distribution strategy will need to be customised per African country – with some being sent shipments of books directly; others working through regional depots/publishers; whilst others through e-downloads (like Kenya or Morocco). And you need to budget for unforeseen costs!

Revolutions

Recently, starting with the Tunisian Jasmine Revolution, the Arab Spring has had a big effect on cultural activities.[17] When there is a revolution, there is a lot of uncertainty regarding policies, who is in power and what is going to unfold. Many conferences and workshops that were planned a few years in advance found themselves in a quandary as to whether they go ahead or not. How do you decide?

This uncertainty then translates into speakers and funders pulling out of the conference, and public relations becomes an important tool to galvanise support for your event.

It is important to create a clear risk management decision matrix together with your Board so as to decide one way or another what to do and when to do it.

This is how a Risk Management Decision Matrix could look like:

Name of Project:	
Describe Risk:	
Cause of Risk	
% Probability	
Effect: High/Medium/Low	
Describe the impact	
Preventative action:	
Recovery action:	
Responsible:	
Time:	
Cost:	
Safety:	
Other:	

---

17 ›Art War‹ von Marco Wilms ist eine interessante Dokumentation zur jungen ägyptischen Kulturszene während und nach dem sogenannten ›Arabischen Frühling‹.

Make sure you adhere to all applicable event related laws and regulations in your specific country or environment.

d) Sicherheit

Aufgrund der teilweise volatilen politischen Situation in zahlreichen afrikanischen Ländern kann eine Situation in relativ kurzer Zeit eskalieren und damit gegebenenfalls auch gefährlich werden wie Katherine Griffin aus Vancouver, Kanada, die in Paris studiert und derzeit als Praktikantin beim African Arts Institut in Kapstadt tätig ist, schildert:

I was tasked with delivering a funding proposal before the office closed at 16:30 – a seemingly simple task that would instead end in me sprinting in heels through a group of protestors as the ›Fees Must Fall‹ movement grips South Africa.
Attempting to take the shortest route possible, I encountered police roadblocks, forcing me to turn around and retrace my steps. I began to run to make up for lost time, navigating swarms of singing protestors demanding access to affordable education. As I left the office having successfully submitted the funding proposal, they shut the doors behind me – I had made it just in time.
Returning the same way I navigated on the way to drop off the proposal, I came across several small fires burning in the middle of the road.
The environment, both cultural and otherwise, is characterized by volatility. It is essential to be prepared to adapt at any moment to swiftly shifting circumstances, even for something as mundane as dropping off a funding application!

4 Juristische und logistische Herausforderungen

Das erste Beispiel, das Nadja Kadel, auf Tanzschaffende spezialisierte Künstlermanagerin aus Berlin, schildert, bewegt sich in einem Zwischenraum zwischen interkultureller Kompetenz und logistischen sowie juristischen Problemstellungen. Erfahrungen, wie die hier geschilderten, sind nicht selten und zeigen, dass auch bei Vorhaben mit den nächsten europäischen Nachbarn nicht immer alles zwingend nach Plan laufen muss.

a) Projektabwicklung und Zahlungsmodalitäten

Vorkasse, bitte!
Ein Beitrag von Nadja Kadel

Die Zusammenarbeit mit internationalen Partnern ist immer eine spannende Angelegenheit, bringt tägliche Überraschungen mit sich, aber birgt natürlich auch das eine oder andere Fettnäpfchen. Das entsetzte Gesicht des japanischen Obers, dem ich am Ende eines gelungenen Geschäftsessens in Tokyo ein gutes Trinkgeld geben wollte, zeigte mir, dass ich mich genauer über japanische Regeln des Anstands hätte informieren sollen. Zum Glück sind es nicht immer peinliche Situationen, in die man gerät, aber doch hat jedes Land seine Eigenheiten – seien es komplizierte Zollbestimmungen in der Schweiz, keine Raucherzimmer in skandinavischen Hotels, extremer Aufwand für Arbeitsvisa für die USA, strikte Quarantänebestimmungen für Hunde bei der Einreise nach Großbritannien oder der nicht ganz einfache Transport von teuren Musikinstrumenten nach Übersee. Man könnte denken, es wird komplizierter, je weiter entfernt das Land und je fremder die Kultur ist. Dass dem nicht so ist, zeigt die folgende kleine Fallstudie über unser Nachbarland Italien.

Der erste Kontakt zu einem renommierten italienischen Opernhaus kam durch dessen künstlerischen Direktor zustande, der sich zunächst schriftlich, dann telefonisch mit mir in Verbindung setzte. Er war nicht nur ausgesprochen nett, sondern auch hochmotiviert und lud mich wenig später zu einem der fantastischsten Mittagessen meines Lebens ein. Es war von vornherein klar, dass die finanziellen Mittel nicht sehr groß sein würden, aber die Motivation, eine herausragende Ballettproduktion mit italienischen Tänzern neu einzustudieren, war auf beiden Seiten hoch, so dass wir einstimmig beschlossen, das Projekt trotz der knappen Mittel und des verhältnismäßig kurzen Vorlaufs von einem halben Jahr durchzuführen.

Die Vertragsverhandlungen mit dem Theater gestalteten sich allerdings von Anfang an eher zäh. Es wurde erwartet, dass wir mit diversen Kosten in Vorleistung gehen sollten, was ich ablehnte. Zusätzlich zum Vertrag verlangte man eine große Menge an Papieren. Neben italienischen Steuernummern (codice fiscale) für alle Beteiligten musste ich die auch in anderen Ländern üblichen Papiere wie Steueransässigkeitsbescheinigungen und A1-Formulare beantragen. Doch es folgten viele weitere Papiere wie z. B. eine »declaration for the application of the convention« oder eine »dichiarazione sostitutiva dell'atto di notorietà«. Die Tatsache, dass geschäftlich selbständige Künstler in Deutschland nur eine Steuernummer haben und nicht zwei (in Italien gibt es eine Nummer für natürliche Personen und eine andere für gewerbetreibende Personen oder Gesellschaften) warf zusätzliche Probleme auf.

Nachdem der Vertrag viele Wochen später endlich abgeschlossen war, dauerte es weitere vier Wochen, bis die erste Rate (eigentlich fällig zum Vertragsabschluss) überwiesen wurde. Diese wurde aber benötigt, um die Reisen und Unterkünfte für alle Beteiligten zu buchen, die ausgeliehenen Kostüme verschicken zu lassen und Materialien für das Bühnenbild in China zu bestellen. Die Zeit begann uns davonzulaufen.

Für zahlreiche Dinge vor Ort half uns der hochmotivierte Ballettdirektor: Dank persönlicher Beziehungen fand er z. B. eine wunderbare Wohnung für den Ballettmeister, der fünf Wochen vor der Premiere mit der Einstudierung des Stücks begann. Die Tänzer waren ausgesprochen gut und ebenfalls sehr engagiert. Noch heute bin ich mit einzelnen von ihnen in gutem Kontakt.

Ich schickte rechtzeitig eine DVD des Tanzstücks sowie alle Lichtpläne der Produktion an das Theater, wo man mir versicherte, dass alles angekommen sei und der Lichtdesigner alles an die Gegebenheiten der örtlichen Bühne anpassen würde.

Drei Tage vor der geplanten Premiere reiste ich zu den Endproben an. Der nette Direktor war noch vor Ort, aber in der Zwischenzeit auf Grund einer Intrige gekündigt. Die Tänzer waren sehr gut vorbereitet, aber bei der ersten Bühnenprobe war kaum etwas vom Bühnenbild zu sehen. Ich hatte vorab per Post 30 000 künstliche Rosenblätter geschickt, von denen aber nur ca. 300 auf der Bühne lagen. Auch sollten sich die Blätter in bestimmten Momenten bewegen, was aber nicht passierte, weil statt der von mir vorab angeforderten vier starken Windmaschinen nur zwei kleine Handventilatoren vor Ort waren. Als ich auf die Bühne ging, saßen etwa fünfzehn Mitarbeiter des Theaters an einem Tisch auf der Seitenbühne und tranken Kaffee. Erst auf meine Nachfrage wurden die restlichen Rosenblätter, die alle noch in einzelnen Tütchen verpackt waren, herbeigeschafft. Endlich traf ich den Lichtdesigner, der mir sagte, er habe bisher weder DVD noch Lichtpläne erhalten, weshalb er auch leider nichts habe vorbereiten können. Um es kurz zu machen: Der Lichtdesigner arbeitete geschickt und schnell, sodass das Licht innerhalb von ca. fünf Stunden angepasst war. Einzelne sehr engagierte Leute halfen mit, z. B. kannte jemand einen Fotografen, der für Werbeaufnahmen eine starke Windmaschine hatte und diese kostenfrei auslieh. Ein sehr netter Korrepetitor, der eigentlich nichts mit der Produktion zu tun hatte, bot an, seinen Laubbläser mitzubringen, um so die Rosenblätter in Bewegung zu versetzen.

Bei der Premiere funktionierte alles, was sowohl den ausgezeichneten Tänzern als auch einzelnen kooperationswilligen Mitarbeitern zu verdanken war. Nur – nach ihrem glücklichen Abschluss wurde die Produktion nicht bezahlt. Der langwierig ausgearbeitete Vertrag erwies sich als wertlos, zahlreiche Briefe und Telefonate halfen nicht das Geringste. Nach mehr als einem Jahr schaltete ich eine italienische Rechtsanwältin ein, der es nach zwei Monaten gelang, immerhin 80 % der noch ausstehenden Vertragssumme zu bekommen; den ursprünglich ausgehandelten Betrag, hieß es, könne man wegen neuer Sparvorgaben der Regierung nicht mehr zahlen. Ein großer Erfolg, denn ich weiß, dass einige Künstler bis heute noch gar kein Honorar gesehen haben. Man kann auch nicht behaupten, dass es sich hier um ein einmaliges Vorkommnis gehandelt hätte. Denn ich kenne derzeit mindestens vier weitere Fälle, die sich in ähnlicher Weise an verschiedenen anderen italienischen Opernhäusern und Ballettkompagnien zugetragen haben. Da generell bekannt ist, dass die Zahlungsmodalitäten der öffentlichen Hand in Italien gegenüber privaten Auftragnehmern sehr eigenwillig, um nicht zu sagen verantwortungslos sind, scheint insgesamt Vorsicht geboten mit Institutionen, die von staatlichen Geldern abhängig sind.

Mein persönliches Fazit: Die nächste Arbeit in Italien nur mit Vorkasse.

b) Zölle und Steuern

Die nächste Fallstudie aus dem Museumsbereich hat Dirk Rieker, geschäftsführender Direktor der Staatsgalerie Stuttgart, beigesteuert. Anhand seines Fallbeispiels wird deutlich, dass eine nähere Auseinandersetzung mit den juristischen Vorgaben und eine gute Zusammenarbeit mit den zuständigen Behörden zum Erfolg und durchaus zu hohen Einsparungen, die gerade für öffentlich getragene Kulturinstitutionen wichtig sind, führen können.

**Entrichtung von Einfuhrabgaben beim Ankauf von Kunstwerken
durch ein öffentliches Museum im Nicht-EU-Ausland**
Ein Beitrag von Dirk Rieker

Die Staatsgalerie Stuttgart ist eines von elf gemeinnützigen Landesmuseen des Landes Baden-Württemberg. Die grundsätzlichen Aufgaben des Museums sind Sammeln, Forschen, Vermitteln und Bewahren von Kunstwerken vom 14. Jahrhundert bis zur Gegenwart. Auch wenn der Ankauf von Kunstwerken zum Kerngeschäft des Museums gehört, sind im Einzelfall die unterschiedlichsten Ankaufsmodalitäten neu zu erarbeiten.

In diesem konkreten Fall kaufte die Staatsgalerie Stuttgart ein Kunstwerk an, welches sich in einem Zolllager[18] im Nicht-EU-Ausland befand. Der Ankauf wurde über eine Galerie, die den Verkauf in fremdem Namen und für fremde Rechnung tätigte, abgewickelt. Die Eigentümerin dieses Kunstwerkes war eine in Liechtenstein ansässige, private Stiftung.

---

18 Zolllager: Lager in denen Waren steuer- und zollfrei gelagert werden.

Juristische und logistische Herausforderungen

Es galt zu klären, ob bei diesem Ankauf Zölle bzw. die Einfuhrumsatzsteuer anfallen.

I. Zölle: Grundsätzlich müssen beim Ankauf von Waren aus dem Nicht-EU-Ausland Eingangsabgaben entrichtet werden. Gemäß Artikel 51 inkl. Anhang II der Verordnung (EWG) Nr. 918/83 des Rates vom 28. März 1983 über das gemeinschaftliche System der Zollbefreiungen »können Gegenstände erzieherischen, wissenschaftlichen oder kulturellen Charakters unter Befreiung von Eingangsabgaben eingeführt werden, wenn Sie zur Verwendung durch öffentliche oder gemeinnützige Einrichtungen und Anstalten erzieherischen, wissenschaftlichen oder kulturellen Charakters bzw. durch Einrichtungen oder Anstalten, [...], sofern sie von den zuständigen Behörden der Mitgliedstaaten zur abgabenfreien Einfuhr dieser Gegenstände ermächtigt sind«. Im Anhang II ist klar geregelt, um welche Art von Kulturgut es sich handelt und welche Einrichtungen begünstigt werden. Gemäß Anhang II Punkt B gilt die Befreiung für Museen, Galerien und andere Einrichtungen, die von den zuständigen Behörden der Mitgliedstaaten zur zollfreien Einfuhr dieser Gegenstände ermächtigt sind. Dies trifft für die Staatsgalerie Stuttgart zu. Mithin sind für diesen Ankauf keine Einfuhrzölle zu entrichten gewesen.

Nun musste geprüft werden, ob die Einfuhrumsatzsteuer anfällt.

II. Einfuhrumsatzsteuer: Hierbei ist der Artikel 51 der Verordnung (EWG) Nr. 918/83 des Rates vom 28. März 1983 über das gemeinschaftliche System der Zollbefreiungen in Verbindung mit § 4 (Gegenstände erzieherischen, wissenschaftlichen oder kulturellen Charakters) der Einfuhrumsatzsteuer-Befreiungsverordnung zu prüfen. Wie bereits oben beschrieben, konnte der Artikel 51 der Verordnung (EWG) Nr. 918/83 des Rates vom 28. März 1983 über das gemeinschaftliche System der Zollbefreiungen angewendet werden. Im § 4 der Einfuhrumsatzsteuer-Befreiungsverordnung heißt es, die Einfuhrumsatzsteuerfreiheit für Gegenstände erzieherischen, wissenschaftlichen oder kulturellen Charakters im Sinne der Artikel 50 und 51 der in § 1 Abs. 1 genannten Verordnung ist auf die von den Buchstaben B der Anhänge I und II der Verordnung erfassten Einfuhren beschränkt.« Die Steuerfreiheit für Sammlungsstücke und Kunstgegenstände (Artikel 51 der Verordnung) hängt davon ab, dass die Gegenstände

1) unentgeltlich eingeführt werden oder
2) nicht von einem Unternehmer geliefert werden; als Lieferer gilt nicht, wer für die begünstigte Einrichtung tätig wird.«

Es galt für die Staatsgalerie Stuttgart zu klären, ob es sich bei der Eigentümerin um eine Privatperson handelt. Wie bereits oben erwähnt, handelte es sich bei der

Eigentümerin um eine in Liechtenstein ansässige private Stiftung. Typischerweise handelt es sich bei Stiftungen um gemeinnützige Organisationen. Diese Stiftungen verfügen über eine Kapitalausstattung, die für wohltätige, soziale und andere gemeinnützige Zwecke angelegt wird. Bei der Eigentümerin handelt es sich aber um eine private Stiftung deren Ziel es war, Auszahlungen an Familienmitglieder zum Unterhalt, zur Erziehung, Bildung, Ausbildung und Versorgung vorzunehmen. In diesem Fall wird bei Anerkennung durch die Zollbehörden die Stiftung einer Privatperson gleichgesetzt.

Nach Rücksprache mit den zuständigen Zollbehörden in Stuttgart, Dresden und Hamburg musste das Museum nachweisen, dass es sich tatsächlich um eine Stiftung handelt, die ausschließlich private Zwecke verfolgt. Die Stiftungsurkunde, aus der der genaue Stiftungszweck hervorging, reichte den Zollbehörden nicht aus. Erst eine schriftliche Bestätigung der Steuerverwaltung des Fürstentums Liechtenstein, dass die Stiftung nicht im Mehrwertsteuerregister der Steuerverwaltung von Liechtenstein eingetragen ist und dass die Stiftung nicht zum Vorsteuerabzug berechtigt ist, führte zur Bestätigung durch die deutschen Zollbehörden, dass nun die Voraussetzungen für eine abgabenfreie Überführung des Kunstwerkes in den zoll- und steuerrechtlich freien Verkehr erfüllt sind.

Grundsätzlich ist bei der weiteren Verwendung des Kunstwerkes zu beachten, dass das Kunstwerk ohne vorherige Zustimmung der zuständigen Zollbehörden weder verliehen, vermietet, veräußert oder sonst anderen überlassen werden darf. So wird sichergestellt, dass die beim Zoll angemeldete Verwendung, die ja zur abgabenfreien Einfuhr geführt hat, auch zukünftig eingehalten wird.

Die Staatsgalerie Stuttgart konnte durch die nicht angefallenen Einfuhrabgaben einen hohen sechsstelligen Betrag einsparen.

c) Steuern und Abgaben in der Veranstaltungsbranche

Diese Fallstudie stammt von Marcus Meyer, Geschäftsführer der Kulturstiftung Hohenlohe und vormals Manager des britischen Pasadena Roof Orchestra. Meyer schildert eine Problematik, die für viele Kulturmanager insbesondere in der (Musik-)Festivalbranche relevant sein dürfte: Die Besteuerung ausländischer Künstler, die in Deutschland auftreten.[19]

---

19 Das Thema Besteuerung ausländischer Künstler ist auch für diejenigen relevant, deren Tätigkeit ansonsten wenig internationale Bezüge hat. In einer Ausschreibung für die Stelle der stellvertretenden Leitung des Kulturamtes der Stadt Hilden heißt es unter anderem: »Abwicklung der Künstlersozialversicherung und der Steuerpflicht auf der Grundlage von Verträgen mit ausländischen Künstlern«. http://www.hilden.de/sv_hilden/Erfolgreicher%20arbeiten/Arbeitgeberin%20Stadt%20Hilden/Stellenangebote./ (09. 04. 2016)

Pauschale Einkommensteuer für beschränkt Steuerpflichtige nach § 50a EStG
Ein Beitrag von Marcus Meyer

Entscheidend für die Besteuerung ist, wie der Vertrag mit dem Künstler ausgestaltet ist.

Exkurs: Es gibt im Allgemeinen zwei unterschiedliche Vertragsarten:

1) Künstler (K) – Agent/Agentur (A) – Veranstalter (V)

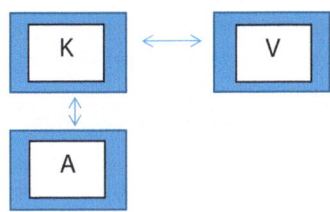

V engagiert K direkt, obwohl zumeist A die Konditionen verhandelt und den Vertrag ausstellt, oft auch unterschreibt (K »vertreten durch«). A erhält eine Provision von K, zumeist geregelt in einem internen Vertrag. V und A haben keinerlei vertragliche Beziehung. V schuldet K die vereinbarte Gage

2) Künstler – Gastspieldirektion (G) – Veranstalter

Hier sind zwei Verträge nötig für Veranstaltung: G engagiert K und verkauft die Produktion an V. Keine direkte vertragliche Beziehung zwischen V und K, G »liefert« an V und K wird zum Erfüllungsgehilfen für G.

Rechtslage: ausländische Künstler sind beschränkt steuerpflichtig durch ihren Auftritt (§ 49 I Nr. 2 d)
Schuldner dieser Einkommenssteuer ist der ausländische K. Steuer wird durch Steuerabzug an der Quelle erhoben, per Gesetz durch den Vergütungsschuldner V. Der pauschale Steuerabzug beträgt i.d.R. 15 %, d.h. derjenige, der die Gage schuldet, muss die Steuer einbehalten und an die zuständige Finanzbehörde abführen.

Auf den einbehaltenen Steuerbetrag kommen noch 5,5 % Solidaritätszuschlag hinzu. (Es gilt eine Freigrenze von 250 € pro Person (Musiker etc.) pro Tag).

Weiteres Problem: K möchte in seinem Vertrag zumeist als Gage den Betrag vereinbart haben, den er erhält, z. B. ausbezahlt bekommt beim Konzert. Die Branche spricht hier von »netto tax«. In diesem Fall muss die Brutto-Vergütung ausgerechnet werden, z. B. ausländischer K möchte 1000,- € netto tax, dann »kostet« es V oder G 1 188,00 € (178,20 € Steuern und 9,80 € Solidaritätszuschlag). Wäre K ein Quartett mit gleichberechtigten Mitgliedern (i. S. einer GbR, jeder bekommt gleiche Gage) könnten die 1 000,- € geteilt werden und die Freigrenze von 250,- € käme zum Tragen.

Entscheidend ist auch, ob sich im Gagenbetrag Reisekosten u. ä. verstecken, die K tragen muss. Übernimmt V oder G die tatsächlich angefallenen Reisekosten, unterliegen diese nicht der Einkommensteuer.

Auch hinsichtlich der Umsatzsteuer ergeben sich je nach Vertragsmodell Vor- und Nachteile für die jeweiligen Vertragspartner.

Entscheidend sind also folgende Fakten, die sich aus einem Vertrag herauslesen lassen:

- *Wer sind die Vertragspartner?*
- *Ist die Gage brutto oder »netto tax« und inklusive oder exklusive Nebenkosten?*

Im Vertragsmodell 1 muss demnach V entweder die Steuer einbehalten (Brutto-Gage) oder oben drauf kalkulieren (netto tax) und für K abführen.
Im Vertragsmodell 2 übernimmt dies G.

Beispiel aus der Praxis:
Management und Booking des Pasadena Roof Orchestra – 13-köpfige Swing-Band aus Großbritannien mit deutschem Management
Ltd. Company (vgl. mit GmbH) bzw. Partnership (vgl. mit OHG) für ausländische Auftritte in Großbritannien, die die freiberuflichen Musiker engagiert und in GBP bezahlt. Die Partnership verkauft die Produktion an eine deutsche GmbH, die als Gastspieldirektion fungiert. Die deutsche GmbH verkauft die Produktion wiederum an den deutschen Veranstalter.

Vorteile für K bzw. G:
- Sicherstellung der Steuerabfuhr
- Reduzierung der Steuerschuld, da Nebenkosten wie Reise- und Hotelkosten etc. über die dt. GmbH gedeckt werden und ggf. Vorsteuerabzug

- Ausstellung einer Bescheinigung für einzelne Musiker über bereits bezahlte Einkommensteuer
- Kalkulations- und Planungssicherheit, Steuerungskontrolle
- gleicher Ansprechpartner/Vertragspartner für Einzelmusiker

Vorteile für V:
- Inländischer Ansprechpartner und verständlichem Vertragswerk
- Einkauf eines Gesamtpakets mit vollem Service
- keine steuerlichen Aspekte zu beachten

Vereinfacht ist abschließend festzuhalten, dass bei Verträgen mit ausländischen Künstlern das sogenannte »reversed charge Verfahren« gilt. Nicht derjenige, der leistet, trägt die Umsatzsteuer (in diesem Fall der ausländische Künstler), sondern der Leistungsempfänger. Der Vertragspartner des Künstlers muss die Umsatzsteuer einbehalten und abführen.

Bei Verträgen mit ausländischen Produktionsgesellschaften ist die Nettobesteuerung immer die günstigste Methode.[20]

d) Urheberrechte

Dass für Theateraufführungen Rechte bei Verlagen angefragt werden, ist in Theatern ein alltäglicher Vorgang, der in den meisten Fällen relativ unproblematisch über die Bühne geht.[21]

Dass bei diesem, eigentlich geübten Vorgang noch Überraschungen passieren können, die zu einem intensiven Kontakt mit einem Verlag in den USA führen, schildert die Dramaturgin Linda Best vom Theater Erlangen.

---

20 Bei Fragen rund um das Thema Steuern, aber auch zu Versicherung und sozialer Absicherung von Künstlern kann ein Blick auf die Webseite www.medienvorsorge.de (05. 05. 2016) oder www.touring-artists.info (23. 05. 2016) hilfreich sein.
21 Aufsehen erregt haben in den letzten Jahren besonders Rechtsstreitigkeiten, die im Zusammenhang mit der Aufführung der Werke Bertold Brechts standen. Die mittlerweile verstorbene Tochter Brechts hat in vielen Fällen Aufführungen untersagt, wenn ihr etwa das Regiekonzept nicht zusagte. Im Frühjahr 2015 war es die Baal-Inszenierung Frank Castorfs am Münchener Residenztheater, die einem Urheberrechtsstreit zum Opfer fiel.

Mit Frederick nach Amerika
Ein Beitrag von Linda Best

Mit »Es war einmal ...« startete am Theater Erlangen in der Spielzeit 2015/2016 eine neue Reihe für die allerkleinsten Zuschauer ab drei Jahren. Die Idee dahinter war, dass die Schauspieler in kleinen Teams ihre eigenen Lieblingskindergeschichten auswählen und mit einfachen Mitteln als Szenische Lesung erarbeiten sollten. Die Premiere wurde auf den 14. Februar 2016 festgesetzt. Die Beteiligten mochten das Projekt und stürzten sich mit großem Engagement in die Arbeit. Da die Proben in unterschiedlichen Blöcken verteilt über den ganzen Herbst und Winter organisiert waren, dauerte es eine Weile, bis die Auswahl aller Geschichten feststand. Nun mussten bei den Verlagen die Rechte eingeholt werden – im Normalfall reine Routine: Man fragt den Verlag an, handelt einen Preis aus, ein Vertrag wird unterschrieben. Im Falle einer der Geschichten – eines echten Bilderbuchklassikers – wurde das Theater jedoch Anfang Dezember vom deutschen Verlag gebeten, sich für die Aufführungsrechte zunächst an den amerikanischen Rechteinhaber zu wenden. Vom betreffenden Verlag in den USA wurde wiederum an die Enkelin des Autors, die ebenfalls in den USA lebt, verwiesen. Dieser Prozess, der mit einer intensiven Korrespondenz in englischer Sprache einherging, war um einiges zeitintensiver als von uns anfänglich geplant. Zwar war die Erbin ausgesprochen nett und kooperativ und räumte die Rechte ein, dennoch führte es dazu, dass es Mitte Januar war als wir die Premiere, die ja bereits im Februar stattfinden sollte, publik machen und bewerben konnten. Vorher konnte das Theater nicht sicher sein, ob die Geschichte aufgeführt werden darf und es hätte passieren können, dass die gesamte Probenarbeit umsonst gewesen wäre und wir die Premiere völlig neu hätten ausrichten müssen. Das wäre in der Kürze der Zeit kaum mehr zu bewerkstelligen gewesen.

Trotz der kurzen Zeit der Werbung für dieses Stück ist dann doch alles gut gelaufen und die Geschichten für die Kleinsten erfreuen sich bei den Erlanger Kindern großer Beliebtheit.

Aber nicht nur Theater, sondern insbesondere auch Museen müssen sich täglich mit Fragen des Copyrights und mit Urheberrechten auseinandersetzen.[22] Und dies nicht nur, wenn es um das Thema Provenienzrecherche geht, das in den vergangenen Jahren nochmal an Aktualität und Prominenz gewonnen hat, sondern bereits dann, wenn beispielsweise Abbildungen der Werke in den Katalogen zu den jeweiligen Ausstellungen erscheinen sollen.

---

22 Eine aufschlussreiche Studie aus dem Jahr 2015 dazu findet sich bei NEMO zum download: http://www.ne-mo.org/fileadmin/Dateien/public/Working_Group_1/Working_Group_IPR/NEMO_Survey_IPR_and_Museums_2015.pdf (18. 05. 2016).

5 Autoren der Fallstudien und Erfahrungsberichte

Zenaida des Aubris is Consultant for International Cultural Events, living in Berlin. Born in Argentina, she has over 25 years experience in management and production of classical music and opera in the United States, Europe and Asia. She worked in artistic administration at the San Francisco Opera, Lyric Opera of Chicago and Palau de les Arts in Valencia before becoming the exclusive personal manager to several top level artists. Important projects include being general project director of the legendary »Turandot in the Forbidden City«, Beijing, as well as general director of the Hangzhou Grand Theater in China.
Kontakt: desaubris@web.de

Linda Best studierte in Erlangen Theaterwissenschaften, Nordische Philologie und Germanistik. Nach dem Magisterabschluss war sie als Regieassistentin und Regisseurin am Theaterhaus Jena engagiert und später als freie Dramaturgin und Regisseurin in Deutschland und der Schweiz tätig. Seit 2011 ist sie Dramaturgin am Theater Erlangen.
Kontakt: Linda.Best@stadt.erlangen.de

Sarah Herke leitet den Bereich »Kulturaustausch« bei MitOst e. V. in Berlin. Während des Studiums der Osteuropastudien, Neogräzistik und Neueren Deutschen Literatur arbeitete sie für verschiedene Kultureinrichtungen in Berlin. Inzwischen ist sie seit fast zehn Jahren in der Qualifizierung von international agierenden Kulturmanagern tätig, aktuell v. a. in den Tandem Programmen.
Kontakt: herke@mitost.org

Diana Hillesheim wurde in Jena geboren und studierte Neu-Griechisch in Athen, Kulturwissenschaften und ästhetische Praxis in Hildesheim und Medienwissenschaften in Utrecht. In ihrer sechsjährigen Tätigkeit als Kommunikations- und Projektmanagerin der Manifesta, der nomadischen europäischen Biennale für zeitgenössische Kunst, trat sie oft als Vermittler zwischen den Kulturen auf. Seit April 2016 ist Diana Hillesheim für das Museum Boijmans van Beuningen als Senior Kommunikations- und Marketing-Manager in Rotterdam tätig.
Kontakt: hillesheim@boijmans.nl

Sioned Hughes is an independent arts manager and has designed, delivered and evaluated international cultural projects for eleven years, brokering new international relationships and understanding. She has worked with cultural professionals across the UK, enabling them to explore new connections and exchange skills with their international colleagues. Sioned changed career to work in the

arts by completing an MA in Arts Policy and Management and currently delivers UK-study visits for museum & gallery curators, advises on international placement programmes and is evaluating *Culture Works Connections* an ACP-EU supported Programme for the African Caribbean and Pacific Group of States' Culture Sector.
Kontakt: sioned@srhartsmanagement.co.uk

Nadja Kadel hat in Deutschland und den USA Kulturmanagement studiert und beschäftigt sich seit vielen Jahren mit Tanz. Seit 2004 arbeitet sie kontinuierlich mit dem Choreographen Marco Goecke, hat sukzessive die Kooperation mit anderen Choreographen und Tanzschaffenden ausgebaut und vertritt auch die Rechte an den Choreographien von Uwe Scholz. Sie ist außerdem als Tanzdramaturgin (Stuttgarter Ballett, Scapino Ballet Rotterdam, Royal Ballet of Flanders, Leipziger Ballett, Ballet da Cidade Sao Paulo, Ballett Dortmund, Introdans, Portugieseisches Nationaballett, Les Ballets de Monte Carlo, Pacific Northwest Ballet, Nederlands Dans Theater), als Referentin für Tanz (u. a. 2006–2009 Festspielhaus Baden-Baden) sowie als Redakteurin (u. a. Cornelsen Verlag) und Autorin tätig.
Kontakt: www.nadjakadel.de

Vicki Macgregor is a Curator with ten years experience of curating art and architectural exhibitions in China, Singapore, Taiwan, Spain, Italy and the UK. She has worked with Richard Rogers to co-curate the ›Inside Out‹ exhibition held at the Royal Academy of Arts as well as ›From the House to the City‹ which was shown at the prestigious Capital Museum in Beijing. Currently, Vicki is an Associate at Rogers Stirk Harbour + Partners architects, curating an exhibition within the Venice Biennale 2016. Vicki gained her Masters in Curating Contemporary Design at Kingston University in collaboration with the Design Museum in London.
Kontakt: vicki@expoart.co.uk

Marcus Meyer studierte nach seiner Ausbildung zum Veranstaltungstechniker an der Hochschule Heilbronn BWL mit Kultur- und Freizeitmanagement. Im Anschluss arbeitete er für die Philharmonie der Nationen, die Bachwoche Ansbach und das Pasadena Roof Orchester. Derzeit ist er Geschäftsführer der Kulturstiftung Hohenlohe/Hohenloher Kultursommer
Kontakt: Marcus.Meyer@hohenlohekreis.de

Florian Reinold hat Medien und Kommunikation sowie Kulturwirtschaft mit Schwerpunkt Südostasien in Passau und Bangkok studiert. Von 2014 bis Mitte 2016 war er Research Manager im Südostasien-Regionalbüro der Heinrich Böll

Stiftung und lehrt derzeit als Pilotlektor der Robert Bosch Stiftung an der Chulalongkorn Universität in Thailand.
Kontakt: reinold.florian@gmail.com

Dirk Rieker studierte Wirtschaftswissenschaften an der Universität Essen mit den Studienschwerpunkten Produktion und Logistik, Organisation und Planung sowie Energiebetriebswirtschaft mit Abschluss Diplom-Kaufmann. Nach dem Studium begann er seine Tätigkeit als Verkaufsleiter und Prokurist in einem Vertriebsunternehmen in Deutschland, Österreich und in der Schweiz. Danach war er Verwaltungsleiter und Geschäftsführer in einer international tätigen Forschungseinrichtung des Landes Baden-Württemberg. Aktuell ist er Kaufmännischer Geschäftsführer und Vorstandsmitglied der Staatsgalerie Stuttgart.
Kontakt: d.rieker@staatsgalerie.de

Belisa Rodrigues holds a Bachelor of Fine Arts Degree, Post Graduate Diploma in Management, and an MBA from the Graduate School of Business at the University of Cape Town. Up until recently she worked as the Business Development Manager of the African Arts Institute, a South African based research and training institute. She has previously been the General Manager of the Arterial Network – a continent-wide advocacy body of artists, cultural activists and others working in the cultural sector in Africa (present in 40 African countries). She is well versed in corporate governance affairs, finance, operations and cultural policy development. She is currently running her own management consultancy called Belle & Co. focusing on policy, training and research in the African creative and cultural industries. Beilsa serves on the board of the Association for Visual Arts – a local South African NGO; is a ministerial appointee serving on the National Arts Council of South Africa; and is also the elected Treasurer on the Board of the Music in Africa Foundation – a pan-African internet portal for African music, archives and exchanges.
Kontakt: rodrigues.belisa@gmail.com

Michael Schindhelm born 1960, based in Lugano and London, grew up in the former GDR and graduated with a Master degree in quantum chemistry in Voronezh (Soviet Union). Until 1990 Michael Schindhelm worked as translator, author, and dramatic advisor. After four years as theatre director in Gera, in 1996 he was appointed Director of the Theater Basel, performing opera, drama, and ballet. In 2004 he became Director General of the Opernstiftung Berlin comprising Berlin's three opera houses (Komische Oper Berlin, Staatsoper Unter den Linden, Deutsche Oper Berlin). In 2007 Michael Schindhelm was appointed Cultural Director of the Dubai Culture and Arts Authority. He left Dubai in 2009 and started acting

as cultural advisor to public organizations in Asia and Europe: as a professor for the subject of public space at Strelka Institute in Moscow, as a consultant of Rem Koolhaas' architectural office on the master plan for the large-scale development West Kowloon Cultural District in Hong Kong, and, since 2012, as an advisor for international affairs at Zurich University of the Arts. Michael Schindhelm continues to work as novelist, librettist and film documentarist.
Webseite: michaelschindhelm.com

Astrid Thews studierte Ethnologie und Entwicklungssoziologie in Bayreuth, Uppsala (Schweden) und Nanterre (Frankreich) und mitbegründete 2011 in Kairo (Ägypten) das bis heute aktive soziale Unternehmen Mahatat for contemporary art, in dem sie bis Ende 2015 verschiedene Positionen ausfüllte. Seit Anfang 2016 lebt sie wieder in Deutschland und ist als freiberufliche Seminarleiterin, Kulturmanagerin und Beraterin für Strategieplanung, Drittmittelakquise und Wirkungsmonitoring von kulturellen und sozialen Projekten tätig.
Kontakt: Astrid.thews@gmail.com
Website: www.astridthews.net

Kommentierter Serviceteil IV

Bei der Recherche zu diesem Buch hat sich herausgestellt, dass es zu dem Thema › Internationales Kulturmanagement ‹ eine Fülle von Informationen online gibt. Insbesondere die Webseiten der zahlreichen Dachverbände im In- und Ausland haben gut aufbereitete Informationen zu ihren jeweiligen Sparten. Insgesamt sind die Informationen zum Internationalen Kulturmanagement aber nicht systematisch aufbereitet und teilweise schwer zu finden. Dieser kommentierte Serviceteil will einige Quellen vorstellen und so dem Leser die Möglichkeit geben, zu grundsätzlichen Themen dieses Buches weiterführende Informationen zu erhalten oder sich über die zahlreichen Angebote für internationale Kooperationen und Weiterbildungen zu informieren. Selbstverständlich sind diese Hinweise nicht abschließend und stellen lediglich eine kleine, subjektive Auswahl ohne Anspruch auf Vollständigkeit dar.

Es kann keine Garantie für die Erreichbarkeit der Webseiten übernommen werden, obgleich alle Seiten bei Redaktionsschluss erreichbar und einsehbar waren.

1 Fort- und Weiterbildung

Für Kulturmanager am Anfang der Karriere wie aber auch für solche, die schon über vielfältige, wenn auch nicht zwingend internationale Erfahrungen verfügen, gibt es zahlreiche Weiterbildungsangebote, die teilweise auch berufsbegleitend wahrgenommen werden können.

Das **Programm Robert Bosch Kulturmanager** in der Russischen Föderation ist im Jahr 2015 zu Ende gegangen. Weiterhin werden aber in Kooperation mit dem Goethe-Institut Kulturmanager an Kulturinstitutionen in der arabischen Welt entsandt. http://www.bosch-stiftung.de/content/language1/html/10475.asp

Das **CrossCulture Praktika Programm** des Instituts für Auslandsbeziehungen (ifa e. V.) bietet jungen Berufstätigen aus Deutschland und Ländern der islamisch geprägten Welt Aufenthalte (mindestens acht Wochen bis höchstens drei Monate) im jeweils anderen Kulturkreis. Neu dazugekommen ist das CrossCulture Praktika Modul Östliche Partnerschaft und Russland, das nun auch jungen Berufstätigen und ehrenamtlich Engagierten aus Armenien, Aserbaidschan, Belarus, Georgien, Republik Moldau, Ukraine, Russland und Deutschland die Möglichkeit bietet, internationale Erfahrungen zu sammeln und als Multiplikatoren in ihren Heimatländern zu wirken.
http://www.ifa.de/foerderung/crossculture-praktika.html

Interessant sind die vom MitOst e. V. in Berlin koordinierten **Tandem-Programme,** die auf Lernen durch Kollaboration in gemeinsamen Projekten mit internationalen und teilweise auch interdisziplinären Partnern setzen.
http://www.mitost.org/kulturaustausch.html

Die Association Marcel Hicter pour la Démocratie culturelle ASLB aus Brüssel bietet ein **European Diploma in Cultural Project Management** an, an dem jährlich 25 Kulturmanager aus ungefähr 20 Ländern mit mindestens zweijähriger Berufserfahrung teilnehmen. Die Kosten für den Kurs in englischer und teilweise französischer Sprache liegen derzeit bei 3 400 €.
»The European Diploma in Cultural Project Management is a pan-European training programme arising from the will to foster cultural diversity as well as transregional and transnational cultural exchanges.«
http://fondation-hicter.org/spip.php?rubrique62

Das **Salzburg Global Seminar's Culture and the Arts Program** ist besonders für junge Führungskräfte eine Möglichkeit, mit Kollegen aus verschiedenen Ländern wichtige kulturpolitische Themen zu reflektieren und zu diskutieren. Auch wenn man nicht zu den jedes Jahr ausgewählten 50 Young Cultural Innovators gehört, so bietet die Webseite viele Materialien und Interviews mit internationalen Kulturmanagern zu Themen wie Nachhaltigkeit, Urbanisierung und Community Engagement.
http://culture.salzburgglobal.org/overview.html

Innerhalb von drei Jahren können Kulturmanager in Führungspositionen und mit mindestens fünfjähriger Berufserfahrung mit einem Fellowship des **DeVos Institutes of Arts Management** an der University of Maryland in vierwöchigen Trainings in den Sommermonaten und einem fortwährenden Mentoring ihre Füh-

rungsqualifikation weiter ausbauen. Das Stipendium deckt sämtliche Kosten und schafft den Teilnehmern ein internationales Netzwerk.
http://www.devosinstitute.net/

Die **Zürcher Hochschule der Künste** bietet für Berufstätige Weiterbildungen und Diplome im Bereich ›Global Culture‹. Aufschlussreich ist auch die von Michael Schindhelm kuratierte Vorlesungsreihe zu ›Global Culture, die man sich online anschauen und anhören kann.
https://www.zhdk.ch/?lecturesonglobalculture

Die **Université Aix-Marsaille** und die **Universität Hildesheim** haben 2013 das internationale Promotionskolleg »Kulturvermittlung/Médiation Culturelle de l'Art« mit jeweils fünf Plätzen eingerichtet.
https://www.uni-hildesheim.de/fb2/institute/kulturpolitik/forschung/promotionskolleg-kulturvermittlung/

Die vielfältigen Programme, Konferenzen, Events, Netzwerktreffen und Residenzen von **Visiting Arts** richten sich eher an britische Künstler, aber es sind auch Veranstaltungen für Kulturmanager aus anderen Ländern dabei. Darüber hinaus enthält die Webseite vielfältige Informationen zur Arbeit in internationalen Kontexten.
http://www.visitingarts.org.uk/about

Für Kulturmanager aus den Bereichen der darstellenden und bildenden Kunst sowie des kulturellen Erbes hat die italienische Stiftung **Fitzcarraldo** Angebote, die in Kooperation mit der Universität von Bologna sogar bis zu einem Masterkurs reichen.
http://www.fitzcarraldo.it/en/training/

Kostenintensiv sind die Angebote des **British Council**. Für internationale Kulturmanager wird etwa die International Festivals Academy und die International Museum Academy angeboten. Bei beiden Angeboten, die an renommierten Kultureinrichtungen in Großbritannien stattfinden, erhalten die Teilnehmer einen Einblick in eben diese Institutionen und entsprechendes Hintergrundwissen zu Themen wie Digitalisierungsstrategien, Besucherbindung etc.
https://www.britishcouncil.org/cultural-skills-unit/projects/international-museum-academy

Für diejenigen aus dem Museumssektor bietet das **Getty Leadership Institute** in Los Angeles ebenfalls eher kostspielige Kurse an.
http://www.cgu.edu/gli

Onlineangebote eignen sich besonders für Kulturmanager, die längere Abwesenheiten von ihrer Tätigkeit nicht ermöglichen können.

Die neugegründete **ifa Akademie gGmbH** und die **Universität Edinburgh** werden ab Herbst 2017 den ersten universitären Online-Studiengang für *Cultural Diplomacy* in deutscher und englischer Sprache anbieten. Der Studiengang bietet die Möglichkeit eines Master-Hochschulabschlusses, kann aber auch modular belegt werden. Der Studiengang ist praxisorientiert, transdisziplinär und kann berufsbegleitend absolviert werden.
http://www.ifa-akademie.de

Im Jahr 2016 startete der zweite Online Kurs des **Goethe-Instituts** »Managing the Arts: Cultural Organizations in Transition« an dem Kulturmanager aus aller Welt kostenlos teilnehmen konnten. Der Kurs erfreute sich großer Beliebtheit. Allerdings können bei diesem Angebot nur 1 000 nach einem Lotterieverfahren ausgewählte Teilnehmer tatsächlich auch Creditpoints und ein Zertifikat erwerben. Die zahlreichen weiteren Interessierten haben aber die Möglichkeit ebenfalls teilzunehmen und alle Lehrmaterialien einzusehen.
https://www.goethe-managing-the-arts.org/

2 Stipendien

Sowohl für Organisationen wie auch für einzelne Kulturmanager können die Stipendien und Fellowships des **Open Society Instituts** des Milliardärs George Soros interessant sein.
https://www.opensocietyfoundations.org/

Das **California Arts Institute** in Los Angeles hat eine Webseite eingerichtet mit Stipendien, Fellowships und Residenzen, die sich nicht ausschließlich an amerikanische Kulturschaffende richten. Ein Blick lohnt sich daher.
https://www.calarts.edu/career-services/fellowships

Der **Deutsche Akademische Austauschdienst** (DAAD) vergibt Leistungsstipendien zur künstlerischen Weiterbildung im Ausland an besonders qualifizierte Studierende aus der Kunst wie aber auch aus dem Kulturmanagement.
www.daad.de

3 Residenzen

Hilfreich bei der Suche nach Residenzen für Künstler ist:
http://www.artistcommunities.org/residencies/directory

Und dieser link von TransArtists aus den Niederlanden erlaubt sogar die Suche nach Residencies aufgegliedert nach Sparte aber auch gewünschtem Land oder gewünschter Region.
http://www.transartists.org/map

a.RTISTS in Transit ist ein Blog, in dem Künstler über ihre Erfahrung während diverser Residencies weltweit berichten und daher eine gute Inspirationsquelle für diejenigen, die über so ein Mobilitätsprogramm nachdenken.
http://blog.igbk.de/

Für Künstler, die es nach **Florida** und in das ehemalige Studio des amerikanischen Künstlers Robert Rauschenberg zieht, ist die Rauschenberg Foundation eine gute Adresse.
http://www.rauschenbergfoundation.org/residency

Residencies für Künstler in **Japan** sind auf den übersichtlichen Seiten von Air_J gelistet.
http://en.air-j.info

Das Nau Coclea Centre for Contemporary Creation bietet Residenzen für all diejenigen, die in internationaler Atmosphäre auf dem Land unweit von **Barcelona** kreativen Projekten nachgehen wollen – alleine oder im Team von bis zu vier Personen. Darüber hinaus werden hier auch immer wieder Workshops angeboten, besonderer Fokus liegt dabei auf Sound Art.
http://naucoclea.net/

Ein internationales Artists-in-Residence Programm bietet auch die Akademie Schloss Solitude in **Stuttgart**. Für junge Kulturmanager, die sich mit digitalen Inhalten und Formaten befassen, kann das Digital Solitude Fellowship, bei dem keine Residenzpflicht besteht, interessant sein. Darüber hinaus bietet die Akademie Solitude zahlreiche kulturelle Veranstaltungen an.
http://www.akademie-solitude.de

Künstler aus Ländern, in denen die Arbeitsbedingungen politisch und ökonomisch erschwert sind, können sich auf Stipendien der Heinrich Böll Stiftung und um eine Residenz im Heinrich Böll-Haus in **Langenbroich** bewerben.
http://www.heinrich-boell.de/HeinrichBoellHaus.htm

4 Praxis

Für alle aus dem Bereich **Literatur und Übersetzung** lohnt ein Blick auf die Seite der 2001 in Wales gegründeten Organisation Literature across Frontiers.
http://www.lit-across-frontiers.org/

Für Tanzschaffende ist die NPN-Gastspielförderung **Tanz International** bedeutsam. Diese Förderung richtet sich an Multiplikatoren sowie Veranstalter im Ausland und fördert sie, wenn sie in Deutschland entstandene Produktionen einladen und bestimmte Mindestgagen anbieten, die an den in Deutschland üblichen Sätzen orientiert sind. Für internationale Veranstalter soll damit ein größerer Anreiz geschaffen werden, sich auf das Risiko zur Präsentation von Künstlern und Produktionen aus Deutschland einzulassen.
http://www.jointadventures.net/de/nationales-performance-netz/gastspiele-tanz-international.html

Eine wichtige Informationsquelle rund um **Straßenkunst und Zirkus** ist die Organisation HorsLesMurs in Paris.
http://www.horslesmurs.fr

Infos dazu, wie man ein **Theaterprojekt,** das auf Tour gehen soll, auf die Beine stellt, gibt das »Toolkit for Theatre Production and Mobility« auf der Seite von Theatre Info Finland.
http://www.tinfo.fi//en/Toolkit_for_Theatre_Production_and_Mobility

Bei **internationalen Koproduktionen** kann der Internationale Koproduktionsfonds des Goethe-Instituts von Interesse sein. Den Förderantrag muss der ausländische Partner stellen. Zielgruppe sind professionell arbeitende Künstler bzw. Ensembles und Initiativen im Ausland und in Deutschland, die nachweislich nicht über ausreichende Eigenmittel verfügen, um ihr Vorhaben zu realisieren. Projekte mit Partnern aus Transformationsländern werden bevorzugt.
https://www.goethe.de/ins/ru/de/kul/sup/ikp.html

Europa

Wer eine Koproduktion mit einem finnischen Theater in Betracht zieht oder sich für die Theaterlandschaft in **Finnland** interessiert, wird auf dieser exzellenten Webseite von tinfo alle gewünschten Informationen finden.
http://www.tinfo.fi

Eine wichtige Webseite wäre in diesem Fall auch: www.cimo.fi. Hier finden sich Informationen zur Internationalisierung aber auch zu Stipendienprogrammen mit Fokus auf Finnland.

Besonders spannend für Künstler mit Interesse an Finnland ist auch die Webseite www.catalysti.fi

Die genannten, finnischen Seiten sind gute Beispiele dafür, wie ein Land, das, wie in der dargestellten Befragung gezeigt, nicht zwingend die erste Wahl etwa bei Koproduktionen oder gemeinsamen Projekten ist, versucht, sich mit zahlreichen Informationen in englischer Sprache und innovativen Programmen international zu etablieren.

Bei Interesse an weiteren **nordischen Ländern** ist Intercult in **Schweden** mit viel Erfahrung in transkultureller und internationaler Projektarbeit eine erste Adresse.
http://www.intercult.se/eng/aboutus

Informationen zur Förderung für ausländische Künstler, die sich für einen Aufenthalt in **Dänemark** interessieren oder zu Kooperationen mit dänischen Partner finden sich auf der Internetseite der Danish Arts Foundation.
http://www.kunst.dk/

Gute Einblicke in die Kunst- und Kulturszene der **baltischen Länder** finden sich auf der Webseite von Ars Baltica.
http://www.ars-baltica.net/

Wer sich für Kultur, Sprache und Historie **Litauens und der baltischen Staaten** interessiert, hat auch die Möglichkeit sich über das bereits 1954 gegründete und vier Mal im Jahr erscheinende, peer-reviewed Journal Lithaunus zu informieren.
http://www.lituanus.org/main.php?id=about-us

ansonsten ist die Künstlervereinigung Litauens eine gute Adresse.
http://www.ldsajunga.lt/Lithuanian_Artists_rsquo;_Association

Bei Interesse an **Slovenien** kann ArtServis behilflich sein.
http://www.artservis.org/

Für die Kreativwirtschaft in der **Slowakei** ist NPO ›Creative Industry Kosice‹ ein sogenannter Katalysator.
http://www.cike.sk/en

Bei einem breiteren Interesse an Osteuropa und hier insbesondere an **Armenien, Aserbaidschan, Weißrussland, Georgien, Republik Moldau und der Ukraine** kann auch für Wissenschaftler das ›EU-Eastern Partnership Culture and Creativity Programm‹ bedeutsam sein. Das Programm läuft noch bis zum Jahr 2018 und ist mit einem Budget von 4,2 Mio. € ausgestattet.
https://www.culturepartnership.eu/en

Eine spannende Institution in **Moldawien** ist die Oberliht Young Artists Association, die auf ihrer Webseite leider nur wenige Inhalte in englischer Sprache zur Verfügung stellt.
http://www.oberliht.com

Die **kroatische** Kunst- und Kulturszene wird gut auf Culturenet.hr präsentiert.
http://www.culturenet.hr/

Die Internationale Elias Canetti Gesellschaft hat sich die Erforschung des Werkes von Canetti, die Förderung der europäischen Integrationsprozesse, sowie die Mitwirkung am Aufbau zivilgesellschaftlicher Strukturen im postkommunistischen **Bulgarien** zur Aufgabe gemacht.
http://www.eliascanetti.org/52.0.html

Umfangreiche Informationen zur **Schweizer** Kulturszene bietet die Schweizer Kulturstiftung Pro Helvetia.
http://www.prohelvetia.ch/

Die Webseite der Boekman Foundation stellt einige Studien etwa zur Kulturpolitik der **Niederlande** oder den Arts Index Netherlands, der Aufschluss über die Kunst- und Kulturszene und ihre Rezeption innerhalb des Landes gibt, zur Verfügung.
www.boekman.nl

Zahlreiche Informationen über die Niederlande, über Stipendien und mögliche Kooperationspartner, aber auch Veranstaltungen finden sich für internationale Kulturmanager gut aufbereitet bei Dutch Culture centre for international cooperation.
http://dutchculture.nl/en

Eine Serviceeinrichtung für Künstler, die sich mit administrativen und juristischen Fragen an kompetente Berater wenden können, ist Kunstenloket in **Belgien**.
www.kunstenloket.be

Veranstaltungen, Workshops, Residencies und Informationen zur Kultur- und Kreativszene **Großbritanniens** sowie hilfreiche Studien, Manuals und weitere Publikationen finden sich auf der Webseite der Organisation Visiting Arts, die sich der Verbesserung des interkulturellen Verständnisses mit Hilfe der Kunst annehmen will. Visiting Arts fungiert auch als Cultural Contact Point für UK.
http://www.visitingarts.org.uk/projects

Aktuelle Texte zu sämtlichen Sparten, einen sehr guten Einblick in das britische Kulturgeschehen und zahlreiche wichtige Informationen auch für Kulturmanager außerhalb Großbritanniens sowie ein Netzwerk bietet der relativ neue Blog des britischen ›The Guardian‹ an.
http://www.theguardian.com/culture-professionals-network

Bei Interesse an Großbritannien kann auch ein Blick auf die Webseite des überparteilichen Think Tanks Demos aus London weiterhelfen.
http://www.demos.co.uk/about/

Ganz aktuelle Informationen und zahlreiche Jobangebote in Großbritannien finden sich bei ArtsProfessional.
www.artsprofessional.co.uk

Informationen zur **irischen Kulturszene** und eine gute Link-Sammlung bietet der an das University College Dublin angehängte Blog
www.artsmanagement.ie

Weitere Informationen zu Veranstaltungen und Finanzierungsmöglichkeiten von gemeinsamen Vorhaben finden sich auch auf der Webseite von Culture Irland, der irischen Analogie zum Goethe-Institut.
http://www.cultureireland.ie/

Beim Theatre Forum haben sich 393 irische Bühnen vernetzt und bieten Informationen zu den darstellenden Künsten.
www.theatreforum.ie

Asien

An **Korea**-Interessierte richtet sich die sehr professionelle Webseite des Korea Arts Management Service mit umfassenden Informationen zur koreanischen Kunst- und Kulturszene, Weiterbildungsangeboten und Stipendienprogrammen.
http://eng.gokams.or.kr/main/main.aspx

Mehr über die Kultur in **Kambodscha** erfährt man auf der Seite von Cambodian Living Arts. Als Ziel defniert diese Nonprofit-Organisation in ihrem Mission statement: »The successful transformation of Cambodia's cultural identity will be a model for other societies«.
http://www.cambodianlivingarts.org

Sechs Mal im Jahr erscheint ArtAsiaPacific mit umfassenden Informationen über Künstler und die Kulturszene dieser großen Region. Das Abonnement kostet derzeit 85 Dollar im Jahr, aber auch auf der Webseite finden sich aktuelle Informationen und Texte.
http://artasiapacific.com

Die 1993 in Bangalore gegründete India Foundation for the Arts unterstützt indische Kulturschaffende durch Stipendien und finanziert Forschungsprojekte zur indischen Kulturszene und diverse weitere Programme. Sie gehört damit zu den größten Unterstützern der **indischen Kulturszene**.
www.indiaifa.org

Theater in **Russland** mit open calls und workshops ist im Fokus von RTLB.RU.
www.rtlb.ru

Die 1999 gegründete Vladimir Potanin Foundation fördert den Austausch von Kulturmanagern und zahlreiche weitere Projekte in und mit Russland.
http://english.fondpotanin.ru/

Nord- und Südamerika

Wer sich für einen Austausch mit den **USA** interessiert und dort ggf. gastieren möchte, sollte auf www.artistsfromabroad.com nach entsprechenden Informationen zu Arbeitsbedingungen und Steuern schauen.

Eine großartige Quelle, nicht zwingend nur zu **kanadaspezifischen Themen**, sondern zu Herausforderungen aus dem Personalbereich im Kulturmanagement sowie vielen weiteren Themen, die für Kulturmanager von Relevanz sind, bietet das kanadische Cultural Human Resource Council.
http://www.culturalhrc.ca/index-e.php

Iberescena ist für alle, die sich für die darstellenden Künste in **Argentinien, Brasilien, Kolumbien, Chile, Costa Rica, Ecuador, El Salvador, Spanien, Mexiko, Panama, Paraguay, Peru und Uruguay** interessieren, eine wichtige Quelle. Die Stiftung fördert insbesondere Theaterfestivals aus den genannten Ländern.
http://www.iberescena.org/es/ingles

Australien

Bei Interesse an **Australien** und der dortigen Kulturszene sowie an der Förderung von Kunst und Kultur ist das Arts Council Australia erster Ansprechpartner.
https://www.australiacouncil.gov.au/

Afrika

Informationen zu **Afrika** bietet insbesondere das Arterial Network.
http://www.arterialnetwork.org/

wie auch die Association Racine mit Sitz in Casablanca, Marokko. Auf der Webseite findet sich auch eine übersichtliche Bibliographie mit vielen wichtigen, in Europa aber noch weithin unbekannten Quellen etwa zur Mobilität innerhalb Afrikas in englischer und französischer Sprache.
http://www.racines.ma/node/28

Der Mobilität innerhalb Afrikas widmet sich insbesondere Art Moves Africa, die Künstler und Kreative unter anderem mit Reisestipendien versehen. Als großes Defizit sehen viele der Kulturschaffenden in Afrika gerade diese mangelnden Res-

sourcen, da die jeweiligen Regierungen für Künstlermobilität kein Geld ausgeben. Auf den Seiten von Art Moves Africa findet sich auch das Mobility Hub Africa, eine virtuelle Plattform mit Informationen über Kunst und Kultur in Afrika, über Kunstorte und Ereignisse, über Kulturschaffende und ihre Projekte, sowie eine Datenbank mit Informationen über die Mobilität von Kulturschaffenden innerhalb des afrikanischen Kontinents.
www.artmovesafrica.org

Informationen zur Kunst- und Kulturszene **Marokkos** finden sich auch unter: http://www.artmap.ma/

Naher Osten

Bei einer Zusammenarbeit mit Künstlern aus dem **arabischen Raum** oder Projekten in dieser Region kann der Arab Fund for Arts and Culture mit Sitz in Beirut gegebenenfalls sogar finanziell unterstützen.
http://www.arabculturefund.org/about/index.php

Eine wichtige Informationsquelle über den arabischen Raum ist auch Al Mawred Al Thaqafy. Hier finden sich Manuals wie etwa das Cultural Management Training Manual, das gezielt die Besonderheiten arabischer Länder adressiert sowie einen Funding Guide for Culture and Arts in the Arab Region. Leider sind diese Publikationen derzeit nur in arabischer Sprache verfügbar. Zahlreiche weitere Hinweise zu Projekten, Events, Veranstaltungen, Workshops, Fortbildungen, Programmen und eine umfangreiche Link-Sammlung finden sich auf der Webseite dieser NPO.
http://mawred.org/

Einen Fokus auf **Palästina** und hier auf die Förderung junger Künstler und Kinder hat die A. M. Qattan Foundation (AMQF) mit Büros in London, Ramallah und Gaza. Die Stiftung vergibt grants, scholarships, organisiert Residencies und verleiht Auszeichnungen.
www.qattanfoundation.org

Eine spannende **türkische** NPO ist Anadolou Kultur.
http://www.anadolukultur.org/en/about/3231

Die noch junge **armenische** NPO Today Art Initiative in Yerevan sucht internationale Partner.
https://www.facebook.com/todayartinitiative/

Eine informative Webseite zum aktuellen Kulturgeschehen in den **mediterranen** Ländern ist Babelmed, die auch einen Newsletter herausgibt.
http://eng.babelmed.net/

Gute Ansprechpartner sind immer auch die (Kultur-)Ministerien in den jeweiligen Ländern, die Goethe-Institute oder die Kulturattachés der deutschen Botschaft.

Bei der Suche nach geeigneten Programmen zur Finanzierung von internationalen Projekten und bei der Antragstellung ist das Creative Europe Desk KULTUR (ehemals Cultural Contact Point) in Bonn behilflich.
www.ccp-deutschland.de

5 Lehre

Das **European Network of Cultural Administration Training Centers (ENCATC)** ist ein Zusammenschluss von derzeit 125 Einrichtungen in 43 Ländern, die Kulturmanagement lehren. Das Netzwerk mit Sitz in Brüssel bietet einen regelmäßigen Newsletter und ein jährliches Treffen sowie zahlreiche weitere Publikationen, Programme und Veranstaltungen, die mittlerweile auch über Europa hinausreichen.
www.encatc.org

Das US-amerikanische Pendant zu ENCATC ist die **Association of Arts Administration Educators (AAAE)**. Auf dieser Webseite findet sich – auch für Nichtmitglieder zugänglich – ein Jobportal mit Stellen und Praktikumsplätzen bei Kultureinrichtungen in den USA, was durchaus auch für Studierende des Kulturmanagements von Interesse sein dürfte.
www.artsadministration.org

6 Netzwerke

Ein großes, europäisches Netzwerk für Künstler und Organisationen aus dem Bereich der bildenden Kunst ist die **International Association of Art (IAA) Europe**. Auf der Webseite finden sich auch die Kontaktdaten der verschiedenen nationalen Organisationen in zahlreichen europäischen Ländern.
http://www.iaa-europe.eu/

Die internationale Dachorganisation, eine UNESCO Partnership NGO, vereinigt über 100 Institutionen weltweit.
http://www.aiap-iaa.org/

Die **European Culture Foundation** in Amsterdam hält zahlreiche Informationen etwa zu Grants, Auszeichnungen und Residenzen sowie Veranstaltungen in ganz Europa und interessante Berichte, Studien und Publikationen bereit. Darüber hinaus kann man sich hier über das ECL Lab vernetzten, Diskussionen starten und Ausschreibungen posten.
http://ecflabs.org/

Mit über 30 000 Mitgliedern ist die 1992 gegründete Lobbyorganisation **NEMO** das größte europäische Netzwerk der »Museumsbeschäftigten«. Auf der Webseite finden sich zahlreiche Informationen und Studien sowie Seminarangebote und Webinare.
http://www.ne-mo.org/

Die vom Direktor des National Museum Liverpool, David Fleming, gegründete **Social Justice Alliance for Museums** (SJAM) ist ein internationales Netzwerk von Museen und Einzelpersonen, das versucht, diese Institutionen weiter zu modernisieren und zu demokratisieren sowie im Sinne sozialer Gerechtigkeit für alle Menschen zu öffnen.
http://sjam.org/about-us/

Auf der Webseite von **On the Move – The cultural mobility network** aus Brüssel stehen immer aktuelle Informationen zu Veranstaltungen, Residencies, Stipendien etc. Darüber hinaus finden sich hilfreiche und komprimiert aufbereitete Tipps zu den Themen Visa und Steuern sowie länderspezifische Informationen.
http://on-the-move.org/

Das europäische Netzwerk für diejenigen aus den Sparten Street Art und Zirkus ist mit über 80 Mitgliedern aus 25 Ländern **Circostrada** in Paris.
www.circostrada.org

Artsmanagement.net ist der internationale Ableger des im deutschen Sprachraum bekannteren Kulturmanagement.net. Die Webseite und der vier Mal jährlich erscheinende Newsletter sind besonders für diejenigen von Bedeutung, die sich auch mit den aktuellen Trends und Entwicklungen außerhalb Deutschlands, Österreichs und der Schweiz befassen wollen.
www.artsmanagement.net

Das britische Pendant zu Kulturmanagement.net ist **Arts Professional** mit Infos, Beiträgen und Jobangeboten.
http://www.artsprofessional.co.uk/

World Cultures Connect (WCC) ist ein Teilprojekt von Visiting Arts und eine Plattform, die Kulturmanager und Künstler auf der ganzen Welt vernetzen will. Auf der Webseite finden sich darüber hinaus Ausschreibungen, Jobangebote sowie Hinweise auf Veranstaltungen und Events.
www.worldculturesconnect.org

Diejenigen aus der Kreativwirtschaft und hier insbesondere solche, die ein eigenes Unternehmen gründen wollen, können sich bei der **International Association of Creative Arts Professionals** aus den USA Anregungen holen.
http://www.creativeartsprofessional.com/

Eine Möglichkeit, sich mit Kulturmanagern aus der Festivalbranche zu vernetzen, bietet **Europe for Festivals** mit Sitz in Brüssel.
http://www.effe.eu/european-festivals-association

Diejenigen mit Begeisterung für **Jazz**, können sich mit Gleichgesinnten aus ganz Europa vernetzen
http://www.europejazz.net/

Das globale Netzwerk für Weltmusik ist virtualWOMEX.
http://www.womex.com/

Fomecc Biz ist eine Plattform, die fast ausschließlich von spanischen und lateinamerikanischen Kultureinrichtungen und solchen aus dem Bereich der Kreativwirtschaft zur Vernetzung genutzt wird.
http://www.fomeccbiz.biz/

Trans Europe Halles aus Lund in Schweden vernetzt und unterstützt (durch Workshops, Veranstaltungen, gemeinsame Projekte und Beratung) derzeit 59 unabhängige Kulturzentren in ganz Europa.
http://teh.net

Ein Netzwerk für Literatur und Übersetzung ist das europäische **Halma Netzwerk** mit Vertretungen in zahlreichen Ländern und einem Stipendienprogramm.
http://www.halma-network.eu/

Für den **Kulturtourismus,** der sich in verschiedene Bereiche untergliedern lässt (wie beispielsweise spiritueller, Kreativtourismus, Gartentourismus oder heritage tourism) gibt es zahlreiche Netzwerke. Eins der größten dürfte das European Cultural Tourism Network (ECTN) sein.
http://www.culturaltourism-network.eu/

Für den sogenannten **Kreativtourismus,** der sich als neue Generation des Tourismus mit aktiver Gestaltung und Beteiligung des Touristen wie auch der lokalen Bevölkerung an der kulturellen Erfahrung versteht, findet sich ein eigenes Netzwerk.
http://www.creativetourismnetwork.org/the-network/

7 Projektpartner/Beratungen

CC Cultural Co-operations, London ist eine 1987 von Künstlern gegründete NPO, die sich mit zahlreichen transkulturellen Projekten für gesellschaftlichen Wandel einsetzt. Sie verfügt über ein Netzwerk von über 300 Gruppen und Künstlern und über 1 000 Kreativen, die in London in der Diaspora leben. Wesentliches Ziel von CC ist es, das Potential aller zum Wohle der Gemeinschaft auszuschöpfen.
www.culturalco-operation.org

Im Fokus des **Next Page Fund** mit Sitz in Sofia, Bulgarien steht der Zugang zu Wissen, der unter anderem durch Buchprojekte und Übersetzungen sichergestellt werden soll. Der Fund arbeitet vor allem in arabischsprachigen Ländern, in Osteuropa und auf dem Balkan sowie mit Roma überall auf der Welt.
http://npage.org/rubrique3.html

Interarts in Barcelona, Spanien
http://interarts.net/en/interarts.php

EDUCULT, in Wien, Österreich
http://educult.at/

ECCOM, in Rom, Italien
http://www.eccom.it/en/profile

Kultur und Arbeit e. V., in Bad Mergentheim
http://kultur-und-arbeit.de/

ICRI (International Cooperation and Research Institute – Saretas), in London und Kaunas
http://www.saretas.org/index.php/about

In Actio, in Vilnius, Litauen
http://inactio.org/en/about-in-actio/

Relais Culture Europe bietet auf seiner Webseite die Möglichkeit, nach internationalen Projektpartnern zu suchen beziehungsweise ein Projekt vorzustellen und auf entsprechende Rückmeldungen zu warten.
http://www.relais-culture-europe.eu/fabriquer-les-projets/

Für Entrepreneure in der Kreativwirtschaft kann eine Zusammenarbeit mit **Creative Exchange** in Betracht kommen.
http://creativeexchange.org/about/

Gut aufbereitete Best Practice Beispiele zu den Themen Corporate Social Responsibility, HR Training, Commissioning und Sponsorship finden sich auf der Webseite von **business to arts** aus Dublin, Irland.
http://www.businesstoarts.ie/case-studies/

8 Stiftungen und Organisationen mit eher kulturpolitischem Fokus

Anna Lindh Foundation mit Sitz in Alexandria
http://www.annalindhfoundation.org/about

Die NGO **Mimeta** aus Norwegen arbeitet seit zehn Jahren im Bereich Kultur & Entwicklung mit über 20 Ländern.
http://www.mimeta.org/about/

Culture Action Europe aus Brüssel, ist die größte »umbrella organisation«, die Kultur und Kulturpolitik auf europäischer Ebene präsentiert. Auf der Webseite finden sich zahlreiche Hinweise zu interessanten kulturpolitischen Veranstaltungen.
http://cultureactioneurope.org/

Seit über 80 Jahren engagiert sich die **Ford Foundation** aus New York für soziale Gerechtigkeit und verwirklichte viele Kulturprojekte und Programme.
https://www.fordfoundation.org/about-us/

Asia-Europe Foundation mit Sitz in Singapur wurde 1997 gegründet, um den Austausch zwischen Europa und Asien sowie das gegenseitige Verständnis zu fördern. Kultur und kultureller Austausch sind Schwerpunkte dieser Organisation. http://asef.org/

Unter http://culture360.asef.org/asef-news/mobility/ finden sich sogenannte Mobility Guides für 51 Länder in Europa und Asien. Für alle, die sich für Mobilität von Künstlern und Kulturschaffenden in Europa und Asien interessieren, eine wichtige Ressource. Von ASEF Culture 360 gibt es auch einen Newsletter, den man auf der Webseite abonnieren kann.

Das ›Compendium Cultural Policies and Trends in Europe‹ bietet Zusammenfassungen zur Kulturpolitik der verschiedenen europäischen Länder. http://www.culturalpolicies.net/web/index.php

Bibliographie

Adorno, Theodor W. (1973): Ästhetische Theorie, Suhrkamp, Berlin.
Ahmed, Sara (2012): On Being Included. Racism and Diversity in Institutional Life, Duke University Press, Durham.
Art Moves Africa (AMA) (2015): Etude régionale sur la mobilité et les tournées en Afrique centrale. http://www.artmovesafrica.org/fr/la-mobilit%C3%A9-et-les-tourn%C3%A9es-en-afrique-centrale (Stand: 24.05.2016).
Assmann, Jan (2010): Globalization, Universalism, and the Erosion of Cultural Memory, in: Assmann, Aleida/Conrad, Sebastian (Hrsg.): Memory in a Global Age. Discourses, Practices and Trajectories, Palgrave Macmillian Memory Studies. New York: Palgrave Macmillan, S. 121–137.
Ates, Seyran (2008): Der Multikulti-Irrtum, Ullstein, Berlin.
Audéoud, Olivier (2003): Study on the mobility and free movement of people and products in the cultural center, Study No. DG EAC/08/00. Partnership CEJEC Universite Paris X-EAEA. http://www.acpcultures.eu/?page=centre_de_ressources&lang=uk&no_theme=7 (Stand: 20.05.2016).
Barber, Benjamin (2016): Das Know-how der Städte. Warum nicht Regierungschefs, sondern Bürgermeister Einwanderungsfragen lösen sollten, in: KULTURAUSTAUSCH, Zeitschrift für internationale Perspektiven, Neuland, Ausgabe 2/2016, S. 34 f.
Barber, Benjamin (1999): Demokratie im Würgegriff. Kapitalismus und Fundamentalismus – eine unheilige Allianz. Fischer Verlag. Frankfurt am Main.
Bauman, Zygmunt (2000): Liquid Modernity, Polity, Cambridge.
Baym, Nancy K. (2015): Personal connections in the digital age. 2. Auflage, Polity Press, Cambridge, UK.
Beale, Alison (2002): Identifying a Policy Hierarchy, Communication Policy, Media Industries, and Globalization, in: Crane, Diana/Kawashima, Nobuko/Kawasaki, Ken'ichi (Hrsg.): Global Culture, Media, Arts, Policy, And Globalization, Routledge, New York, S. 78–89.
Beck, Ulrich (2008): Realistic Cosmopolitanism. How Do Societies Handle Otherness?, in: Held, David/Moore Henrietta, L. (Hrsg.): Cultural Politics in a Glob-

al Age. Uncertainty, Solidarity, and Innovation, Oneworld Publications, Oxford, S. 60–67.
Bhandari, Ramchandra/Blumenthal, Philipp (2011): Global Student Mobility and the Twenty-First Century Silk Road: National Trends and New Directions in: Bhandari, Ramchandra/Blumenthal, Philipp (Hrsg.): International Students and Global Mobility in Higher Education, Palgrave MacMillan, New York, S. 1–23.
Bianchini Franco/Parkinson Michael (1993): Cultural Policy and Urban Regeneration: the West European Experience, Manchester University Press, Manchester.
Bishop, Claire (2012): Artificial Hells. Participatory Art and the Politics of Spectatorship. Verso, London/New York.
Blumenreich, Ulrike (2011): Das Studium der Kulturvermittlung an Hochschulen in Deutschland, in: Kulturmanagement & Kulturpolitik, Dezember 2011, Raabe, Berlin.
Bonet, Lluis/Négrier, Emmanuel, (2011): The end(s) of national cultures? Cultural policy in the face of diversity, in: International Journal of Cultural Policy, vol. 17. No. 5, November 2011, S. 574–589.
Borwick, Douglas (2012): Building communities, not audiences. The future of the arts in the United States, Winston-Salem.
Bourdieu, Pierre (1987): Die feinen Unterschiede. Kritik der gesellschaftlichen Urteilskraft, Suhrkamp Verlag, Frankfurt am Main.
Boylan, Patrick (2000): Resources for Training in the Management and Administration of Cultural Institutions, a pilot study for UNESCO.
Brettell, Caroline B./Hollifield, James F. (2015): Migration Theory: talking across Disciplines, Routledge, New York.
Canas, Tania (2015): 10 things you need to consider if you are an artist – not of the refugee and asylum seekr community – looking to work with our community, http://riserefugee.org/10-things-you-need-to-consider-if-you-are-an-artist-not-of-the-refugee-and-asylum-seeker-community-looking-to-work-with-our-community/# (Stand: 23.06.2016).
Castells, Manuel (1997): The Power of Identity, Blackwell Publishers, London.
Castells, Manuel (1996): The Rise of the Network Society: Economy, Society and Culture, Blackwell Publishers, London.
Carbo Ribugent, Gemma (2016): Divergences and convergences between education and cultural policies in Catalonia 1980–2010, in: Zeitschrift für Kulturmanagement 1/2016, transcript Verlag, Bielefeld, S. 119–142.
Carpenter, Edmund/McLuhan, Marshall (1960): Explorations in Communication: An Anthology, Beacon Press, Boston.
Carroll, Alison (2015): Ways of thinking culturally in Asia today, in: Caust, Josephine (Hrsg.): Arts and Cultural Leadership in Asia, Routledge, London/New York, S. 192–2000.
Carty, Hilary (2014): Democratising Cultural Institutions – A Challenge for Europe. A Challgenge for Culture, in: Henze, Raphaela/Wolfram, Gernot (Hrsg.): Exporting Culture – Which role for Europe in a global world?, VS Springer, Wiesbaden, S. 63–76.

Chakrabarty, Dipesh (2010): Europa als Provinz. Perspektiven postkolonialer Geschichtsschreibung, Campus Verlag, Frankfurt am Main.
Chua, Amy (2003): World on Fire. How exporting free market democracy breeds ethnic hatred and global instability, Doubleday, New York.
Cowen, Tyler (2002): Creative Destruction: How Globalization Is Changing the World's Cultures, Princeton University Press, Princeton, N. J.
Crane, Diana (2002): Culture and Globalization: Theoretical models and emerging trends, in: Diana/Kawashima, Nobuko/Kawasaki Ken'ichi (Hrsg.): Global Culture: Media, Arts, Policy, and Globalization, Sage publications, London, S. 1–25.
De Botton, Alain (2003): The Art of Travel, Penguin, London.
Derbyhire, Katy (2016): Der Literaturbetrieb hat ein Problem mit Frauen, in: Die Zeit Online, in der Serie 10 nach 8, http://www.zeit.de/kultur/2016-04/schriftstellerinnen-literaturbetrieb-frauenquote-10-nach-8 (Stand: 02.04.2016).
DeVereaux, Constance (2010): Practice versus Discourse of Practice, in: Cultural Management, The Journal of Arts Management, Law and Society, 39: 1, S. 65–72.
DeVereaux, Constance (2009): Cultural Management and the Discourse of Practice, Jahrbuch für Kulturmanagement 2009, transcript Verlag, Bielefeld, S. 155–167.
DeVereaux, Constance/Griffin, Martin (2006): International, global, transnational: Just a matter of words?, in: Eurozine 2006, S. 1–9.
Dewdney Andrew/Dibosa David/Walsh Victoria (2011): Britishness and Visual Culture, London Tate Encounters 2011.
Dewey, Patricia/Wyszomirski, Margaret Jane (2007): Improving Education in International Cultural Policy and Administration, in: The Journal of Arts Management, Law and Society, Vol. 36, No. 4, 2007, S. 273–293.
Dewey, Patricia/Wyszomirski, Margaret Jane (2004): International Issues in Cultural Policy and Administration: A Conceptual Framework for Higher Education.
di Federico, Elena/LeSourd, Marie (2012): Move on! Cultural Mobility for beginners, on the move, www.on-the-move.org/files/Move-ON_EN_Dec2012.pdf .
Diederichsen, Diedrich (2012): The Sopranos, Diaphanes, Zürich.
Dragicevic Sesic, Milena/Dragojevic, Sanjin (2005): Arts management in turbulent times. Adaptable Quality management – Navigating the arts through the winds of change, European Cultural Foundation, Boekmanstudies, Amsterdam.
Drucker, Peter (1985): Innovation and Entrepreneurship: Practice and Principles, Butterworth-Heinemann, Oxford.
Dubois, Vincent (2016): Culture as a Vacation. Sociology of career choices in cultural management, Routledge, New York.
du Gay, Paul/Hall, Stuart (1996): Questions of Cultural Identity, Sage Publications, London.
Durrer, Victoria/Henze, Raphaela/Ross, Ina (2016): Approaching an Understanding of Arts and Cultural Managers as Intercultural Brokers, in: Arts Management Quarterly No 124, 2016 (forthcoming).
Durrer, Victoria/O'Brien, Dave (2014): Rethinking Cultural Intermediaries. Negotiating Boundaries in the Arts, in: Smith-Maguire, Jennifer/Matthews, Julian (Hrsg.): The Cultural Intermediaries Reader, Sage, London, S. 100–112.

Durrer, Victoria/Miles, Steven (2009): New perspectives on the role of cultural intermediaries in social inclusion in the UK, Consumption Markets & Culture, Vol. 12, No. 3, September 2009, S. 225–241.
Edwards, Brian T. (2016): After the American Century. The Ends of American Culture in the Middle East, Columbia University Press, New York.
El Husseiny, Basama (2016): ›Tahir‹ – der Platz der Transformation. Anmerkungen zur arabischen Revolution, in Schneider, Wolfgang/Kaitinnis, Anna (Hrsg.): Kulturarbeit in Transformationsprozessen. Innenansichten zur ›Außenpolitik‹ des Goethe-Instituts. Springer VS Verlag, Wiesbaden. S. 53–66.
Esser, Hartmut (2001): Integration und ethische Schichtung, Zentrum für Europäische Sozialforschung, Mannheim.
Evrad, Yves/Colbert, Francois (2009): Arts Management: A New Discipline Entering the Millenium?, in: International Journal of Arts Management 2 (2), S. 4–13.
Fakhoury, Tamirace (2016): Barometer für die Demokratie. Der Zustrom von Syrern ist ein Test für das politische System des Libanon und gleichzeitig eine Chance, in: KULTURAUSTAUSCH, Zeitschrift für internationale Perspektiven, Neuland, Ausgabe 2/2016, S. 27.
Faroutan, Naika (2015): Wer integriert hier wen – Deutschland braucht ein neues Leitbild, in: Die Zeit vom 29. Oktober 2015.
Figueira, Carla, (2015): Cultural Diplomacy and the 2005 UNESCO Convention, in: De Beukelaer, Christian/Pyykkönen, Miikka/Singh J. P. (Hrsg.): Globalization, Culture and Development. The UNESCO Convention on Cultural Diversity, Palgrave Macmillan, New York, S. 163–181.
FitzGerald, David S. (2015): The Sociology of International Migration, in: Brettell, Caroline B./Hollifield, James F. (Hrsg.): Migration Theory. Talking Across Disciplines, Routledge, New York, London, S. 115–147.
Florida, Richard (2004): Cities and the Creative Class, Routledge, New York.
Florida, Richard (2002): The Rise of the Creative Class, Basic Books, New York.
Föhl, Patrick/Wolfram, Gernot (2016): Transformation und Community Building. Neue Denk- und Handlungsansätze in der Praxis von Kulturentwicklungsprozessen, in: Kulturpolitische Mitteilungen, Nr. 152, I/2016, S. 30–33.
Föhl, Patrick/Pröbstle, Yvonne (2011): Kooperationen als Wesenselement des Kulturtourismus, in: Hausmann, Andrea/Murzik, Laura (Hrsg.): Neue Impulse im Kulturtourismus, VS Springer Verlag, Wiesbaden, S. 111–138.
Fuhse, Jan A. (2012): Embedding the Stranger: Ethnic Categories and Cultural Differences in Social Networks, in: Journal of Intercultural Studies, Vol. 33, No. 6, December 2012, S. 639–655.
Fukuyama, Francis (1992): The End of History and the Last Man, Free Press, New York.
Geißler, Rainer/Enders, Kristina/Reuter, Verena (2009): Wenig ethnische Diversität in deutschen Zeitungsredaktionen, in: Geißler, Rainer/Pöttker, Horst (Hrsg.): Massenmedien und die Integration ethnischer Minderheiten in Deutschland, transcript Verlag, Bielefeld, Band 2, S. 79–118.
George, Nelson (2005): Hip hop America, Penguin Group, New York.
Glow, Hilary (2013): Cultural Leadership and Audience Engagement – A case study of the Theatre Royal Stratford East, in: Caust, Josephine (Hrsg.): Arts Leader-

ship – International Case Studies, Tilde University Press, Prahran, Australia, S. 132–144.

Grabers-von Boehm, Katharina (2015): Die Reform des Kulturgutschutzgesetzes, in: KulturkreisMagazin, Dezember 2015, Heft 58.

Granovetter, Mark S. (1978): The strength of weak ties, American Journal of Sociology, S. 1360–1380.

Haakh, Nora (2013): Banden bilden, Räume schaffen, Diskurse durchkreuzen: politisch theater machen wie am Ballhaus Naunynstraße, Freitext. Kultur- und Gesellschaftsmagazin Heft 11, 2013.

Habermas, Jürgen/Derrida, Jacques (2003): Nach dem Krieg. Die Wiedergeburt Europas, Frankfurter Allgemeine Zeitung 31.05.2003.

Hall, Stuart (1990): Cultural Identity and Diaspora, in Framework no. 36. www.people. ucsc.edu/~jizamora/Hall_Cultural_Identity_and_Diaspora.pdf (23.05.2016).

Hambleton, Robin (2015): Leading the Inclusive City, Place-Based Innovation for a Bounded Planet. Policy Press, Bristol, England.

Hampel, Annika (2016): Kooperationskultur in den Künsten. Perspektiven am Beispiel deutsch-indischer Partnerschaften, in Schneider, Wolfgang/Kaitinnis Anna (Hrsg.): Kulturarbeit in Transformationsprozessen. Innenansichten zur ›Außenpolitik‹ des Goethe-Instituts, Springer VS Verlag, Wiesbaden, S. 155–160.

Hampel, Annika (2014): Fair Cooperation – Partnerschaftliche Zusammenarbeit in der Auswärtigen Kulturpolitik, Springer VS Verlag, Wiesbaden.

Harnischfeger, Horst (2016): Vertrag und Auftrag, Personal und Programm. Das Goethe-Institut zwischen institutionellen und inhaltlichen Widersprüchen, in Schneider, Wolfgang/Kaitinnis Anna (Hrsg.): Kulturarbeit in Transformationsprozessen. Innenansichten zur ›Außenpolitik‹ des Goethe-Instituts, Springer VS Verlag, Wiesbaden, S. 101–114.

Haselbach, Dieter/Klein, Armin/Knüsel, Pius/Opitz, Stephan (2012): Der Kulturinfarkt, Albrecht Knaus Verlag, München.

Hausmann Andrea/Murzik, Laura (2011): Neue Impulse im Kulturtourismus, VS Springer Verlag, Wiesbaden.

Hausmann, Andrea (2011): Kunst- und Kulturmanagement, VS Verlag für Sozialwissenschaften, Wiesbaden.

Henze, Raphaela (2016): How Globalization affects arts managers, in: Arts Management Quartely, No. 124, 2016. (forthcoming).

Henze, Raphaela (2015): Ein Galabuffet für Kulturmanager, in: KM Magazin, Heft 105/ September 2015, S. 35–38.

Henze, Raphaela (2015 a): Internationales Kulturmanagement. Wie international ist unser Kulturmanagement und unsere Kulturmanagementlehre?, in: KM Magazin, Heft 108/Dezember 2015, S. 13–17.

Henze, Raphaela (2014): Spending on Culture is a solid investment, in: Henze, Raphaela/Wolfram, Gernot (Hrsg.): Exporting Culture – Which role for Europe in a Global World?, Spinger VS, Wiesbaden, S. 39–52.

Henze, Raphaela (2014a): Kunst und Management – Zwei Seiten einer Medaille, in: Kultur und Management. Eine Annäherung, 2. Auflage, VS Springer Verlag, Wiesbaden, S. 141–156.

Henze, Raphaela (2012): Wer passt zu mir? – Der Prozess der Personalauswahl: vom Anfänger bis zum Profi, in: Hausmann, Andrea/Murzik, Laura (Hrsg.): Erfolgsfaktor Mitarbeiter: Wirksames Personalmanagement für Kulturbetriebe, 2. Auflage, VS Verlag Springer, Wiesbaden, S. 171–185.

Henze, Raphaela (2011): Nutzung des Web 2.0 an deutschen Theatern und Schauspielhäusern, in: Kulturmanagement & Kulturpolitik, Dezember 2011 sowie in Jahrbuch für Kulturpolitik 2011, Klartext Verlag, Essen, S. 219–230.

Hernández-Acosta, Javier Jose (2013): Differences in Cultural Policy and its Implications for Arts Management: Case of Puerto Rico, The Journal of Arts Management, Law and Society, 43, S. 125–138.

Herke, Sarah (2015): Manchmal ist Zuhören wichtiger, als zu Reden. Von der Kooperation zur Kolaboration, in: KM Heft 108, Dezember 2015, S. 40–43.

Hesmondhalgh, David/Saha Anamik (2013): Race, Ethnicity and Cultural Production, Popular Communication, 11, S. 179–195.

Hillesheim, Diana (2015): Ausloten der kulturellen Identität Europas – Wie es ist, für eine europäische Großaustellung zu arbeiten, in: KM Heft 108, Dezember 2015, S. 44–47.

Hines, Colin (2000): Localization: a Global Manifesto, Routledge, London/New York.

House of Lords (2014): Soft power and the UK's influence committee: Oral and written evidence – volume 1 (A–G). London: House of Lords (http://www.parliament.uk/documents/lords-committees/soft-power-uk-influence/soft-power-ev-vol1-a-g.pdf) (Stand: 09.05.2016).

Hoppe, Bernd M./Heinze, Thomas (2016): Einführung in das Kulturmanagement, VS Springer Verlag, Wiesbaden.

Kämpf, Andreas (2015): Was passiert wenn TTIP kommt? In: ARTikel, Ausgabe 6, Erscheinungsdatum 02.02.2015 S. 20–22 (https://www.hs-heilbronn.de/4179566/archiv) (Stand: 17.05.2016).

Kellner, Douglas (1999): New technologies, the welfare state, and the prospects for democratization, in: Calabrese, Andrew/Burgelman, Jean-Claude (Hrsg.): Communication, Citizenship and Social Policy: Rethinking the Limits of the Welfare State, Rowman and Littlefield Publishers Inc., New York.

Khair, Tabish (2016): The New Xenophobia, Oxford University Press.

Khair, Tabish (2015): Old and New Xenophobia, in: Putz Moslund, Sten/Ring Petersen, Anne/Schramm, Moritz (Hrsg.): The Culture of Migration, I.B. Tauris, London, New York, S. 59–68.

Kilomba, Grada (2013): Plantation Memories. Episodes of Everyday Racism, 3. Auflage, Unrast Verlag, Münster.

Kirchberg, Volker/Zembylas, Tassos (2010): Arts management: a sociological inquiry, Journal of Arts Management, Law and Society, 40 (1), S. 1–5.

Knüsel, Pius (2014): A slippery slope – state, the arts and international reconciliation, in: Henze, Raphaela/Wolfram, Gernot (Hrsg.): Exporting Culture. Which role for Europe in a global world?, VS Springer Verlag, Wiesbaden, S. 97–108.

Komische Oper Berlin (2014): Selam Opera! Interkultur im Kulturbetrieb, Henschel, Berlin

Kontny, Oliver (2014): Etwas anderes als die Oberfläche, in: Huck, Ella/Reinicke, Dorothea (Hrsg.), Masters of Paradise. Der transnationale Kosmos Hajusom Theater aus der Zukunft, Theater der Zeit, Berlin, S. 21–35.

Korf, Benedikt/Rothfuß, Eberhard (2015): Nach der Entwicklungsgeographie, in Freytag, Tim/Gebhard, Hand/Gebhard Ulrike/Wstl-Walter, Doris (Hrsg.): Humangeographie kompakt, Springer Spektrum, Wiesbaden, S. 164–182.

Kramer, Gudrun/Jarchow, Ute, (2014): Ich – Du – Wir: Über konflikttransformative Sozial- und Kulturarbeit mit palästinensischen Flüchtlingen, in: Henze, Raphaela (Hrsg.): Kultur im Off, Swiridoff Verlag, Künzelsau, S. 36–39.

Kröger, Franz (2016): Kunst und Kultur als Willkommenshelfer. Ratschlag Interkultur diskutiert Flüchtlingsarbeit, Kulturpolitische Mitteilungen, Nr. 152, I/2016, S. 24.

Landwehr, Gabriele (2014): Kulturblüten für Wüstenmetropolen, in Henze, Raphaela (Hrsg.): Kultur im Off, Swiridoff Verlag, Künzelsau, S. 40–42.

Levitt, Theodore (1983): Globalization of Markets in: Harvard Business Review, May/June 1983.

Lockwood, David (1964): Social Integration and System Integration, in: Zollschan, Georg K./Hirsch, Walter (Hrsg.), Explorations in Social Change, Routledge & Kegan Paul PLC, London.

Loomba, Ania (2015): Colonialism/Postcolonialism, 3. Auflage, Taylor & Francis, Milton Park, UK.

Lynch, Bernadette (2011): Whose Cake is it Anyway? A collaborative investigation into engagement and participation in 12 museums and galleries in the UK, Summary Report, Paul Hamlyn Foundation.

MacGregor, Neil (2012): A History of the World in 100 Objects, Penguin Books, London.

MacKenzie, John (2009): Museums and Empire: Natural History, Human Cultures and Colonial Identities, Manchester University Press, New York/Manchester.

Maddux, William W./Galinsky, Adam D. (2009): Cultural borders and mental barriers: the relationship between living abroad and creativity. Journal of personality and psychology, 96, S. 1047–1061.

Mandel, Birgit (2016): Kulturmanagement in internationalen und interkulturellen Kontexten, in: Jahrbuch für Kulturmanagement, transcript Verlag, Bielefeld, S. 85–104.

Mandel, Birgit (2015): Vom Knowing How zum Knowing Why. Veränderungen von Lehrkonzepten im Kulturmanagement. Eine Analyse auf der Basis der Selbstdarstellungen der Studiengänge des Fachverbands Kulturmanagement, in: KM Magazin, Heft 6/2015, S. 45–52.

Mandel, Birgit (2012): Interkulturelle Kontexte managen. Überlegungen zur Internationalisierung von Kulturmanagement und Qualifizierung im europäischen Kontext, in Wolfram, Gernot (Hrsg.): Kulturmanagement und Europäische Kulturarbeit, transcript Verlag, Bielefeld, S. 55–70.

Mandel, Birgit (2011): Wildwuchs und Überangebot versus Professionalisierung und Profilierung, in: Kulturpolitische Mitteilungen, 135 IV/2011.
Marana, Maider (2010): Culture and Development. Evolution and Prospects, UNESCO Etxea Working papers No. 1 http://www.unesco.or.kr/eng/front/programmes/links/6_CultureandDevelopment.pdf (Stand: 31.12.2015).
Marginson, Simon/Sawir, Erlenawati (2011): Ideas for Intercultural Education, Palgrave Macmillan, New York.
Martel, Frédéric (2010): Mainstream. Wie funktioniert was allen gefällt, Albrecht Knaus Verlag, München.
Mohal, Anna (2016): Schlüsselpositionen in weiblicher Hand, in: Kunstzeitung, Mai 2016, Nr. 237, S. 4.
Nederveen Pieterse, Jan (2004): Globalization & Culture, Rownman & Littlefield Publishers Inc., Lanham, Maryland.
Ngugi, Wa Thiong'o (1986): Decolonizing the Mind: The Politics of Language in African Literature, James Curry, Suffolk, UK.
Ninnes, Peter/Aitchison, Claire/Kalos, Shoba (1999): Challenges to stereotypes of international students' prior education experience: Undergraduate education in India. Higher Education Research and Development, 18 (3), S. 323–342.
Nisbett, Melissa (2013): New perspectives on instrumentalism: an empirical study of cultural diplomacy, in: International Journal of Cultural Policy, Vol. 19, No. 5, S. 557–575.
Nye, Joseph S. (2008): Culture, Soft Power, and ›Americanization‹, in: Held, David/Moore Henrietta, L. (Hrsg.): Cultural Politics in a Global Age. Uncertainty, Solidarity, and Innovation, Oneworld Publications, Oxford, S. 167–175.
Nye, J. S. Jr. (2004): Soft Power: The Means to Success in World Politics, Public Affairs, New York.
O'Brien, Dave/Oakley, Kate (2015): Cultural Value and Inequality: A Critical Literature Review, AHRC, London.
OECD, (2009), The Impact of Culture on Tourism, Paris OECD Policy Brief.
OECD, (2008), Opening Up Trade in Services: Key for Tourism Growth, February: Paris, OECD Policy Brief.
Orwell, George (2003): Shooting an Elephant, Penguin Books, London.
Peromingo, Miguel (2016): Professional Amateuer Artists and Cultural Management, in: Zeitschrift für Kulturmanagement, 1/2016, S. 105–118.
Pilic, Ivana/Wiederhold, Anne (2015): Kunstpraxis in der Migrationsgesellschaft. Transkulturelle Handlungsstrategien am Beispiel der Brunnenpassage Wien, KunstSozialRaum Brunnenpassage, Wien.
Preiser, Siegfried (2006): Kreativität, in: Schweizer, Karl (Hrsg.): Leistung und Leistungsdiagnostik, Springer, Berlin, S. 51–67.
Pries, Ludger (2001): Internationale Migration, transcript Verlag, Bielefeld.
Primecz, Henriett/Romani, Laurence/Sackmann, Sonja (2011): Cross-Cultural Management in Practice. Culture and Negotiated Meanings. Edward Elgar Publishing Ltd., Cheltenham, UK.
Purwar, Nirmal (2004): Space Invaders: Race, Gender, and Bodies out of Place, Berg Publishers, Oxford.

Reckwitz, Andreas, (2013): Die Erfindung der Kreativität, 3. Auflage, Suhrkamp Verlag, Berlin.
Renner, Tim (2016): Wie wichtig wir sind, bestimmen wir selbst, in: Kulturpolitische Mitteilungen Nr. 152 I/2016, S. 27–29.
Rifkin, Jeremy (2010): Die empathische Zivilisation – Wege zu einem globalen Bewusstsein, Campus Verlag, Frankfurt.
Robertson-von Trotha, Caroline (2009): Dialektik der Globalisierung. Kulturelle Nivellierung bei gleichzeitiger Verstärkung kultureller Differenz. Universitätsverlag, Karlsruhe.
Robertson, Roland (2016): Global Culture and Consciousness, in: Robertson, Roland/Buhari-Gulmez, Didem (Hrsg.): Global Cultures: Consciousness and Connectivity, Ashgate, Burlington, S. 5–20.
Robertson, Roland (1995): Globalization: time-space and homogenity-hetrogenity, in: Featherstone Mike (Hrsg.): Global Modernities, Sage, Newburry Park, CA.
Robertson, Roland (1987): Globalization Theory and Civilizational Analysis, Comparative Civilization Review 17, S. 20–30.
Rösler, Bettina, (2015): The case of the Asialink's art residency program: towards a critical cosmopolitan approach to cultural diplomacy, in: International Journal of Cultural Policy, vol. 21, No. 4, S. 463–477.
Ross, Ina (2016): Götter im Marketing-Mix, in: Kulturpolitische Mitteilungen Nr. 153 II/2016, S. 54–55.
Rowntree, Julia/Neal Lucy/Fenton, Rose (2011): International Cultural Leadership: Reflections, Competencies and Interviews, British Council.
Sacker, Ulrich (2014): Exporting Culture in a Global World. Necessity, Waste of Money, or even Danger?, in: Henze, Raphaela/Wolfram, Gernot (Hrsg.): Exporting Culture – which role for Europe in a global world?, VS Springer, Wiesbaden, S. 85–95.
Sandmann, Katrin (2014): In war, art is not a luxury, in: Henze, Raphaela/Wolfram, Gernot (Hrsg.): Exporting Culture – which role for Europe in a global world?, VS Springer, Wiesbaden, S. 125–136.
Sassen, Saskia (2002): Global Networks. Linked Cities, Routledge, London/New York.
Sassen, Saskia (1996): Metropolen des Weltmarkts. Die neue Rolle der Global Cities, Campus Verlag Frankfurt am Main.
Scherr, Albrecht (2013): The Construction of National Identity in Germany: Migration Background as a Political and Scientific Category, in: Ryerson Centre for Immigration & Settlement Working Paper No. 2013/2, Ryerson University, Toronto.
Schindhelm, Michael (2014): Old Europe and a changing paradigm on cultural relevance, in: Henze, Raphaela/Wolfram, Gernot (Hrsg.): Exporting Culture. Which role for Europe in a global world?, VS Springer Verlag, Wiesbaden, S. 77–84.
Schindhelm, Michael (2009), Dubai Speed, dtv, München.
Sen, Amartya (2008): Culture and Captivity, in: Held, David/Moore Henrietta, L. (Hrsg.): Cultural Politics in a Global Age. Uncertainty, Solidarity, and Innovation, Oneworld Publications, Oxford, S. 48–59.
Sen, Amartya (2007): Die Identitätsfalle: Warum es keinen Krieg der Kulturen gibt, dtv, Berlin.

Sennett, Richard (2012): Together. The Rituals, Pleasures & Politics of Cooperation, Penguin Books, London.

Sharifi, Azadeh (2015), Moments of Significance – Artists of colour in European Theatre, in: Putz Moslund, Sten/Ring Petersen, Anne/Schramm, Moritz (Hrsg.): The Culture of Migration, I. B. Tauris, London, New York, S. 243–256.

Sharifi, Azadeh (2014): Es geht hier um Haltung, nicht um Herkunft. Künstler_innen of Color im europäischen Theater, in: Huck, Ella/Reinicke, Dorothea (Hrsg.): Masters of Paradise. Der transnationale Kosmus Hajusom Theater aus der Zukunft, Theater der Zeit, Berlin, S. 167–181.

Shibli, Adania (2016): Abschied von der Nation, in KULTURAUSTAUSCH, Zeitschrift für internationale Perspektiven, Neuland, Ausgabe 2/2016, S. 36 f.

Shohat, Ella/Stam, Robert (2014): Unthinking Eurocentrism, 2ed edition, Routledge, New York.

Singh, J. P. (2011): Globalized Arts, The Entertainment Economy and Cultural Identity, Columbia University Press, New York.

Singh, J. P. (2008): Agents of Policy Learning and Change: U. S. and EU Perspectives on Cultural Trade Policy, in: The Journal of Arts Management, Law and Society, 38: 22, S. 141–160.

Sloterdijk, Peter (2000): Die Verachtung der Massen. Versuch über Kulturkämpfe in der modernen Gesellschaft, Suhrkamp Verlag, Frankfurt am Main.

Smiers, Joost (2003): Arts under pressure. Promoting cultural diversity in the age of globalization, Zed Books, London/New York.

Spivak, Gayatri Chakrovorty (1988): Can the subaltern speak?, in: Nelson, Cary/Grossberg, Lawrence (Hrsg.): Marxism and the Integration of Culture, University of Illinois Press, Urbana, S. 271–313.

Staines, Judith/Travers, Sophie/Chung, M J (2011): International Co-Production Manual, IETM, https://www.ietm.org/…/international_coprod_manual_1.pdf (Stand: 23. 05. 2016).

Stiglitz, Joseph E. (2002): Globalization and its Discontents, W. W Norton & Company, New York.

Straubhaar, Joseph D. (1991): Beyond media imperialism: asymmetrical interdependence and cultural proximity, Critical Studies in Mass Communication, 8, S. 39–59.

Suteu, Corina (2006): Another Brick in the Wall – A Critical Review of Cultural Management Education in Europe, Boekmanstudies, Amsterdam.

Suteu, Corina (2003): Academic Training in cultural management in Europe. Making it work. Boekman Foundation, Amsterdam.

Suteu, Corina (1999): Networking Culture: The Role of European Cultural Networks, Council of Europe Publishing, Strasbourg.

Symonides, Janusz (1998): Cultural Rights: A Neglected Category of Human Rights, in: International Social Science Journal, Dezember 1998, Issue 58: http://www.iupui.edu/~anthkb/a104/humanrights/cultrights.htm (Stand: 05. 04. 2016)

Tchouikina, Sofia (2010): The Crisis in Russian Cultural Management: Western Influences and the Formation of New Professional Identities in the 1990s–2000s, in: The Journal of Arts Management, Law and Society, 40: 1, S. 76–91.

Teissl, Verena (2014): Export or Cultural Transfer? Reflection on Two Concepts, in: Henze, Raphaela/Wolfram, Gernot, (Hrsg.): Exporting Culture. Which Role for Europe in a Global World?, VS Springer Verlag, Wiesbaden, S. 149–160.
Terkessidis, Mark (2015): Kollaboration, Edition Suhrkamp, Berlin.
Terkessidis, Mark (2015a): Four Theses for an »Audit of Culture« in: Putz Moslund, Sten/Ring Petersen, Anne/Schramm, Moritz (Hrsg.): The Culture of Migration, Politics, Aesthetics and Histories, I. B. Tauris, London/New York, S. 69–86.
Terkessidis, Mark (2010): Interkultur, Edition Suhrkamp, Berlin.
Thews, Astrid (2016): Wo bleibt im internationalisierten Kunst- und Kultursektor der Mensch?, in ARTikel, Ausgabe 8, Juni 2016, S. 17 f. https://www.hs-heilbronn.de/4179566/archiv (Stand: 04.07.2016).
Tibi, Bassam (1989): Europa ohne Identität? Die Krise der multikulturellen Gesellschaft, Bertelsmann, Gütersloh.
Toffler, Alvin (1984): The Third Wave, Bantam, New York.
Tran, Vu (2015): Cultural Identity, The University of Chicago Magazine, Fall 2015, Vol. 108, Number 1, S. 41.
Tresse, Lea (2006): Go East! Zum Boom japanischer Comics und Anime in Deutschland. Eine Diskursanalyse, LIT, München.
Trobisch, Nina (2013): Heldenprinzip, in KM Heft 80, 2013, S. 10–12.
Trojanow, Ilija (2009): Laute und lautere Multikultibinsen, in: Forum der Kulturen (Hrsg.) (2009): Kulturelle Vielfalt und Teilhabe. 2. Bundesfachkongress Interkultur (8–11). Stuttgart: Selbstverlag.
Trojanow, Ilija/Hoskote, Ranjit (2007): Kampfabsage – Kulturen bekämpfen sich nicht – sie fließen zusammen, Karl Blessing Verlag, München.
Tusa, John (2014): Pain in the Arts, I. B. Tauris & Co., London.
UNESCO (2012): Inter-Governmental committee sixth oridnary session, item 4 of the provisional agenda: Strategic and action-oriented analytical summary of the quadrennial periodic reports (No. CE/12/6.IGC/4). Paris UNESCO.
Unterholzner, Daniela (2015): Der innovative Kulturbetrieb, in KM, Heft 106, 2015, S. 8–11.
Wagner, Bernd (2012): Von der Multikultur zur Diversity, Kubi Online: http://www.kubi-online.de/artikel/multikultur-zur-diversity (Stand: 21.04.2016).
Wasko, Janet (2008): Can Hollywood Still Rule the World?, in: Held, David/Moore Henrietta, L. (Hrsg.): Cultural Politics in a Global Age. Uncertainty, Solidarity, and Innovation, Oneworld Publications, Oxford, S. 188–195.
Welsch, Wolfgang (1999): Transculturality – The Puzzling Form of Cultures Today, in: Spaces of Culture: City, Nation, World, Featherstone, Mike/Lash, Scott (Hrsg.): Sage, London, S. 194–213.
Welsch, Wolfgang (1994): Transkulturalität – die veränderte Verfassung heutiger Kulturen, in Sichtweisen, Die Vielfalt der Einheit, Weimarer Klassik, Weimar.
Wiarda, Jan-Martin (2016): Agenten der Internationalisierung, in: Die Zeit vom 04.02.2016.
Wolfram, Gernot/Sandrini, Mafalda (2016): Kunst gemeinsam definieren, in: KM Magazin 111, Juni 2016, S. 37–42.

Wolfram, Gernot (2015): Transkulturelle Empathie, in: KM Magazin 108, Dezember 2015, S. 18-24.
Wolfram, Gernot (2015 a): Audience-Empowerment. Ein angemessener Umgang mit der Flüchtlingsthematik im Kulturmanagement, in: KM Magazin 101, Mai 2015, S. 5-12.
Wolfram, Gernot (2012): Warum braucht das Kulturmanagement eine neue internationale Perspektive?, in Wolfram, Gernot (Hrsg.): Kulturmanagement und Europäische Kulturarbeit, transcript Verlag, Bielefeld, S. 13-46.
Zaharna R. S./Hubbert, Jennifer/Hartig, Falk (2014): Confucius Institutes and the Globalization of China's Soft Power, in: CPD Perspectives of Public Diplomacy, paper 3, 2014, Figuero Press, Los Angeles.

The manufacturer's authorised representative in the EU is Springer Nature Customer Service Centre GmbH, Europaplatz 3, 69115 Heidelberg, Germany. If you have any concerns regarding our products, please contact ProductSafety@springernature.com

Printed and bound by CPI Group (UK) Ltd, Croydon, CR0 4YY
23/03/2026
02076666-0007